KB203813

고흐의 하나님

고흐의 하나님

God of Van Gogh

지은이 안재경
펴낸곳 주식회사 홍성사
펴낸이 정애주
국효숙 김의연 김준표 박혜란 송민규
오민택 임영주 주예경 차길환 허은

2010. 4. 20. 초판 발행 2021. 6. 25. 8쇄 발행

등록번호 제1-499호 1977. 8. 1.
주소 (04084) 서울시 마포구 양화진4길 3 전화 02) 333-5161 팩스 02) 333-5165
홈페이지 hongsungsa.com 이메일 hsbooks@hongsungsa.com 페이스북 facebook.com/hongsungsa
양화진책방 02) 333-5161

• 잘못된 책은 바꿔 드립니다. • 책값은 뒤표지에 있습니다.

ISBN 978-89-365-0276-8 (03230)

고흐의 하나님

안재경 지음

홍성사.

차례

; 책을 내면서

누님, 만 7년 만에 돌아온 한국은 외국보다 더 낯선 곳이 되어 있는 느낌입니다. 귀국할 때 어떤 형제가 고향 땅으로 돌아가지만 타향보다 더 척박한 곳으로 돌아가서 큰 어려움을 겪을 것에 마음이 아프다는 말을 했습니다. 과장된 표현이지요. 하지만 아직까지도 너무나 빨라진 속도감을 감당하기 힘드네요. 너무나 친절해진 한국에 놀라면서도 그 친절이라는 것이 결국에는 어쩔 수 없이 강요당한 것이요, 더 나아가서는 돈을 빼내기 위한 약삭빠른 상술이라는 생각에까지 이르면 기분이 좋을 수만은 없습니다. 뭐가 어떻게 돌아가는 것인지 모르도록 정신을 쏙 빼놓고는 곶감을 쏙 쏙 빼 먹는 듯합니다. 이제는 우리가 그렇게 부르짖던 인간답게 대접받는 사회에 조금이라도 다가가야 함에도 우리 모두는 서서히 괴물이 되어가고 있는 것인지도 모르겠습니다.

누님, 멀리 떨어져 있으면서 누님의 상처와 고통에 대해 섣부르게 재단하고 어설픈 말장난만 늘어놓은 것은 아닌지 모르겠네요. 우리는 고통 속에서만 서로를 진실하게 만날 수 있음에도 고통을 어떻게 다루어야 할지 알지 못해 안절부절못하는 어린아이들에 불과합니다. 폭탄 놀이처럼 고통이 자기 손에서만 떠나면 된다는 생각에 다른 이들의 손에 얼른 그 폭탄을 던져 버리는 것이지요. 한국에 와서 보니 그동안 화란한인교회 성도들과 더불어 주일 오후 시간에 고흐의 상처받은 삶에 대해 나누었던 것이 참으로 어설픈 것이었다는 생각도 해봅니다. 그분들의 상처와 고통의 깊이에까지 제대로 가 닿지 못하지 않았는가 하는 생각이 듭니다. 언젠가는 떠날 것이라는 생각을 하면서 그곳을 살았으니까요! 그게 어쩔 수 없는 현실이기도 했겠지만 그분들의 헌 데를 핥아주는 것도 제대로 하지 못한 것 같습니다.

그래도 누님, 이제 제 눈에는 상처 입은 이들이 조금씩 보이기 시작합니다. 전혀 내색하지 않지만 가면 갈수록 내밀한 곳에 생채기가 나는 것들이 보이기 시작합니다. 그렇다고 고통 받는 이들에 대해 조금이라도 더 나은 반응을 보이지 못하는 것 같습니다. 변화된 것이 있다면 그 고통을 계속해서 들여다보고 그 깊이에까지 이르고자 하는 용기가 생겼다고나 할까요? 고통에 대해 섣부르게 칼을 들이대기보다는 고통을 같이 나누려는 마음이 이 시대의 아픔을 치유할 수 있는 길이 될 것입니다. 그동안 나누었던 고흐의 삶처럼 아무리 부족하고 어설퍼 보여도 삶의 진실을 향해 다가가기를 원합니다. 또 다시 불쑥 다가서는 고통이 낯선 얼굴을 한 우리의 이웃임을 알아야 하겠습니다.

2010년 4월

서울이 내려다보이는 남양주 언덕에서

안재경

성경과 소설이 있는 정물,
성경으로 충분한가?

〈성경과 소설이 있는 정물〉
뉴넨, 1885년 10월
캔버스에 유채, 65×78cm
암스테르담, 고흐 박물관

칠흑같이 어두운 배경 속에 두꺼운 성경 한 권이 펼쳐져 있다. 이 성경은 빈센트의 부친 책상 위에 늘 펼쳐져 있던 가보家寶 성경이다. 성경 옆에 촛대가 있는데 촛불이 이미 꺼져 있다. 부친의 죽음을 상징한다. 두꺼운 성경 아래쪽에는 얇은 소설이 놓여 있다. 에밀 졸라Emile Zola, 1840-1902의 《삶의 기쁨》이라는 소설이다. 성경과 소설의 대조가 두드러진다. 빈센트는 부친의 갑작스러운 죽음 이후 무엇이 급했던지 부랴부랴 이 정물화를 그리고는 집을 떠나 정처없이 이곳저곳 떠돈다.

빈센트는 이 정물화와 정물화에 등장하는 성경을 동생 떼오에게 보내고는 부모와의 관계를 정리했다고 판단하고 화가로서의 본격적인 길을 걷는다. 이 정물화야말로 빈센트의 새로운 출발을 알리는 신호탄이었다. 빈센트는 자신이 새롭게 태어난 것을 이 정물화를 통해 밝히고 있다. 특히나 이 정물화는 화가로서 그의 자의식이 어떤 것이었는지, 이후 그가 그린 모든 그림들이 어떤 관점에서 그려진 것인지 보여 주는 시금석이 되는 그림인 셈이다.

; 성경의 사람

빈센트는 성경의 사람이었다. 그의 부친을 포함하여 선조들 가운데 여러 명의 목사를 배출한 집안에서 자라난 빈센트는 어릴 때부터 성경에 익숙했다. 네덜란드 개혁교회 성도들은 집에서 식사할 때마다 성경을 읽는 것이 전통이었기 때문이다.

빈센트는 1877년 도르트레흐트Dortrecht에서 서점 점원으로 잠시 지내던 때에도 쉬지 않고 성경을 읽었다. 책 팔 생각은 하지 않고 서점 구석에 처박혀서 성경을 읽을 뿐만 아니라 네덜란드어 성경을 프랑스어, 독일어, 영어로 번역하는 작업을 했다. 성경 한 구절 한 구절을 네 가지 언어로 번역한 것이다. 그는 영국으로 건너가 외국에서 온 수많은 이주민들과 이방인들에게 복음을 전하려는 열망으로 가득 차 있었다.

도르트레흐트에 있는 동안 동생 떼오에게 보낸 편지에 보면 그가 성경을 어떤 마음으로 읽었는지가 분명하게 드러난다.

너는 내가 얼마나 성경에 끌리고 있는지 알지 못할 거다. 나는 날마다 성경을 읽고 있어. 나는 마음으로 그 성경을 알기를 원한단다. "주의 말씀은 내 발의 등이요, 내 길의 빛입니다"라는 구절의 빛에서 우리네 삶을 바라보기를 원한단다. (편지 88)

빈센트가 가장 좋아한 성경 구절 중 하나는 "근심하는 자 같으나 항상 기뻐하고"(고후 6:10)였다. 또 그는 누가복음에 나오는 탕자 이야기를 좋아했다. 빈센트는 자신을 집 나간 탕자와 같다고 생각했다. 물론 동생 떼오와 관련해서는 자신이 에서와, 떼오는 야곱과 같다고 생각하기도 했다. 무슨 자격지심이었는지 그는 자신이 절대로 아버지의 축복을 받을 수 없는 존재라고 생각한 것이다.

; 가보 성경, 국가 공인역 Staten Bijbel

빈센트는 아버지가 목회하고 있는 뉴넌Nuenen으로 돌아와 스튜디오를 꾸미고는 15개월가량 틀어박혀서 가난한 농부들을 그리기 시작한다. 1885년 3월 27일, 부친이 갑자기 뇌졸중으로 쓰러져 세상을 떠난다. 빈센트는 조상 대대로 물려 오던 국가 공인역 가족성경이 있는 정물화를 그린다.

16세기에 유럽에서 종교개혁이 요원의 불길처럼 타오르자 네덜란드도 그 불길에 휩싸인다. 네덜란드는 북부 7개 주가 존 칼빈의 개혁정신을 받아들이는 것과 동시에 빌럼 반 오란녀Willem van Orange, 1533-1584 공을 지도자로 옹립한 가운데 스페인과 80년 전쟁을 벌여 종교 자유를 쟁취한다. 네덜란드 공화국은 개혁교회를 받아들였지만 예정론에 관계된 문제 때문에 신학적인 논쟁이 터져 나온다. 그 결과 1618~1619년에 그 유명한 도르트레흐트 국제총회가 열리고 칼빈주의 5개 강령이 채택된다. 알미니우스주의자들은 이에 항의하면서 안트워프Antwerp에서 '항의파 형제회'Remonstrant Reformed Brotherhood를 결성한다.

도르트레흐트 총회에서 내린 또 하나의 중요한 결정은 성경을 네덜란드어로 완역하기로 한 것이다. 총회가 끝난 후 번역위원들이 레이든 대학에 모여 작업한 결과 1637년 첫 번째 판이 출판된다. 국가 공인역Staten Vertaling이라 부르는 성경이다. 1657년 개정되기는 했지만 이 성경은 이후 네덜란드 사람들에게 가장 널리 사랑받는 성경이 되었다. 우리나라의 개역성경과 같다고 보면 되겠다. 히브리어와 헬라어를 토대로 네덜란드어로 번역한 최초의 성경이다. 이 성경을 번역하던 관련 자료들이 담긴 나무상자가 레이든 시청에 보관되어 있는데, 3년마다 보관 상태를 확인하고 있다. 네덜란드의 많은 교회들에서 아직까지도 설교단에 이 성경을 고정시켜 펴 놓고 있는데, 이것을 훔치려는 도둑도 있다.

이 국가 공인역 성경은 가정에서, 학교에서, 교회에서 널리 읽혀 네덜란드어의 확신에 지대한 공헌을 했다. 히브리어와 헬라어에서 직역한 것이다 보니 네덜란드어 문법과 맞지 않는 부분들이 많아서 '가나안 사람들의 방

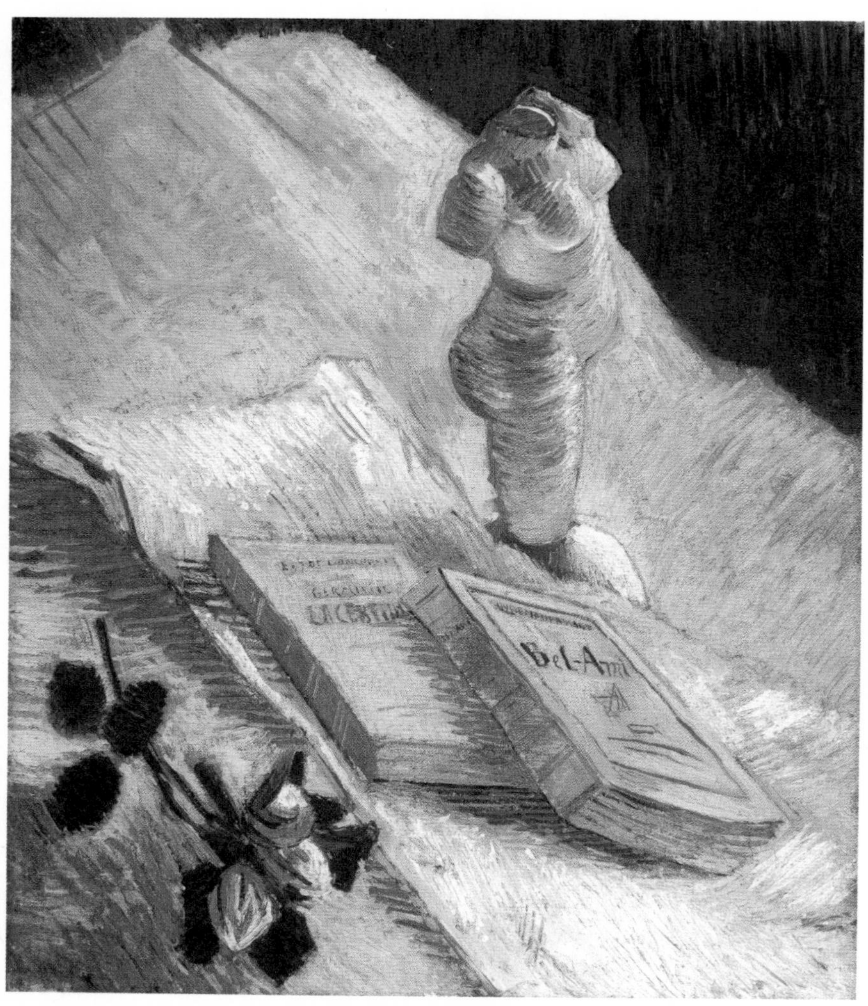

〈석고상, 장미, 두 소설이 있는 정물〉
파리, 1887년 12월
캔버스에 유채, 55×46.5cm
오테를로, 크뢸러·뮐러 미술관

* 빈센트는 모파상의 소설 《벨 아미》와 공쿠르 형제의 소설 《제르미니 라세르퇴》를 중앙에 배치하고 위로는 소형 누드상을, 아래로는 장미 한 송이를 배치했다. 빈센트는 여자들의 인기에 편승하여 파리에서 성공을 누리는 내용의 소설을 이 정물화에 그려 넣어, 남성으로서 자신의 모습에 관해 생각해 보곤 했다. 빈센트는 파리를 떠나 남프랑스 아를로 내려갔을 때 프로방스의 풍경에도 마음을 빼앗겼을 뿐만 아니라 프랑스 전역에서도 미모로 이름 높은 여인들의 모습을 바라보면서 초상화를 본격적으로 그려야겠다는 결심도 굳힌다. 그런데 자신에게는 벨 아미와 같은 매력이나 자질이 없다는 체념조에 가까운 말을 하기도 한다.

언'이라 불리기도 했다. 고흐 가문에도 이 성경이 조상 대대로 전해 내려오고 있었다. 빈센트는 돌아가신 부친의 서재 책상 위에 이 성경이 놓여 있는 것을 보고는 정물화를 그린다. 하지만 그는 정물화와 더불어 그 성경책을 동생 떼오에게 보내 버린다. 그 후 그는 부친과 모든 관계를 정리했다고 생각하고는 이곳저곳 떠돌아다니며 홀로 그림 그리는 일을 계속한다.

빈센트가 이 정물화를 통해 보여 주고자 한 바가 무엇일까? 그가 동생 떼오에게 보낸 편지를 보자.

…떼오야, 너에게 펴진 성경이 있는 정물화를 보낸단다. 가죽 장정이 된 성경 전면에는 레몬색 붓터치와 더불어 노란색과 갈색이 채색되어 있고, 배경으로는 온통 검은 색이 뒤덮고 있단다. 하루 만에 순식간에 그린 그림이지. (편지 429)

빈센트는 불 꺼진 촛대와 아버지가 사랑하던 무거운 성경을 검은색의 배경으로 배치하여 부친의 목사직과 죽음을 상징적으로 표현했다. 더 나아가 그는 부친이 믿던 하나님, 부친이 섬기던 교회와 기독교를 전면에 등장시킨다. 과연 그는 부친과 부친이 섬기던 교회와 기독교를 어떻게 생각했을까? 그는 부친으로 대표되는 기독교 목사들의 외식적인 모습에 역겨움을 표하며 기독교를 떠나려 한 것일까?

; 고난 받는 종의 노래

이 정물화에는 펼쳐진 성경이 화폭을 거의 다 차지한다. 빈센트는 이 펼친 성경, 자신이 물려받아야 할 이 가보 성경을 전면에 그리면서 무슨 생각을 한 걸까? 자신이 물려받아야 할 성경은 부모의 신앙을 전수받는다는 의미와 더 나아가서는 부친의 목사 직을 물려받아야 한다는 의미도 있다. 빈센트는 그렇게도 열렬히 목사 직을 사모했고, 목사가 되지 못하면 복음 전도자로 평생을 살아가려고 했다. 이 모든 노력이 물거품이 되고 모든 것이 끝장났다는 것을 펼쳐진 성경이 은연중에 드러내는 걸까?

펼친 성경을 자세히 들여다보자. 빈센트는 마음속에 새겨진 진리의 말씀을 이 성경에 분명하게 기록해 넣었다. 성경 오른쪽 상단에 빈센트는 의도적으로 프랑스어로 'ISAIE', 그리고 성경 중간에 로마 숫자 'LIII'라고 선명하게 그려 넣었다. 이사야 53장인 것이다. 빈센트는 부친처럼 목사가 될 수는 없었지만 성경의 삶을 자신의 온 몸으로 살아가기로 결심했으며, 부친의 죽음으로 이것을 더 분명하게 표현했다. 자신의 숙명을 이사야 53장에서 노래하는 바로 그 고난 받는 종과 같다고 생각한 것이다.

이사야 53장은 이른바 '고난 받는 종의 노래'인바, 그 고난 받는 종이 누구를 가리키는지는 지금까지도 논쟁이 끊이지 않고 있다. 이스라엘, 이사야 선지자 자신, 익명의 선지자, 남은 자, 장차 올 메시야 등을 가리킨다는 다양한 주장들이 있어 온 것이다. 우리는 이 고난 받는 종이 예수 그리스도에게서 최종적으로 성취되었다고 믿는다. 이사야 61장에는 예수님도 인용하셨듯이 "주 여호와의 영이 내게 내리셨으니 이는 여호와께서 내게 기름을 부으사 가난한 자에게 이름다운 소식을 전하게 하려 하심이라. 나를 보내사 마음이 상한 자를 고치며, 포로된 자에게 자유를, 간힌 자에게 놓임을 전파하며"라는 말씀이 있다. 빈센트는 자신이 고난 받는 종처럼 사람들에게 따돌림을 받겠지만 그것을 통해 오히려 가난한 사람들에게 복음을 전할 수 있을 것으로 믿었다.

〈세 책이 있는 정물화〉
파리, 1887년 3~4월
나무에 유채, 31×48.5cm
암스테르담, 고흐 박물관

* 일본 차 상자의 타원형 뚜껑에 그린 파리의 소설들이다. 빈센트는 세 소설, 즉 장 리슈팽의 《용감한 사람들》, 에드몽 공쿠르의 《매춘부 엘리자》, 에밀 졸라의 《여성의 행복》을 그려 넣었다. 빈센트는 이 소설들에서 묘사된 도시에서 성공을 꿈꾸는 이들, 꿈이 좌절되고 몰락해 가는 이들을 애틋한 마음으로 바라본다. 그는 자신조차도 성공을 좇는 인간군상의 한 사람으로 전락하는 것은 아닌지 조바심을 냈을 법하다. 파리에 머물던 이 시기는 일본 판화에 대한 관심이 증폭되는 시기이기도 하다.

; 성경비평

빈센트는 성경에 대해 자유롭게 생각하고 있었던 것 같다. 친구인 화가 베르나르Emile Bernard에게 보낸 편지에도 성경에 대한 그의 자유주의적인 생각이 엿보인다.

이 이야기가 얼마나 시시한가! 나의 하나님만을 생각하라니. 세상에 유대인들만 존재한다는 말인가? 태양 아래 수많은 민족들이 있지 않은가?(애굽인들, 인디안들, 이디오피아인들, 바벨론, 니느웨 등등) 이런 민족들은 자신들의 역대기가 있지 않다는 말인가? 그러나 이렇게 분노를 불러일으키는 성경에서 위로가 되는 것은 그것 안에, 그 두꺼운 외피 안에 알맹이같이 그리스도가 계시다는 것이다.(편지 B 1)

빈센트는 스스로 의식하지 못했겠지만 흔히 말하는 '정경 안의 정경'을 주장하고 있었다. 빈센트는 구약성경이 유대인의 역사책으로만 보여 혼란을 겪었다. 성경 영감설로 빈센트의 말을 굳이 평가할 필요는 없을 줄 안다. 빈센트는 대부분의 현대인들이 걸려 넘어지듯이 구약성경에서 유대인들이 지배적으로 등장하고, 구약의 하나님이 유대인들만을 위한 하나님으로 보이며, 그 하나님이 잔인한 하나님으로 그려지고 있는 사실을 정확하게 지적해 낸다.

빈센트는 막내동생 윌Wilhelmina J. van Gogh에게 보낸 편지에서 성경에 대한 생각을 더 극단적으로 밀어붙인다. 당시에는 이미 유럽에서 성경비평이 활발하게 일고 있었다. 성경 사본의 대량 발굴로 야기된 하등비평과 다윈의 진화론에 힘입어 성경 기록은 유대인들이 타민족, 타 종교와 접촉한 결과로 생겨난 문서라고 주장하는 고등비평이 이미 왕성하게 일고 있었다.

성경만으로 충분한 것일까? 예수님은 멜랑콜리한 분위기에 사로잡혀 있는 자들에게 다음과 같이 말씀하실 것 같다. '여기가 아니다. 일어나 가라. 왜 산 자를 죽은 자 가운데서 찾느냐?' 나는 나 자신이 다른 어떤 사람들보다 성경을 더 철저하게 읽고 있다는 것에 대해 늘 기쁘게 생각한단다. 그런 고상한 사상들이 성경에 있다는 것이 내 마음을 얼마나 편안하게 해주는지 몰라. 그러나 예전 것들이 아름답다고 생각하는 바로 그 사실 때문에 나는 새로운 것들이 더 아름답다고 생각한단다.(편지 W 1)

빈센트는 예수님이 부활하신 장면을 연상한다. 그는 예수님의 무덤까지 간 여인들에게 천사들이 "왜 산 자를 죽은 자 가운데서 찾느냐?"라고 한 말을 성경 자체에 적용한다. 예수님이 살아나셨는데도 죽은 자로 생각하고 있던 어리석음이 성경에도 적용될 수 있다는 말이다. 성경은 살아 계신 하나님의 말씀인데 죽은 문자에 불과한 것으로 취급하는 무리들이 있다는 말이다.

성경을 역사책으로만 생각하는 이들이 있다. 날마다 성경을 연구하고, 성경을 설교하는 이들이라 하더라도 마찬가지일 수 있다. 빈센트는 우리 모두를 향해 "왜 당신들은 살아 있는 성경을 죽은 것처럼 취급하느냐?"고 비난하고 있는 셈이다. 성경은 우리의 적극적인 반응을 요구한다. 우리는 성경 말씀이 여전히 역사한다는 것을 고백해야겠다.

; 한 책에서 여러 책의 사람으로

빈센트는 〈성경과 소설이 있는 정물〉에서 성경과 소설을 어떻게 관계 짓고 있을까? 왜 그는 성경 아래쪽에 소설책을 그려 넣었을까? 이 구도가 보여주는 것이 무엇일까? 빈센트가 뉴넌에 머물 때 그의 부친은 졸라의 소설이 놓여 있는 것을 무심히 보고 지나치지 않았다. 두 사람은 밤새 이것에 관해 논쟁을 벌이기도 했다. 이 시골 목사는 졸라를 비롯한 프랑스의 사실주의 작가들이 아들의 생각을 갉아먹어 무신론자가 되게 하고 이상한 행동을 하게 만든다고 생각했다. 그렇다면 빈센트가 가보 성경인 국가 공인역 아래에 졸라의 소설을 의도적으로 배치했다고 볼 수 있다.

얼핏 보기에 두 책은 대조되어 보인다. 아주 두꺼운 성경과 그 아래에 놓인 얇은 소설책 말이다. 성경은 펴져 있지만 그것은 읽기 거북해 보이고, 소설은 덮여 있지만 수없이 읽어서 해어져 다 떨어질 지경이다. 구세대와 신세대의 대립처럼 보이기도 한다. 빈센트의 부친과 빈센트 자신의 상징적인 초상화로 보는 견해도 있다. 더 나아가 성경이 대표하는 기독교가 이제는 막을 내리고 바야흐로 계몽의 시대가 되었음을 선언하는 것 같기도 하다. 그렇다면 빈센트는 부친으로 대표되는 외식적인 기독교를 떠나 자유로운 계몽주의에 헌신하려는 마음을 이 그림에 담았을까? 암스테르담의 고흐 박물관에는 “빈센트가 성경과 소설을 대조적으로 생각하면서 그렸다”는 설명이 있다. 빈센트가 기독교를 떠나 계몽주의에 헌신했다는 듯이 말이다. 하지만 이것은 모르고 하는 소리다.

흔히 오해하듯이 빈센트는 이제 소설이야말로 성경을 대체하고 있다고 주장하지 않았다. 빈센트는 계몽주의 시대에는 더 이상 성경 같은 것이 필요없다고 생각하지 않았다. 한때 성경 외에 자신의 모든 책을 처분하겠다고 결심했던 빈센트는 이제 한 책의 사람에서 책들의 사람으로 바뀌고

〈파리 소설과 꽃이 있는 정물〉
파리: 1887년 가을
캔버스에 유채, 73×93cm
일본, 개인 소장

* 빈센트가 파리에서 그린 정물화. 파리의 수많은 소설들이 이리저리 널려 있고 장미 한 송이가 물컵에 꽂혀 있다. 동생 떼오의 동의도 없이 불쑥 파리에 나타난 빈센트는 신인상파의 점묘법을 흉내내면서도 자신만의 기법을 익히려고 애쓴다. 파리의 생활에 도취되어 가난한 자들을 위한 화가라는 생각을 잊어가는 것에 대한 두려움을 이 정물화에서 은연중에 드러낸다.

〈프랑스 소설들이 있는 정물〉
아를, 1888년 10월
캔버스에 유채, 53×73.2cm
암스테르담, 고흐 박물관

* 일본과 똑같은 환경에 흠뻑 젖고 싶었던 빈센트는 프랑스 남부 아를로 내려간다. 그는 자신의 삶을 불태워 작업에 몰두한다. 가장 왕성한 창작열을 꽃피운 시기다. 이곳에서도 빈센트는 자신이 한 책의 사람에서 여러 책들의 사람으로 살아가고 있음을 스스로에게 환기시키곤 했다. 파리에서 그린 것과 같은 그림이지만 분위기는 사뭇 다르다. 누가 뭐라든 그가 화폭에 하나씩 담아 간 아를의 장면들은 파리의 소설들을 배경으로 한다는 것을 알 수 있다. 그는 그림을 그리면서도 소설을 놓지 않았다.

있다. 에밀 졸라의 소설은 고난 받는 종의 현대판 버전이다. 빈센트는 성경의 진리와 현대소설의 관계에 관한 나름의 이론을 세웠다. 빈센트는 성경의 진리가 시대마다 새롭게 번역되어야 한다고 보았다.

성경 아래쪽에 있는 에밀 졸라의 소설《삶의 기쁨》La joie de vivre은 샨토씨라는 부르주아 가정을 그리고 있다. 그는 통풍으로 늘 고생하고, 그의 아내는 아주 이기적이고 음흉하며, 아들 라자레Lazare는 늘 골골거린다. 고아인 파울린Pauline Quenu은 이 가정에 의해 배반당하고 모든 것을 다 잃는다. 하지만 그녀는 라자레가 결혼해서 낳은 아이를 거둔다. 한 부르주아 가정에 의해 철저하게 이용당하고 농락당한 한 고아가 오히려 그 가정의 빛이 된다. 빈센트가 아버지의 성경 아래에다 졸라의 이 소설을 그린 것이 우연이 아니다. 이후 빈센트는 종종 인물화에 소설을 등장시키기도 하고, 소설책만으로 그림을 그리기도 한다.

; 성경으로 충분한가?

빈센트는 성경만으로는 충분하지 못하다고 생각한 듯하다. '성경은 영감된 무오한 하나님의 말씀이다'라는 생각이 애초에 그에게는 크게 중요한 것이 아니었다. 문제는 '성경이 어떻게 하나님의 말씀이 되는가?'라는 질문이다.

우리는 성경에 하나님의 뜻이 충분히 기록되어 있으며 더 이상의 다른 계시가 필요없다고 믿는다. 그러면 다시 한 번 물어보자. 과연 성경으로 충분한가? 하나님의 말씀으로 믿든 믿지 않든 성경은 그 자체로 하나님의 말씀이다. 우리가 성경을 인정한다 해서 성경이 하나님의 말씀이 되는

〈협죽도와 책이 있는 정물〉
아를, 1888년 8월
캔버스에 유채, 60.3×73.6cm
뉴욕, 메트로폴리탄 박물관

* 빈센트는 스스로 태양의 왕국이라 부른 아를에서 과수원의 수많은 나무들이며 대자연이 빛을 잔뜩 머금고 토해 내는 모습을 황홀하게 지켜보았다. 그는 눈에 들어오는 모든 것을 그리겠다는 열망에 가득 차 올랐으면서도 야외에서 그림을 그릴 수 없는 궂은 날에는 이처럼 정물화를 그리기도 했다. 엷은 녹색을 배경으로 한 가운데 협죽도가 화병에 꽂혀 있고 그 옆으로 소설책 두 권이 놓여 있다. 꽃과 소설이 대화하고 있는 듯한 착각에 빠져들 것 같다. 그는 자신이 그리는 정물화를 통해서도 자신이 얼마나 고뇌하고 있는지를 사람들이 알아 주기를 바랐다.

것이 아니다. 교회가 성경을 받아들였기 때문에 그런 것도 아니다. 교회가 성경을 하나님의 말씀으로 만든 것이 아니다.

한편 성경으로 충분하지 않다고 할 수 있는 이유는, 성경은 전하는 이가 없이는 소용이 없기 때문이다. 성도라면 성경이야말로 하나님의 뜻이 온전하게 기록된 말씀으로 받아들여야 할 것이다. 하지만 성경 자체가 저절로 하나님의 말씀이라고 하는 것으로는 충분치 않다. 성경을 놓고 "하나님의 말씀이니 무조건 받아들이라"고 외치는 것으로 성도로서의 책임을 다했다고 할 수도 없다. 현대인들은 성경이 충분하다고 믿지 않는다.

성경이 충분하다는 것을 어떻게 증거할 수 있을까? 사도 바울은 이렇게 말한다. "내 말과 내 전도함이 설득력 있는 지혜의 말로 하지 아니하고 다만 성령의 나타나심과 능력으로 하여 너희 믿음이 사람의 지혜에 있지 아니하고 다만 하나님의 능력에 있게 하려 하였노라"(고전 2:4-5). 요즘의 설교가, 복음 전도가 점점 교묘한 말재주가 되어가고 있지는 않은가? 과연 성경이 하나님의 말씀임을 입증할 수 있는 길이 있겠는가? 성도들의 삶이야말로 이 시대에 새롭게 번역되는 성경이 되어야 하지 않겠는가? 빈센트가 에밀 졸라의 소설이 성경을 대체하는 것으로 생각하지 않고 성경의 현대판 번역이라고 생각했다면 우리의 삶도 성경의 현대판 번역이 되어야 하지 않겠는가?

성경은 각 나라 말로 계속 번역되어야 한다. 게다가 성도들의 삶이야말로 계속 번역되는 성경이라고 할 수 있다. 오해 말기 바란다. 부족할 수밖에 없는 성도들의 삶이 성경을 대체할 수는 없다. 하지만 세상 사람들이 교회에 나오기 전에는 성도들의 삶을 통해 하나님의 말씀을 보고 들을

〈책과 함께 있는 마리 지누〉
아를, 1888년 11월(혹은 1889년 5월?)
캔버스에 유채, 91.4×73.7cm
뉴욕, 메트로폴리탄 박물관

* 아를에서 고갱과 더불어 작업하게 된 빈센트는 라마르탱 거리에 있는 가르 카페의 여주인인 지누 부인의 초상화를 그린다. 레몬 노란색을 배경으로 카페 여주인이 의자에 앉아 있는데 왼손으로 턱을 괴고 있고, 여인 앞에는 책들이 펼쳐져 있다. 빈센트는 카페 여주인을 만화처럼 과장해서 그리면서도 고갱과 달리 인간에 대한 존엄성을 결코 잃지 않는 모습으로 그리고자 했다.

수밖에 없다. 사도 바울이 "교회를 위해 그리스도의 남은 고난을 자신의 몸에 채운다"고 했듯이 성도들은 아직까지 성취되지 못한 성경의 약속을 자신의 몸으로 이루어 간다. 성도들의 삶은 온 세상을 향해 나아가는 말씀을 위한 길이다. 성도들은 자신의 삶으로 온 세상을 향해 선포되어야 할 하나님의 말씀의 투명한 속살을 드러내야 한다.

누님! 평안하신지요. 이제부터 저는 누님께 상처 입은 치유자 빈센트를 소개해 보려고 합니다. 빈센트를 통해 누님의 상처에 좀더 가까이 다가가 보고자 합니다. 빈센트는 다가가면 갈수록 신비에 싸인 인물입니다. 동서양을 막론하고, 신앙의 유무를 막론하고 빈센트를 통해 영감을 받았다고 하는 이들이 늘고 있습니다. 빈센트 효과라고 할까요? 빈센트의 삶이 처절하고 비극적이었다는 사실이 아우라를 씌운 것이겠지요. 하지만 그 사실 너머에 빈센트가 그림을 통해 처절하게 부르짖었던 영적 갈망과 숭고함을 은연중에 느끼는 것이 아닌가 싶습니다. 사람은 결국 영적인 존재니까요.

저는 〈성경과 소설이 있는 정물〉이야말로 빈센트의 삶과 자의식이 가장 분명하게 드러난 작품이라고 봅니다. 기독교인이라면 누구나 성경이 하나님의 말씀이라는 사실을 알고 있지요. 하지만 그 성경이 어떻게 하나님의 말씀이 되는지에 대해서는 생각이 천차만별인 듯합니다. 성경에 기록된 수많은 사건들이나 문학적인 표현들이 어떻게 하나님의 말씀이 되는 것인지 신비하기만 합니다. 하나님께서 우리 인생이 이해할 수 있는 언어로 지금도 말씀하고 계시는 것에 감격할 따름이지요.

하지만 성경이 늘 송이꿀보다 달고, 생명수처럼 시원함을 주는 것은 아닙니다. 목마른 사슴이 시냇물을 찾듯이 내 영혼이 주를 찾기에 갈급하다는 말씀이 어떤 경우에는 먼 나라의 이야기처럼 들릴 때가 많지요. 특히 한동안 누님은 더 그랬을 것입니다. 그 고통스러운 시간 동안 성경은 누님께 과연 하나님의 말씀이었습니까? 아니면 고통만 안겨주는 가시로 가득 찬 말에 불과했습니까? 성경이 도대체 나와 무슨 상관이 있는가 하는 생각은 하지 않으셨습니까?

빈센트도 누님 못지않게 고통스러운 삶을 살았지만 그는 자신이 이 세상에서 어떤 조롱과 멸시를 받더라도 성경에 기록된 고난 받는 종의 삶을 살아야 한다는 생각을 놓지 않았습니다. 그는 성경이 하나님의 말씀이라고 앵무새처럼 외치는 소리에 질렸는지 모르지만 성경 말씀을 육화하는 삶을 살아야 한다는 생각을 결코 놓지 않았습니다. 그는 고난 받는 종의 생생한 현대판 버전이라고 생각했던 소설 속 인물들을 통해 자신의 소명을 더욱더 분명하게 확인합니다. 빈센트에게 소설은 심심풀이 땅콩이 아니었습니다. 빈센트는 소설을 통해 자신의 소명을 구체화하려고 애썼습니다. 그의 그림에 소설이 종종 등장하는 것은 그가 선포하고 싶었던 가난한 자들에 대한 하나님의 사랑을 드러낸 것에 다름 아니었습니다.

우리는 성경을 어떻게 소개합니까? 세상은 더 이상 성경을 읽으려고 하지 않습니다. 우리가 들이미는 성경을 지겨워합니다. 그들은 이미 다른 성경을 읽고 있습니다. 두 성경 사이에서 헷갈려 합니다. 성도들의 삶이 세상 사람들에게 보여주는 또 하나의 성경이니까요. 세상 사람들이 우리의 삶 속에 기록되어가는 하나님의 말씀을 바라보면서 성경에 대해 궁금해하기라도 했으면 좋겠습니다. 누님의 삶 속에 번역되어 가는 하나님의 말씀을 볼 수 있는 날이 속히 오기를 바랍니다. 먼 이국에서 누님께 평안을 전합니다.

여자 광부들,
고난에 동참하는 방식

〈여자 광부들〉
헤이그, 1882년
종이에 수채, 32×50cm
오테를로, 크뢸러-뮐러 박물관

빈센트는 암스테르담에서 신학교 입학시험에 합격하지 못하자 1878년 8월에 부친의 도움으로 벨기에 브뤼셀Brussel 근처에 있는 전도사 양성학교에 입학한다. 이 학교에 입학한 빈센트는 자신이 옳지 않다고 생각하는 일에 대단한 자존심을 보였을 뿐만 아니라 어떤 권위에도 순응하지 않고 반발하기 일쑤였다. 그는 갑자기 분노를 표출해서 주위 사람들을 깜짝깜짝 놀라게 하곤 했다.

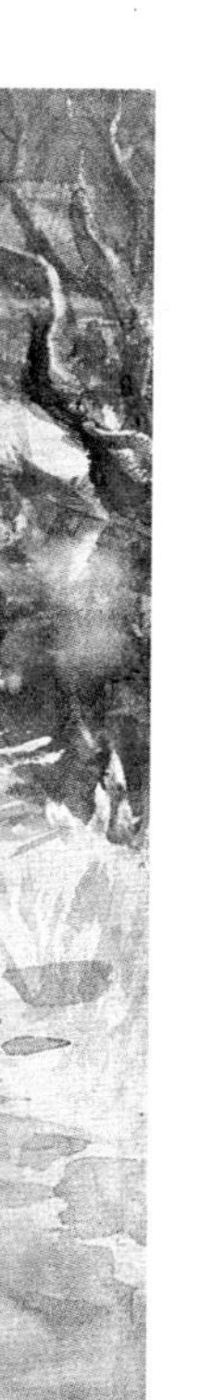

학교 측은 복종심이 없는 빈센트가 전도사가 될 수 없다고 판단했다. 하지만 그의 부친의 요청을 받아들여 평신도 자격으로 전도할 수 있는 길을 소개한다. 마지막 기회를 준 것이다. 빈센트는 6개월 동안 벨기에 남부 보리나주Borinage 탄광촌에서 전도할 기회를 얻는다. 복음 전도자 자격이 있는지 시험받는 기간이었다. 빈센트는 이 탄광촌에서 복음을 전하다 결국 그곳을 떠날 수밖에 없었다. 광부들의 고통에 일체감을 느껴 거의 짐승과 같은 삶을 살기 시작했기 때문이다.

학교로부터 파면 선고를 받은 빈센트는 헤이그에 가서 본격적으로 그림을 그리기 시작한다. 그곳에서 빈센트는 보리나주에서 가난한 사람들에게 복음을 전하던 때를 잊지 못하고 수채화를 한 점 그렸는데, 그것이 바로 〈여자 광부들〉이다. 그림 속 여인들은 탄을 짊어지고 어디로 가고 있는 걸까? 이들의 어깨가 너무 무거워 보인다. 남정네들이 졌어도 무거워 보일 탄을 여인들이 짊어지고 어디론지 가고 있다. 보리나주를 떠났어도 광부들에 대한 연민의 정이 계속 남아 있었음을 알 수 있다. 지하 수백 미터 아래서 캐내어 지상으로 올린 탄을 여인들이 가마니에 담아 지고 가는 모습이 한없이 숙연하게 느껴진다.

탄광촌에 도착한 빈센트는 그곳 광부들의 생활을 목격하고는 큰 충격을 받는다. 지금까지 그는 썩 부유하지는 않았지만 중산층 생활을 해 왔다. 하지만 극빈자들, 그것도 매일 생명의 위협에 노출되어 생활하는 이들을 보며 너무도 놀랐다. 〈여자 광부들〉이라는 이 그림에도 표현되어 있듯이 빈센트는 당시 광부들의 삶이 얼마나 비참한지를 목격하고 어안이 벙벙했다. 그는 탄광촌의 목회자로 대접받기보다 그곳 광부들과 같은 생활을 하기로 결심한다. 그는 자기 처소가 너무 호화롭다고 생각하여 안락한 하숙집에서 나와 낡은 오두막에 짚더미를 이불 삼아 지냈다. 돈이나 옷이나 가진 것은 모두 가난한 사람들에게 나누어 주었다.

당시 탄광촌 광부들이 겪던 고생은 어떠했을까? 우리나라에도 강원도 사북, 고한, 태백 등지에 탄광촌이 있었다는 것을 알면 그 상황을 조금이나마 유추해 볼 수 있겠다. 탄광이 폐쇄된 지 오래 되었지만 그곳은 지금까지도 탄광의 기억을 고스란히 간직하고 있다. 진폐증 환자들이 그들이다. 진폐증은 매일 탄가루를 마시며 생활할 수밖에 없는 광부들에게 생겨나는 일종의 직업병이다. 분진이 폐에 쌓여 섬유화가 진행되다가 1센티미터 이상 자라면 섬유가 스스로 증식하여 폐가 굳어버리는 병이다.

쉽게 설명해 보자. 폐에 탄가루가 들어오면 탐식세포가 그 탄가루를 먹고 죽는다. 그러면 연고를 바르듯 몸은 섬유질을 만들어내서 죽은 세포자리를 덮는다. 탄가루가 계속 들어와서 섬유질이 1센티미터쯤 자라면 기억된 행위를 자동적으로 반복하게 된다. 이때쯤이면 탄광촌을 떠나 맑은 공기를 마셔도 섬유질은 계속 자라게 된다. 진폐증 환자의 폐는 자신의

〈눈 속에 서 있는 광부들〉
헤이그, 1882년 10월
종이에 수채,
암스테르담, 고흐 박물관

몸을 지키기 위해 지혜를 발휘하지만 그것이 오히려 자신의 몸을 죽이는 결과를 낳는다. 이처럼 탄광에서 자신의 몸뚱이를 담보로 막일을 하면서 자신과 가족의 생존을 이어가는 이들에게 죽음의 사자가 소리없이 다가와 그림자를 드리우고 있었다.

; 그리스도를 본받아

빈센트가 광부들의 고난에 동참하게 된 것은 많은 이들이 생각하듯이 고난받기를 자처하는 그의 충동적인 성격 탓으로 돌려서는 안 된다. 빈센트가 고난받는 이들과 함께하기를 원했던 것은 그의 마음 깊은 곳에서 우러나온 신앙의 결단에 의한 것이었다. 빈센트는 이미 자신의 삶을 이사야 53장에 등장하는 고난받는 종의 모습을 통해 힌트를 얻기도 했거니와, 당시 유행하던 토마스 아켐피스Thomas à Kempis, 1380~1471의 《그리스도를 본받아》라는 책을 통해 큰 도전을 받았다.

아켐피스는 독일 캠펀Kempen에서 태어나 공동생활형제단이 운영하는 데이펜터Deventer에서 필사 기술을 익혀 성경을 최소한 네 번 필사했다. 그 후 네덜란드의 쯔볼러Zwolle 근처에 있는 성 아그네스 산 어거스틴회 수도원 입회를 허락받아 수도 생활을 하면서 신비운동에 심취한 가운데 그 유명한 《그리스도를 본받아》를 쓴다. 한 수도자가 쓴 이 작은 책이 성경 다음 가는 책이라 불릴 정도로 하나님의 수많은 백성들에게 영적인 감화를 끼쳤다. 네덜란드 우트레흐트Utrecht의 주교는 그의 이런 놀라운 영향력을 기념하여 1897년에 쯔볼러에 그의 동상을 세웠다. 아켐피스도 네덜란드의 아들이었던 셈이다.

〈시립 로터리 사무실〉
헤이그, 1882년 9월
종이에 수채, 38×57cm
암스테르담, 고흐 박물관

* '가난한 사람들과 돈'이라는 제목으로도 알려진 이 그림은 헤이그의 가난한 사람들이 시립 복권판매소로 들어가는 장면을 그렸다. 빈센트는 가난한 사람들에게 본능적으로 호감을 느꼈다. 그는 자신이 가난한 사람들을 위한 전도자라는 사실을 한 순간도 잊지 않았다.

빈센트는 성경과 더불어 《그리스도를 본받아》를 손에서 떼지 않고 수없이 읽었다. 흥미로운 사실은 그가 이 책을 플레미쉬어, 네덜란드어, 프랑스어 그리고 라틴어 등의 다양한 역본으로 갖고 있었다는 사실이다. 빈센트는 동생 떼오에게 보낸 편지에서 이 책에 관해 여러 번 언급했을 뿐만 아니라 두려움을 느낄 정도로 감명깊은 작품이라고 말한다.

나는 요즘 코르 삼촌에게 빌린 프랑스어판 《그리스도를 본받아》를 통째로 필사하고 있단다. 이 책은 얼마나 숭고한가! 이 책을 쓴 사람은 하나님 자신의 마음으로부터 걸어 나온 사람임에 분명하다. 며칠 전에 그 책에 대한 거부할 수 없는 열망이 나를 사로잡았단다. 이제 나는 저녁마다 이 책을 필사하고 있단다. 대단히 힘든 일이지만 거의 마무리되어 가고 있지. 이 책을 연구하는 데에는 이보다 더 나은 방법이 없단다.

토마스 아켐피스의 책은 참으로 독특하단다. 그 책에는 너무나 심오하고 진지한 말들이 많아서 감정이 없이는, 심지어 두려움 없이는 그것들을 읽을 수 없지. 적어도 빛과 진리를 열망하는 마음을 가지고 읽어야 한단다. 그 책의 언어는 마음을 굴복시키는 감동이 있지. 마음으로부터 나온 책이기 때문이란다. 너도 그 책을 가지고 있겠지? (편지 108)

지상의 것을 경멸하고 영원한 것을 추구해야 한다는 구절들과 가난과 고난을 기쁨으로 인내하는 것에 관한 구절들이 빈센트에게 큰 영향을 주었다.

빈센트는 이 책의 내용을 매일의 삶에 실천하려고 애썼다. 빈센트는 하루 종일 환자들을 방문하고 광부들에게 복음을 전했다. 처음에는 시큰둥한 반응을 보이던 광부들도 차츰 그를 따르고 좋아하게 되었다. 브뤼셀

복음학교 측은 빈센트의 희생정신에 감탄했다. 하지만 빈센트가 지나치게 극단적인 행동을 하는 것에 우려를 표시하는 한편, 그가 복음을 잘 설교하지 못한다는 명목으로 더 이상 전도사 자격을 허락하지 않았다. 선교비 지원이 중단된 가운데 빈센트는 전도 활동을 계속해 나가지만 그의 지나치게 격정적인 행동이 광부들로부터도 비난을 받기에 이른다. 빈센트는 1879년 말경 신체적, 정신적, 영적으로 모든 것이 소진되기에 이르러 결국 그곳을 떠날 수밖에 없었다.

빈센트가 그렇게 사랑해 마지않던 《그리스도를 본받아》는 한국의 기독교인들에게도 많은 영향을 주었다. 수많은 기독교인들이 기독교 고전 중에 가장 유명한 책의 하나로 알고 있다. 하지만 최근 기독교계에서 이 책이 로마 가톨릭 신앙과 삶의 형태를 적극적으로 피력하는 책이기에 경계해야 한다는 반응이 일고 있는 것을 볼 수 있다. 이 책의 영성은 세상 도피적인 것이기에 경계해야 한다는 주장이다. 일리 있는 말이다. 중세 신비주의의 최절정으로 나타난 책이기 때문이다. 하지만 가난과 고난에 동참하고자 하는 영성을 세상 도피적이라고 말하는 것이야말로 오히려 우리의 세속화를 드러내는 것은 아닌지 염려스럽다.

; 성육신의 실천

빈센트는 고난받는 사람들이 처한 자리에 온몸으로 뛰어들었다. 신학에서 가장 중요한 개념, 더 나아가 복음 전도에서 키워드가 되는 개념이 바로 성육신이 아닌가? 복음 전하는 자는 복음을 받는 자들과 거리를 두어서는 안 된다. 자신도 마찬가지 죄인으로 다른 죄인들에게 복음을 전하

여자 광부들,
고난에 동참하는 방식

〈예배드리는 회중〉
헤이그, 1882년 9월 하순
종이에 수채,
오테를로, 크뢸러-뮐러 박물관

* 예배드리고 있는 회중의 모습이 제각각이다. 한 가지 공통적인 것은, 다들 피곤에 절어 있다는 사실이다. 한 주일의 삶이 얼마나 지치고 힘들었을까? 주일에 드리는 예배가, 예배 때 선포되는 설교가 이들에게 얼마나 위안이 되는 걸까?

고 있기 때문이다. 선교지에서 선교 방식에 관해 늘 토론되는 주제가 바로 이것이기도 하다. 선교사는 선교지 사람들과 같은 수준의 삶을 살아야 하는가 그렇지 않은가에 대한 문제 정도가 아니다. 근본적인 것은 사도 바울의 표현처럼 복음을 받는 사람과 모든 것을 같이하려는 마음가짐이다. 빈센트는 본성적으로 아파하는 마음이 있었기에 고난받는 사람들 가운데 자연스럽게 자신의 자리를 펼 수 있었다.

이론적으로, 사상적으로 무장되어서 가난한 사람 편에 서기로 결단한 사람들이 있다. 어떤 사람은 아무 생각없이 살다가 어떤 계기로 자신의 몸이 가난한 사람들 편에 서도록 호소하는 것을 듣고 그들 편에 서게 되기도 한다. 어느 쪽이 가난한 사람들을 위해 계속 헌신할 수 있을까? 후자다. 사상으로 이해한 사람은 쉽게 전향한다. 하지만 몸으로 느낀 사람은 그러기가 쉽지 않다. 자신의 몸이, 감정이 계속해서 자신에게 말하고 있는 것을 느끼기 때문이다. 머리로 이해한 사람과 몸으로 느낀 사람은 결정적인 순간에 다른 길을 가게 되어 있다.

빈센트가 가난한 사람들, 고생한 사람들을 신비화한 것은 아니다. 그는 가난한 사람들이 저절로 구원받을 것이라고는 생각하지 않았다. 오히려 가난한 사람들이기에, 고통이 심한 사람들이기에 위로의 복음이 더 필요하다고 보았다. 고생한 것이 사람을 거룩하게 만드는 것이 아니다. 고생한 사람들은 더 비뚤어지기 쉽다. 시어머니 욕하면서 며느리가 배운다는 말도 있지 않은가! 어떤 초등학교 교사가 말하길, 요즘 아이들을 관찰해 보면 예전처럼 가난한 집 아이들이 공부도 잘하고 남들 배려도 잘하는 것은 더 이상 가능하지 않다고 한다. 풍족한 가정에서 자란 아이들이 훨씬 여유가 있고, 타인에게 배려도 잘한다는 것이다. 본 것이 있어야 따라 하든지 말든지 할 것이 아닌가?

; 누군가는 희생해야 한다?

빈센트는 광부들과 동일한 생활을 하기로 결심하고 두레박처럼 생긴 상자를 타고 지하 500미터 이하까지 내려가기도 했다. 그곳에서 위를 쳐다보니 하늘이 별빛만큼이나 희미하게 보였다. 그는 광부들이 유독가스나 폭발 사고, 갱도의 함몰 등으로 늘 생명의 위협을 받고 있는 상황을 뼈저리게 느끼고는 탄광 사무실을 찾아가서 광부들에게 안정된 환경을 제공해야 한다며 따진다. 자기들로서도 어쩔 수 없다는 답변에 빈센트는 분노를 주체하지 못하고 "어떻게 해 보란 말이야!"라고 소리치고 나오기도 한다.

여기서 우리는 자본주의의 냉혹한 얼굴을 발견할 수 있다. 한편으로 우리는 고통당하는 이웃에게 동정심을 가져야 한다고 생각한다. 자연스런 생각이다. 하지만 다른 한편으로는 경제성장을 위해서는 누군가가 희생되어야 한다고 생각한다. 정작 나 자신이 희생당할 수도 있다는 생각은 하지 못한다. 아니, 나 자신은 희생당하지 않아야 한다고 생각하면서 희생당할 사람을 지목하기에 바쁘다. 희생을 담보로 하지 않은 성장이 있을 수 있는가? 그런 것은 나중에 생각하면 되는 것일까?

현대는 자본주의를 대체할 만한 어떤 체제도 없다. 자본주의는 인류 역사의 최종적인 시스템이 되어 버렸다. 타락한 인간 본성을 가장 잘 부추기는 자본주의가 전 지구적 현상이 된 것은 결코 놀랄 일이 아니다. 공산주의는 인간성을 너무나 낙관적으로 보았다. 사람들이 자기들이 가진 것을 자발적으로 나누는 모습이 얼마나 아름다운가! 하지만 타락한 인간 본성은 결코 그것을 원하지 않는다. 자신이 아무리 수고해도 게을러터진 사람과 똑같이 분배받는데 열심 낼 이유가 있겠는가! 공산주의는 그 낙관성 때문에 폐업 신고를 할 수밖에 없었다.

현대 자본주의는 철저하게 물질적이면서 영적이다. 무슨 말이냐 하면, 자본주의는 유사 종교의 형태를 띤다는 말이다. 이것을 모르는 현대인들이 자본주의를 물질적인 것이라고만 생각하면서 종교의 시대는 지나갔다고 호언장담한다. 자신들이 새로운 형태의 거대하고 폭압적인 종교시대에 살고 있다는 사실을 모르고 있다. 예수님의 말씀을 보라. 예수님은 하나님과 재물을 겸하여 섬길 수 없다고 말씀하셨다. 여기서 말하는 재물은 바로 재물의 신 맘몬을 의미한다. 즉 자본주의는 또 하나의 신을 섬기고 있다.

; 자본주의 신학

자본주의에도 나름대로의 신학 체계가 있다. 그것이 무엇일까? 우선 낙원에 대한 개념이다. 기독교는 하나님이 인류를 위해 아름다운 낙원을 만들어 주셨다고 믿는다. 인류의 타락으로 낙원은 사라졌고 이제는 사후에나 맛볼 수 있는 종말론적인 것이 되어 버렸다. 자본주의는 사후의 낙원을 현재에 부활시킨다. 과학 기술의 발전으로 이 땅에 낙원이 건설될 수 있다고 믿는다. 자본주의의 발전 신화는 배고픔으로 인한 죽음을 해결할 수 있다고 믿는다. 그러나 이런 약속은 모순된 현실과 맞부딪치기에 고난

〈토탄 캐는 두 여인〉
드렌떠, 1883년 10월
캔버스에 유채, 27.5×36.5cm
암스테르담, 고흐 박물관

* 빈센트가 헤이그를 떠나 네덜란드 북부 브라반트 지역을 떠돌면서 본 풍경 가운데 하나다. 농부 아낙네들이 토탄을 캐고 있다. 불 붙기에 너무나 힘든 이런 토탄이나마 캐서 집으로 가져가야 북쪽에서 사정없이 몰아치는 살을 에는 듯한 추위로부터 몸을 조금이나마 덥힐 수 있었다.

과 악의 원인을 밝혀야 한다.

여기서 원죄 개념이 동원된다. 아담과 하와는 선악을 알게 하는 나무의 열매를 따 먹는 원죄를 저질렀다. 이때 원죄는 인간이 저지른 첫 번째 죄를 말하는 것이 아니라 '모든 죄의 근원이 되는 죄'라는 의미다. 그런 측면에서 자본주의도 '선악을 알고자 하는 유혹에 빠지는 죄'를 원죄라고 부른다. 시장에 대한 지식을 소유해서 그 모순을 벗겨내려는 유혹에 빠지는 것이 원죄라는 것이다. 우리는 선을 행하려는 유혹에 빠져서는 안 되고 단지 악을 피하는 길을 찾아야 한단다. 악이란 자체적으로 완벽하게 돌아가는 시장에 간섭하기를 바라는 것이다.

구원에 이르려면 대가를 치러야 한다. 시장이 절대적인 군주로 군림하는 곳에서는 가난한 자들이 생겨나게 마련이다. 이들을 어떻게 할 것인가? 자본주의는 가난한 자들이 고통당하고 심지어 죽게 되는 것은 발전을 위해 어쩔 수 없는 과정을 넘어서 필연적인 희생이라고 본다.

자본주의 시장 체제전능하신 하나님는 유사 낙원부의 무한정 축적의 약속에 대한 대가로 인간에게 필연적인 희생발전을 위한 소외계층의 희생을 요구한다. 그런 면에서 본다면 자본주의는 은혜에 반反하는 철저한 행위종교다. 이런 자본주의 시장 체제에 대항해서 기독교가 할 수 있는 것은 무엇인가? 시장의 절대성을 어쩔 수 없이 승인할 것인가? 아니면 시장에서 손 떼고 완전히 철수할 것인가?

우리는 낙원이 인간의 머릿속에서 지어낸 창작품이 아니고, 인간의 손으로 만들 수 있는 수공예품도 아님을 알아야 한다. 낙원은 오직 은혜로 주어진다. 낙원은 욕망을 끝없이 부추기고 경쟁을 유발해서 소외계층을 발생시키는 대가로 만들어지는 것이 아니라 우리가 가진 것을 나눌 때 하나님의 은혜로 주어진다. 다시금 은혜의 종교를 선포해야 하는 시대가 왔다. 개혁된 교회는 계속해서 개혁되어야 하는데 작금의 종교개혁은 교회 안에까지 들어온 자본주의 신학을 몰아내는 것이어야 할 것이다.

성경해석학은 "네 재산을 팔아 가난한 사람들에게 나누어 주고 너는 나를 좇으라"는 예수님의 말씀을 문자적으로 지키면 안 된다고 해석한다. 그것은 당시 예수님께 나아왔던 부자 청년에게만 해당하는 말씀이기 때문이란다. 게다가 예수님께서 재산을 팔아 가난한 사람들에게 나누어 주라고 하신 것은 진심에서 우러나온 말씀이라기보다는 하나의 강조어법으로 간주한다. 즉 돈을 늘 조심하라는 것을 강조해서 하신 말씀이라는 것이다.

중세 아시시의 성 프란체스코San Francesco d'Assisi, 1181-1226가 예수님의 바로 이 말씀을 문자 그대로 지키고자 했다는 사실을 우리는 알고 있다. 그의 그 바보 같은 순종이야말로 칠흑 같은 중세의 어둠 속에 빛난 한 줄기 등불이었다. 하지만 요즘 로마 가톨릭에서 유행하는 농담 중에 "하나님도 모르시는 것 두 가지가 있다"는 말이 있다. 그중 하나가 프란체스코 교단의 재산이 얼마나 되느냐다. 혹 하나님께서 기독교회를 향해 "한국 교회가 왜 저렇게 성장하는지 나도 모르겠다"고 하시지는 않을까?

; 위로와 정치

교회가 해야 할 일 중에 제일 중요한 것은 뭐니 뭐니 해도 위로의 사역일 것이다. 세상에서 상처받은 이들이 교회를 통해 위로받고 있는가? 교회는 아직까지도 어설픈 위로자다. 위로가 지나치면 그 사람의 삶에 간여하고 간섭하는 자리에 서기 쉽다. 위로한답시고 그 사람의 사생활에 깊이 개입하려는 것이야말로 폭력에 다름 아니다. 자신이 동정받고 있다고 느끼는 사람은 결코 위로받지 못한다는 사실도 명심해야겠다.

현대 사회의 문제는 구제와 긍휼의 사역이 없다는 데 있지 않다. 구제와 자비는 넘쳐나고 있다. 자선단체들이 수없이 생겨나고 있다. 평생 안 먹고 안 입고 모든 재산을 자선단체나 학교 등에 헌납하는, 가슴을 훈훈하게 하는 일들이 종종 있지 않은가? 문제는 구제와 자비가 철저하게 개인화되고 주관화되었다는 데 있다.

위로의 시스템을 개발해야 한다. 위로는 지속적인 것이 되어야 한다. 위로라는 것이 공의를 외면한 것에 대한 미안함의 표현이기 쉽다. 연말 불우이웃돕기에 이름을 내는 것으로 평소의 부정과 불법을 덮어 보려는 경우는 없는가? 굳이 순서를 따지자면 구약성경의 미가 선지자가 선포했듯이 공의를 행하는 것이 먼저고, 다음이 긍휼을 베푸는 것이고, 마지막이 하나님 앞에서 겸손히 행하는 신앙생활이다. 개인적인 자비와 구제로는 현대의 구조적인 문제를 상대하기에 역부족일 수밖에 없다.

빈센트는 하나님을 아는 길은 세상의 모든 것을 사랑하는 것에 있다고 확신했다. 그는 세상의 모든 것을 사랑하려고 애썼다. 대부분의 예술가들이 그랬듯이 그는 사회주의의 이상을 품고 있었다. 하지만 그는 당시의 정치가 문제를 해결하는 열쇠가 된다고 믿지는 않았다. 가난한 사람들의 아픔과 고통에 그렇게 눈물겨워 하면서도 그런 현실을 개선할 만한 어떤 정치적인 호소도 하지 않았다.

나는 종종 스스로 빵 조각을 얻기도 하고 친구가 공짜로 얻어 주기도 한단다. 행운이 따랐는지 그럭저럭 살아온 셈이지. 사실 나는 대부분의 확신을 잃었단다. 내 재정 상태가 너무 힘든 것도 사실이고, 미래가 너무 어둡다는 것도 사실이며, 더 노력해야 하는 것도 사실이고, 빵을 얻으려고 시간을 허비한 것도 사실이야. 이 모든 것 위에 내 공부가 가망 없는 상태라는 것도 사실이다. 하지만 내 필요는 내 소유보다 훨씬 더 크지. 이것은 네가 말하는 '내려가는 것'이며, '아무 것도 하지 않는 것'일까?

너는 내게 사람들이 기대하듯이 "왜 더 노력하지 않고, 대학에도 가지 않는데?"라고 묻겠지? 내 유일한 대답은 내 희생이 너무 컸고 게다가 미래는 지금 내 앞에 가로놓여 있는 길보다 훨씬 좋지 않다는 것이야. 나는 내가 선택한 길을 계속해서 가야 해. 형의 궁극적인 목표가 뭐냐고 묻겠지. 스쳐 지나가는 생각을 붙잡고 궁구하다 보면 처음에는 모호했던 것들이 서서히 자리를 잡게 될 거야. 거친 드로잉이 스케치가 되고 스케치가 그림이 되듯이 진지하게 노력하면 서서히 그 목표가 구체화될 것이야…….

내가 늘 생각하는 것인데, 하나님을 아는 가장 좋은 방법은 수많은 것들을 사랑하는 것이란다. 친구든, 아내든 네가 좋아하는 것은 무엇이든지 사랑한다면 하나님에 대해 훨씬 많은 것을 아는 길에 서는 셈이지. 사람은 고상하고 진지한 친밀한 동정심, 굳센 힘, 분명한 지혜로 사랑해야 한단다. 사람은 항상 더 깊이, 더 낫게, 더 많이 사랑하도록 애써야 한단다. 이것만이 하나님께로 인도하고 요동치지 않는 믿음에로 인도한단다. (편지 133)

남자라면 본능적으로 정치에 관심을 갖게 마련인데 어떻게 된 일일까? 예술가의 기질은 아나키즘적일 수밖에 없는 면이 있겠지만 평생 가난한 자들에게 복음을 전하고자 하는 마음을 버리지 않은 빈센트가 정치가 문제를 해결해 줄 거라고 생각하지 않았다는 것이 신기하기만 하다. 요즘은 이른바 정치 과잉의 시대가 아닌가? 정치가 무슨 문제든지 해결해 줄 것이라는 환상을 가진 이들과 정치라면 무조건 의혹의 시선을 보내는 이들은 두 극단이 아니라 동전의 양면이 아니겠는가?

; 위로의 방식

요즘은 자본주의가 위로의 방식에도 영향력을 미치고 있다. 위로를 물질적인 것으로 대체하는 것이다. 돈을 쥐어 주는 것으로 모든 위로를 대신하려는 것을 본다. 사망사고도 돈만 듬뿍 쥐여 주면 다들 좋아라 한다. 진정한 위로는 호들갑 떠는 것이 아니라 '무덤덤한 것 같으나 지속적으로 부담감 갖는 것'이 아니겠는가? 정작 어떤 말을 한 사람은 다 잊고 있는데 그 한마디 말 때문에 평생 부담감을 갖고 사는 사람 말이다.

한국에서 한때 민중신학이 크게 호응 받던 때가 있었다. 교회 이름에도 민중이라는 말이 들어가던 때가 있었다. 이제는 더 이상 민중교회가 필요 없는 시대가 되었다는 소리가 높다. 민중교회들이 앞장서서 변화를 위해 몸부림치고 있다. 민중교회라는 이름으로는 더 이상 교인을 모으기가 힘들다. 하지만 세계화의 바람이 거세고, 88만원 세대라는 신조어까지 생겨나는 실정이니 이제부터 새로운 민중교회(?)를 세워야 하지 않겠는가? 특정 교단이 민중교회라는 것을 전매특허처럼 내세워서는 안될 것이다. 무릇 모든 교회는 민중을 위한 교회여야 할 것이다. 교회에는 누구든지 올 수 있어야 할진대 사회적 약자들, 심지어 심리적 약자들도 주눅들지 않고 자유롭게 신앙생활할 수 있는 교회가 되어야 하지 않겠는가?

다산 정약용 선생은 현실의 어려움을 보고 마음 아파하는 것이 학문의 가장 중요한 출발점이라고 했다. 성도라면 마땅히 이런 아파하는 마음을 가져야겠다. 어떤 목사가 지지리도 못사는 깡촌에서 목회하면서 자기에게 돈도 없고, 그렇다고 병 고치는 은사도 없는 것을 안타까워했다. 자기에게 있는 것은 오직 아파하는 마음뿐이라고 한탄했다. 발만 동동 구를 수밖에 없었으니 말이다. 그런데 아파하는 그 마음이야말로 가장 큰 능력이 아니겠는가? 아파하는 그 마음이야말로 가난한 이들에게 가장 큰 위로가 되지 않았을까?

누님! 누님이 아시듯이 저는 지금까지 큰 고생 없이 평탄한 길을 가고 있습니다. 한국에서도 그랬거니와 지금은 선진국인 서유럽에서 생활하고 있고, 자녀들도 학교 교육과 진학에 아무런 스트레스가 없는 곳에서 자라고 있으니까요. 한국의 수많은 엄마 아빠들이 기러기 엄마, 기러기 아빠가 되어가는 모습을 봅니다. 영어공부가 우상입니다. 한국인들의 그런 천박성에 놀라면서도 그 절박함에는 한 번도 공감해보지 않은 것 같습니다. 앞으로도 저의 삶은, 그리고 저의 목회 생활은 크게 무리하지 않고 안정된 길을 선택할 수밖에 없을 듯합니다. 몸과 생활이 현실에 너무나 익숙해져 갈수록 종교적인 용어를 많이 사용하게 됩니다. 사람이 이중적인 것이, 현실에 매몰되어 있는 자신의 모습을 가리기 위해 종교적인 이상을 더 높이 부르짖습니다. 현대인이라면 누구나 이런 겉 다르고 속 다른 모습을 지닐 수밖에 없을 것 같습니다.

예수 그리스도 때문에 한 번도 포기해본 적이 없고, 오히려 대접만 받아온 저 자신입니다. 제가 목사가 된 것은 세상 것을 포기해야겠다는 믿음의 결단에 의한 것이 아니라 세상 사람들과 부딪치기 두려웠기 때문이 아니었을까 하는 생각을 더러 합니다. 세상에서 성공하지 못한 것을 하나님의 일을 하면서 성공해 보려는 마음마저도 있습니다. 그것도 모르고 교인들은 제가 많은 것을 포기한 목사라며 존경의 눈길을 보내지요. 저는 교인들을 제대로 대접해 본 기억이 한 번도 없습니다. 앞으로도 마찬가지가 될 것 같습니다. 목사임에도 앞으로도 버리기보다는 계속 모을 수밖에 없을 것 같습니다. '내가 가진 것만큼 베풀 수 있다'는 궁색한 논리로 하나님의 말씀의 급진성을 회피하고 있습니다.

누님은 모든 것을 잃었다고 생각하십니까? '나에게 과연 남아 있는 것이 무엇인가?'라고 생각하십니까? 아이러니하지만 누님이 모든 것을 잃었다고 생각하는 바로 그것이야말로 우리의 가장 소중한 자산입니다. 기독교인으로서 성공한 것이 우리의 자산이요 자랑이라는 것은 두말할 필요도 없을 것입니다. 하지만 기독교인으로서 잃은 것은, 빼앗긴 것은 우리 기독교의 더 큰 자산입니다. 우리 기독교의 가장 큰 자산은 십자가입니다. 십자가는 당시 가장 고통스럽게 죄인을 죽이는 사형틀이 아니었습니까? 십자가의 핵심은 육체적인 고통의 극심함이 아니라 하나님께마저 버림받은 것이 아닙니까? 하나님께 실제로 버림받으셨던 예수님으로 인해 우리는 버림받았다는 사치스러운 느낌조차도 가질 수 있게 된 것이지요.

누님, 저도 이제는 목회에 연륜이 붙다 보니 다양한 상황에 어떤 성경구절로 위로해야 할지 노하우가 생겼습니다. 어떤 상황에든 쉽게 대처할 수 있는 매뉴얼이 있는 셈이지요. 제가 들이대는 성경구절 앞에 풀리지 못할 문제란 없습니다. 만능 열쇠를 가지고 있는 셈이지요. 그런데 상담을 하고 돌아나올 때 '이게 아닌데…'라는 생각이 드는 것은 왜일까요? 하나님이 '모든 위로의 하나님'이라는 별명을 가지고 계시다는 것을 깊이 묵상해 보아야겠습니다. 상처받은 자만이 위로자가 될 수 있는 것일까요? 제가 받아야 할 상처는 어떤 것일까요? 누님이 이미 받으신 상처는 누구를 위로하기 위한 것일까요? 저도 종종 누님 생각하며 위로받았다는 사실을 아시면 누님이 섭섭하시겠지요? 부족한 동생을 너그럽게 봐 주십시오. 누님은 누님이니까요.

감자 먹는 사람들,
흙의 신학

〈감자 먹는 사람들〉
뉘넌, 1885년 4월
캔버스에 유채, 81.5×114.5cm
암스테르담, 고흐 박물관

빈센트는 그림을 본격적으로 배우기 위해 헤이그로 거처를 옮긴다. 그는 헤이그에서 약 2년 동안 화실을 드나들며 드로잉을 배운다. 드로잉 배우는 데 열심을 내던 중 그는 거리의 한 임신한 여인과 그녀의 딸을 집으로 데려와 동거하던 가운데 경제적으로 감당할 수 없는 상황에 이른다. 1883년, 그는 눈물을 머금고 그들과 헤어지고는 네덜란드 북부 드렌떼Drente에서 두어 달 남짓 고독한 시간을 보낸다. 하지만 그런 생활을 더 이상 견디지 못하고 부친이 목회하고 있던 아인트호벤 근처인 브라반트 주 뉴넌Nuenen으로 간다. 그는 그곳에서 약 2년간 지내면서 목사관 창고에서 농촌 사람들을 관찰하면서 그들의 삶을 그림으로 그리기 시작한다.

빈센트는 농부들의 삶을 이해하기 위해 수많은 밤을 지새우며 40여 점의 농부 얼굴 습작을 했다고 편지에서 털어놓는다. 직조공 연작을 그리기 시작한 것도 바로 이 시기다. 당시 네덜란드는 산업혁명의 여파에서 멀리 떨어져 있었다. 영국에서는 50퍼센트의 증기기관 동력화가 이루어졌지만 네덜란드에서는 모든 기계 중 고작 4퍼센트 정도만이 동력화가 이루어졌을 뿐이었다.

빈센트는 드렌떼 시절 이래 해온 모든 작업들을 요약해 보기로 결심한다. 그는 하루 종일 들판을 헤매면서 농부들의 고단한 삶을 그리려고 애를 썼다. 어느 날 저녁, 들판에서 그림을 그리고 돌아오는 길에 잘 아는 어떤 농부의 수수한 회색 집을 지나친다. 열린 문으로 들어가자 가족이 식탁에 둘러앉아 감자를 집어먹고 있는 장면을 보게 된다. 그는 즉각 '바로 이것'이라고 생각한다. 이제 그는 대작을 그릴 수 있겠다고 생각한다. 그 유명한 '감자 먹는 사람들'의 모티브가 그곳에서 생긴 것이다.

; 육체노동의 정직함

빈센트는 농촌 생활에 대한 야심찬 그림을 계획한다. 수개월에 걸쳐 이리저리 작업하다가 마침내 〈감자 먹는 사람들〉을 완성한다. 부친이 막 별세한 뒤다. 그에게 농촌 생활을 그리는 것은 가장 진지해지는 일이었다.

이 그림에 나타난 전체적으로 검은 색은 의도적인데, 그것은 더러움을 있는 그대로 드러내기 위해서였다. 빈센트는 검은색을 주로 사용하여 불균등한 붓질로 불규칙하게 그려서 인물들의 볼품없는, 심지어 짐승 같은 모습을 강조하고 있다. 그나마 밝게 보이는 회색은 원색들을 혼합해서 그렸다. 처음에 빈센트는 인물들의 얼굴색을 엷은 노란색으로 그렸다가 후회하고는 다시 칠했다. 아주 더러운 흙투성이의, 껍질을 까지 않은 감자의 색으로 바꾼 것이다.

빈센트는 농촌 사람들이 흙과 혼연일체가 되어 사는 모습을 그리고 싶었다. 빈센트는 브라반트의 겨울 풍경에서 본 검은 흙덩이들을 통해 자연스럽게 농부들의 얼굴을 연상했다. 빈센트는 농민화가 밀레Jean-François Millet, 1814-1875를 존경했고, 그의 그림을 많이 모작하기도 했다. 하지만 과거처럼 농민화를 매끄럽게만 그리는 것은 잘못이라고 보았다. 즉 농민화를 거칠게 그리는 것이 의도적일 뿐만 아니라 필수적이라고 생각했다. 심지어 빈센트는 아주 못생긴 사람들을 모델로 하려고 애썼다.

나는 등잔불 아래에서 감자를 먹는 사람들이 그릇에 대고 있는 바로 그 손으로 땅을 판다는 점을 강조하려고 애썼단다. 즉 이 그림은 육체노동과 그들이 어떻게 정직하게 먹을 것을 벌고 있는지를 말하고 있지. 나는 우리 문명화된 사람들과는 너무나 다른 삶의 방식이 존재한다는 것을 보여주길 원했단다. 모든 사람들이 이 그림을 바로 좋아하거나 경탄할 거라고 생각하지는 않지만 말이다.

나는 겨울 내내 이 그림조각을 들고 다니면서 이것의 궁극적인 패턴이 어떤 것이어야 할지를 고심했단다. 이 그림은 거칠고 조야한 그림이 되었지만 그럼에도 불구하고 조심스럽게 선택했고 어떤 규칙에 따라 그렸단다. 이 그림은 실제로 살아 있는 농부의 그림이라는 점이 증명될 것이다. 주일에 깨끗하게 차려입고 교회에 가는 농부들 모습을 선호하는 사람들은 제 좋을 대로 하라지. 나는 매력적인 그림보다 더 나은 결론에 이르렀다고 확신한다.

농부의 딸이 도시의 숙녀보다 더 아름답단다. 날씨, 바람, 태양이 어우러져서 가장 미묘한 특색을 갖게 된 먼지투성이 푸른 색 스커트와 보디스를 입은 농부의 딸이 훨씬 더 아름답단다. 만약 그녀가 숙녀복을 입으면 그녀의 독특한 매력을 잃게 되지. 농부는 정장을 차려입고 교회에 갈 때보다 퍼스티안 천으로 된 옷을 입고 들판에 있는 것이 훨씬 실제적이지.

내가 농부의 그림을 상투적으로 부드럽게 그리는 것은 잘못이라는 생각이 든단다. 농부 그림에서 베이컨, 연기, 감자에서 나는 증기 냄새가 나는 것이 불쾌한 것일까? 마구간에서는 똥 냄새가 나야 하지 않겠니? 들판에서는 익어가는 옥수수나 감자 냄새, 구아노 비료와 똥비료 냄새가 나야 당연하지 않겠니? 이런 냄새는 도시 사람들에게 보탬이 될 것이다. 이런 그림이 그들에게 뭔가를 가르칠 것이다. 향수를 바르는 것은 농촌 그림에 맞지 않단다…….

〈황혼 때의 오두막〉
뉴넌, 1885년 5월
캔버스에 유채 65.5×79cm
암스테르담, 고흐 박물관

* 빈센트는 바로 이 오두막을 지나면서 농부 가족이 식사하는 장면을 보고 최초의 대작 〈감자 먹는 사람들〉을 제작한다. 그는 이런 오두막을 여럿 그리는데, 가난한 농부들의 오두막은 그들의 유일한 안식처였다. 농부의 유일한 위로란 하루 해가 질 무렵 온 가족이 모여서 감자밖에 먹지 못하지만 저녁 식사를 나누는 것이었다.

농촌의 삶을 그리는 것은 진지해지는 것이지. 내가 진지한 사고를 불러 일으키는 그림을 그리지 않는다면 끔찍한 욕을 들어도 싸단다. (편지 404)

빈센트는 〈감자 먹는 사람들〉이 그때까지 그린 그림 가운데 최고의 작품이라고 자부했다. 빈센트는 이 그림을 사람들에게 알리려고 헤이그에 있는 동생 떼오에게 보냈다. 동생의 반응은 그렇게 격렬하지 않았지만 이 그림의 구성을 석판화로 받은 친구인 화가 반 랍파르트Van Rappart, 1858-1892는 경악에 가까운 반응을 보인다. 〈감자 먹는 사람들〉이 결코 진지한 작품이라고 여길 수 없다는 것이다. 이에 빈센트는 그에게 절교를 선언하기도 한다.

무엇이 정직한 것일까? 빈센트는 육체노동만큼 정직한 것이 없다고 못박아 말한다. 그의 그림그리기는 육체노동에 속하는 것일까? 정신노동과 육체노동을 대비시키는 것은 어제 오늘의 일이 아니다. 인간관계보다도, 충직함보다도 열심히 공부하는 것이 더 중요해진 사회다. 열심히 공부해야 좋은 직장을 얻을 수 있기 때문이다. 가면 갈수록 육체노동을 회피하려고 한다. 정신노동에 종사하기 위해서다. 정신노동은 더 많은 돈을 보장한다. 성공을 보장한다. 그런데 이제는 육체노동을 무시하는 사회가 경쟁력에서도 뒤질 수밖에 없다는 것이 얼마나 아니러니한가?

; 정신분석학

〈감자 먹는 사람들〉에 빈센트의 파란만장한 삶을 이해할 수 있는 무의식이 내포되어 있다고 해석하는 이들이 있다. 빈센트에게는 날짜가 하루도 틀리지 않고 1년 전에 태어나 죽은 형이 있었다. 빈센트는 자신의 생일과 똑같은 날 태어나 죽은 그 형과 하나 되려는 환상을 평생 지녔다는 것이다. 죽은 형과 하나 되려는 환상은 빈센트의 그림, 특히 감자, 습지, 땅 파는 것 등의 궁극적인 모티브였다는 주장이다.

빈센트라는 이름은 실은 사산된 형의 이름이었다. 빈센트의 부모는 1년 뒤에 태어난 아들에게 죽은 아들의 이름을 물려주었다. 빈센트는 벨기에 국경 근처 부친이 목회하던 준데르트Zundert의 교회 바로 옆 묘지 비석에 자기 이름이 새겨져 있는 것을 보면서 자랐다. 준데르트에 가면 예배당 건물 바로 옆에 그의 죽은 형의 비석이 선명하게 새겨져 있는 것을 볼 수 있다. 그는 교회에 갈 때마다 비석에 자기 이름이 새겨져 있는 것을 보았다. 특히 그의 어머니는 빈센트의 손을 붙잡고 그 비석에 자주 들렀을 것이다.

부모가 자기를 사랑하는 것이 아니라 자기 이름을 부르면서 죽은 형을 생각한다는 것을 알았을 때의 심정이란 어떤 것이었을까? 자기 이름이 묘지 비석에 새겨진 것을 보면서 자란 빈센트의 심정은 어떠했을까? 빈센트가 목사가 되고자 한 것은 아버지의 사랑을 받기 위한 무의식적인 몸부림이었을까? 목사되는 길이 좌절되자 화가가 된 것은 그림 그리기를 좋아했던 어머니의 사랑을 받기 위한 무의식적인 노력의 결과였을까?

그림 중간에 등만 보이는 어린이의 모습은 실제로 등불에 비쳐서 그렇기도 하겠거니와, 머리 뒤로 후광을 두른 듯이 앉아 있다. 이 아이는 뭔가 이 지상의 모습이 아닌 듯하며 공중에 붕 뜬 듯한 모습이다. 게다가 그림 왼쪽 의자 등받이에 희미하게나마 빈센트라는 글자가 쓰여 있는 것을 볼 수 있다. 빈센트는 자신과 맞은편에 앉은 어머니 사이에 죽은 형을 배치하므로 어머니를 위로하려 한 것일까? 빈센트는 어머니와 재결합하기 위

〈식사하는 네 농부들〉
뉘넌, 1885년 2~3월
캔버스에 유채, 33×41cm
암스테르담, 고흐 박물관

＊〈감자 먹는 사람들〉 최초의 습작인데, 사람들의 형체가 아직 분명하게 드러나지 않고 있다. 하지만 〈감자 먹는 사람들〉 최종판 구도는 이 최초의 습작에서 조금도 바뀐 것이 없는 것을 볼 수 있다.

해 죽음을 무의식적으로 동경한 것인가?

; 농부들의 성만찬

빈센트는 고기와 빵을 먹지 못하는 가난한 사람들의 주식인 감자를 빈곤의 상징으로 보았다. 빈센트는 〈감자 먹는 사람들〉을 통해 도시의 삶보다는 흙에서 사는 사람들의 삶을 예찬하고 있다. 어두운 벽에 걸린 수수한 십자가 아래서 농부들이 감자를 먹고 있다. 희미한 등불 아래에서 하루 종일 일한 농부 가족이 피곤한 몸을 의자에 걸치고는, 흙이 잔뜩 묻은 손을 씻지도 못하고 둘러앉아 감자를 먹고 있다. 초대교회 성도들이 둘러 앉아 가난했지만 빵덩이를 나누어 먹던 모습이 연상된다. 그렇다면 빈센트는 그 초대교회의 가난한 성도들의 모습을 이 작품에서 재현한 것일까? 빈센트는 농부들의 식사야말로 교회에서 이루어지는 성만찬을 대신하는 것이라고 생각한 걸까?

빈센트는 기존 교회에서 행하는 성찬식이 가난한 농부들에게 은혜의 방편이 되지 못한다고 생각한 것이 아니다. 그는 농부들의 수수한 식사로 제도교회의 성찬식을 대체하려고 한 것도 아니다. 사실 이들 가난한 농부 가족은 신적 임재감으로 충만해 있다기보다는 하루의 고달픔이 채 가시지 않은 모습으로 앉아 있다. 이들 가족은 경건하게 식사를 나누고 있는 것 같지도, 다정하게 대화를 나누는 것 같지도 않고, 피곤에 절은 모습 그대로 소박한 식사를 나누고 있다. 빈센트는 농촌 생활의 핍진함을 있는 그대로 묘사하고 있다.

이 어두운 그림에서 유일하게 빛을 비추고 있는 것이 천장에 매달린 희미한 등불이다. 이 등불마저 꺼지면 이 농부들에게는 아무런 소망이 없을 것 같아 보인다. 빈센트는 부친이 그의 손을 잡고 등불을 든 채 로마 가톨릭 세력이 강한 네덜란드 남부 지역에서 몇 킬로미터나 떨어져 있는 교구민들을 방문하던 때를 떠올렸을 것이다. 빈센트는 부친의 죽음을 생각하면서 그 등불을 통해 그리스도의 복음의 빛과 그리스도의 임재가 가난한 농부들에게 얼마나 필요한 것인지 더 절감하고 있는 것이다. 가난한 농부들에게 정말 필요했던 것은 바로 그 그리스도의 복음의 빛이니까 말이다.

; 도시와 농촌

〈감자 먹는 사람들〉은 예술적 완벽을 향한 빈센트의 시도였을 뿐만 아니라 풍부한 철학적 함의도 지닌다. 빈센트는 농촌 생활에서 고달픔과 고통만을 보지는 않았다. 그는 농촌 생활이 도시 사람들에게 큰 의미를 준다고 생각했고, 도시 사람들에게 농촌의 현실을 전하고 싶은 간절한 마음이 있었다. 빈센트는 16세부터 대도시로 나가서 화상으로 일해 왔다. 네덜란드에서는 전통적으로 14세 때부터 일하기 시작했기 때문에 빈센트가 너무 일찍 부모 곁을 떠난 것은 아니다. 하지만 그는 도시 생활의 비인간화를 생생하게 목격한다.

빈센트는 도시에서 살면서 도시의 내밀한 부분을 들여다보게 되었다. 그는 자연스럽게 농촌의 삶을 도시의 삶과 대비하기 시작한다. 도시가 농촌보다 나은 것이 아니라는 생각이다. 도시와 농촌의 이분법은 별 의미가 없다. 하지만 도시가 농촌을 죽이면 문제가 된다. 그 자신이 암스테르담,

파리, 런던의 도시 생활을 해 보았던바, 도시 생활의 비인간화와 산업화로 인한 인간성 황폐를 이미 목도했던 것이다.

당시 파리와 런던은 산업혁명으로 진보와 발전이라는 흥분된 분위기에 넘쳤다. 반면 19세기 전반 70년 동안 네덜란드는 어려운 시기를 보내고 있었었다. 이 기간 동안 네덜란드는 유럽 대륙의 후발 산업국가들에게 뒤처진 것은 말할 것도 없거니와 포르투갈, 아일랜드와 더불어 유럽에서 가장 가난한 나라로 전락했다. 네덜란드 전체가 거대한 빈민가로 느껴질 정도였다. 당시 300만 네덜란드 인구 중 10만 명 정도만이 최저생활수준에 가까운 생활을 했고, 평균수명도 30세 정도였다고 한다. 이런 상황에서 유럽의 대도시 곳곳을 구경한 빈센트가 농촌 생활에 매력을 느꼈다는 것이 이상할 정도이다.

; 도시의 본질

우리는 도시의 본질이 무엇인지 묻고자 한다. 도시는 참으로 유용하다. 모든 인간적인 재화가 집중되는 곳이기 때문이다. 한국에서는 인간이 살 만한 도시가 못 된다고 모두들 투덜거리면서도 절대로 떠나지 않는 곳이 서울이라고 한다. 돈만 많으면 서울은 세계에서 살기 가장 편한 도시라는 말까지 한다. 도시는 인간의 정복이 확고해지는 장소다. 즉 가인의 성 쌓기로부터 시작되어 바벨탑을 쌓는 것으로 절정을 이루는 인간 문명의 총화가 도시다. 외부의 어떤 개입도 배제하고 스스로 자연의 주인으로 선언하는 장소가 바로 도시다. 도시는 인간 힘의 총합이요, 인간 스스로의 승리와 성공을 자축하는 곳이기도 하다.

〈흰 캡을 쓴 농부 아낙네의 머리〉
뉴넌, 1884년 12월
캔버스에 유채, 43.5×37cm
개인 소장

* 빈센트는 이런 농부 아낙네의 얼굴을 수십 점 그린다. 그림 속 아낙은 얼굴 윤곽이 분명하게 드러나며, 호감을 주기에 충분한 모습이다. 하지만 다른 인물화들을 보면 거의 짐승 같아 보이는 모습으로 그리는 경우도 흔했다.

도시의 이중성은 분명하다. 도시는 물질적인 동시에 영적이다. 도시는 사람들이 자발적으로 연합해서 인간의 이름을 내는 곳인 반면 사람을 가장 가공스럽게 노예로 만드는 곳이요, 비인간화하는 곳이기도 하다. 도시는 인간의 연합으로 건축되지만 인간의 희생 위에 건설된다. 즉 도시는 가장 쾌락적인 곳일 뿐만 아니라 사회 낙오자를 양산하는 곳이기도 하다.

산업화와 더불어 도시로 몰려간 이들은 도시 변두리에서 인간만도 못한 삶을 살아가고 있다. 내일의 희망도 없이 하루하루를 죽지 못해 살아가는 이들을 양산하는 곳이 바로 도시다. 고속 경제성장의 배후에는 낙오하는 사람들이 양산될 수밖에 없다. 옛날에 비해 절대적인 빈곤이 급격히 줄어들긴 했지만 비인간화는 전방위로 더 확대되고 있지 않은가?

도시가 영적이라는 의미가 무엇일까? 프랑스 법학자이자 신학자인 자크 엘륄Jacques Ellul, 1912-1994은 《도시의 의미》에서 도시야말로 "나는 신을 죽였다"라고 할 만큼 형이상학적인 가능성을 지닌 곳이라고 말한 바 있다. 그는 도시야말로 탑을 쌓아 하나님께 속한 것을 인간이 움켜쥐려 하고, 성벽을 쌓아 하나님의 개입에 대항하여 스스로를 방어하는 곳이라고 말했다. 그에 의하면 시골은 하나님께서 만드셨고 도시는 사단이 만든 셈이다. 사단은 도시를 통해 하나님을 대적하는 문화를 만들고 있는 셈이다.

; 기독교는 도시 종교다

현대인은 예외없이 도시인이다. 시골 사람들도 도시에 의존적일 수밖에 없다. 어떤 목회자는 자기는 결코 시골로 갈 수 없다고 잘라서 말한다. 목회도 시골에서는 할 수 없다는 것이다. 답답한 시골에서 어떻게 생활할 수 있느냐는 것이다. 기독교는 어떤 종교보다도 도시화된 종교다. 기독교는 도시에 의존해서 성장하는 종교다. 기독교는 이미 도시문화를 적극적으로 받아들여 자본주의를 승인했을 뿐만 아니라 개인주의를 부추겨 성장을 구가하고 있다.

한국 교회는 산업화와 도시화의 과정에서 도시로 몰려온 사람들로 유례없는 성장을 이루었다. '더 빨리, 더 많이, 더 싸게'라는 구호 속에 살고 있는 도시인들은 원자화될 수밖에 없었다. 그런데 이들에게 너무나 따뜻한 공동체가 있었다. 교회였다. 도시에서 소외된 사람들이 갈 곳이 없어 사랑을 갈구하면서 교회를 찾은 것이다. 교회는 시골 공동체를 대체하는 완벽한 유사 공동체의 역할을 했다. 교회 가면 결혼식을 할 수 있고, 마지막에는 장례식마저 치러 주니 말이다. 오늘날의 도시 교회들은 예외없이 시골을 희생으로 해서 성장했다고 할 수 있다.

문제는 교회가 시골의 가족공동체, 가문공동체, 마을공동체의 역할을 대신해 주었다는 것에 있지 않다. 정작 문제는 이제 교회가 도시의 문화인 개인주의와 손을 잡은 것이다. 교회는 도시문화의 개인주의에 편승해서 성장을 이루려는 유혹에 직면해 있다. 개인 구원과 사회 구원의 논쟁이야말로 기독교의 이런 약점을 적나라하게 보여주고 있다. 대조적으로 이슬람교는 철저하게 공동체적이다. 기독교가 개인주의를 부추기는 한 이슬람은 기독교를 저급한 종교로 치부할 것이다.

요한계시록 18장은 세상이 멸망하는 모습을 큰 도시 바벨론이 멸망하는 모습으로 그렸다. "무너졌도다. 무너졌도다. 큰 성 바벨론이여! 귀신의 처소와 각종 더러운 영이 모이는 곳과 각종 더럽고 가증한 새들이 모이는

〈감자 먹는 사람들〉
뉴넌, 1885년 4월
캔버스에 유채, 72×93cm
오테를로, 크뢸러-뮐러 박물관

* 빈센트는 바로 이 오두막을 지나면서 농부 가족이 식사하는 장면을 보고 최초의 대작 〈감자 먹는 사람들〉을 제작한다. 그는 이런 오두막을 여럿 그렸는데, 가난한 농부들의 오두막은 그들의 유일한 안식처였다. 농부의 유일한 위로란 하루 해가 질 무렵 온 가족이 모여서 감자밖에 먹지 못하지만 저녁식사를 나누는 것이었다.

곳이 되었도다. 그 음행의 진노의 포도주로 말미암아 만국이 무너졌으며 또 땅의 왕들이 그와 더불어 음행하였으며 땅의 상인들도 그 사치의 세력으로 치부하였도다."

바벨론은 모든 도시를 대표한다. 더 놀라운 사실은 이 바벨론의 다른 얼굴이 음녀로 그려지고 있다는 사실이다. 음녀는 타락한 교회를 지칭하는 말이기도 하다. 그렇다면 마지막 시대는 동전의 양면처럼 종교와 정치가 한 몸뚱이가 되어 멸망을 부채질하고 있다는 말이다. 고도로 정치화된 교회, 인본주의의 이상을 내면화한 교회는 그것 자체로 바벨론이라고 부를 수밖에 없다.

; 흙의 신학

빈센트의 〈감자 먹는 사람들〉은 우리에게 복음의 본질이 무엇인지 묻고 있다. 그는 우리에게 복음에 합당한 삶이 무엇이라고 생각하는지 묻고 있다. 기독교인이라면 어떤 사람들보다 가난하고 소외된 사람들에게 관심을 두고 있지 않은가? 세상 사람들이 잘 몰라서 그렇지 교회만큼 구제를 많이 하는 곳이 어디 있는가? 최근에는 교회마다 복지관을 짓는 것이 열병처럼 유행하는 것을 본다. 하지만 빈센트는 더 급진적인 질문을 던진다. "지극히 작은 자 하나에게 한 것이 곧 나에게 한 것이다"라는 주님의 말씀을 실천하지 않는 한 우리는 복음을 잘못 이해하고 있다고 말이다.

기독교는 어떤 종교보다 현실적이다. 기독교는 미래적인 종교, 저 세상적인 종교라기보다는 이 세상적인, 현재적인 종교다. 기독교는 지금 이 땅에서 이루어지는 하나님 나라에 대해 말한다. 불교처럼 세상을 회피하지

〈작은 창문 셋을 배경으로 한 직조공〉
뉴넨, 1884년 7월
캔버스에 유채, 61×93cm
오테를로, 크뢸러-뮐러 박물관

* 농촌까지 산업혁명의 여파가 미쳤다. 빈센트는 농촌에서 헛간에 이런 직조기계를 들여놓고 옷을 짜는 가내수공업이 번성하던 모습을 그렸다. 이 직조공은 햇볕이 거의 들지 않는 이런 좁은 실내에서 하루 종일 직조기계 앞에 앉아 기계처럼 일할 수밖에 없었다. 빈센트는 이런 모습을 연민의 눈동자로 관찰하곤 했다.

않는다. 유교처럼 현실 정치와 현실 제도를 무조건 긍정하지도 않는다. 기독교는 늘 세상을 직면하고 현실에 대해 말한다. 하지만 어느 순간에선가 기독교가 저 세상을 강조하는 종교가 되었다. 불교처럼 참선해서 해탈을 이루는 종교가 되어가고 있다. 초대 기독교회를 위협하던 영지주의靈知主義가 교회를 장악해 간다는 느낌을 지울 수 없다. 기독교의 영성은 현실에 뿌리박은 영성이다. 성도의 영성은 현실을 떠나서, 육체성을 떠나서 이루어지지 않는다.

성경에서 가장 고통스러운 말씀은 "눈에 보이는 네 형제를 사랑하지 않으면서 어떻게 눈에 보이지 않는 하나님을 사랑할 수 있겠는가?"라는 말씀이다. 이 말씀 앞에서는 피할 데가 없다. 하나님을 사랑한다는 것을 말로 때울 수 없는 것이다. 기독교는 눈에 보이지 않는 신을 막연하게 믿는 종교가 아니라 눈에 보이는 현실을 사랑으로 껴안는 종교다. 기독교는 이신론의 주장처럼 '시계를 만들어 태엽을 잔뜩 감아놓고 가만히 있는' 하나님을 믿지도, 범신론의 주장처럼 '시계를 만들어 놓고 보니 그 시계가 너무 매혹적이어서 자신이 시계가 되어버린' 그런 하나님을 믿지도 않는다. 기독교의 하나님은 현실 세계 속에서 여전히 역사하시는 하나님이시다.

빈센트를 비정통 신학자라고 부를 수밖에 없겠지만 그의 신학은 현실에 깊이 뿌리내리지 못하고 있는 정통 신앙인들에게 뼈아픈 소리를 내지르고 있다. 현실에 발을 붙이고 소외된 자들의 고난과 고통에 귀 기울이지 않는 신학과 신앙은 아무 소용이 없다고 말이다. 소금이 그 맛을 잃으면 아무 데도 쓸데없어 밖에 버려져 사람에게 밟힌다고 말이다. 우리는 지금까지 하늘의 신학을 주장해 왔다. 우리의 모든 삶은 하늘을 지향해야 한다고 말이다. 틀리지 않은 주장이다. 하지만 땅에 뿌리를 박지 않은 채 하늘을 지향하는 삶이야말로 얼마나 터무니없는 것인가? 하늘의 신학은 자칫하면 공중의 신학이 되기 쉽다. 빈센트는 흙의 신학을 부르짖고 있다. 아무 데나 신학이라는 말을 붙이면 안 되겠지만 모든 신학은 결국 흙의 신학, 현실에 뿌리를 깊이 내리는 땅의 신학이 되어야 할 것이다.

누님! 그동안 평안하셨는지요. 그곳 서울 생활은 어떤지요. 한국을 대외적으로 알리는 구호가 '다이나믹 코리아'라는 말을 들었습니다. 정말 다이나믹한 한국이지요. 하루하루가 다르지요. 한국만큼 빠르게 변하는 나라는 지구상에 아무 데도 없을 것입니다. 정권이 바뀌면 하루아침에 모든 것이 바뀌지요. 어느 것 하나 연속성이라곤 찾아볼 수 없습니다. 지금쯤 한국은, 특히나 서울은 얼마나 많이 변했을지 상상해 봅니다. 지난번 4년 만에 처음 가본 서울은 눈이 핑핑 돌 지경이었습니다. 외국 물을 먹었다고 이제는 한국의 대도시 생활의 잔인함을 바라볼 여유가 생겼습니다. 대도시 생활이란 끊임없는 경쟁의 연속이 아닙니까? 그 치열한 경쟁 속에서 성공하는 사람과 낙오하는 사람이 분명하게 나뉘고 있습니다. 누님의 서울 생활은 과연 어느 쪽인지요. 평범한 소시민으로 사는 것에 만족하실 누님의 모습이 빈센트의 〈감자 먹는 사람들〉과 겹쳐 보이는군요.

지난주에는 교단 총회가 있어서 아테네에 다녀왔습니다. 얼마 전까지만 해도 유럽연합 국가들 중에서 가장 못사는 나라의 하나가 그리스였는데요. 그곳에서 과거의 영광을 더듬어보는 시간은 도시의 의미에 대해 많은 생각을 하게 했습니다. 현대 문명도 헬라 문명의 아류라는 생각을 해 보면 현대 도시문명을 배태한 아테네의 현재는 현대 도시의 미래 모습이 아닐지요. 아테네에 가는 기내에서 읽으려고 자크 엘륄의 《도시의 의미》라는 책을 들고 갔습니다. 그 책을 읽다가 깜빡 잊고 기내에 두고 내렸습니다. 책을 잃어버렸다는 것을 안 것은 몇 시간 뒤의 일입니다. 다가오는 주일에 빈센트의 《감자 먹는 사람들》을 감상하면서 시골과 도시의 차이를 생각해 보고 싶어서 그 책을 읽고 있었는데 '도시의 의미'를 잃어버리고 말았습니다. 저에게는 이 사건이 아주 상징적인 의미로 다가왔습니다. 도시의 의미를 잃어버렸으니까요. 이제는 '도시의 의미'를 찾을 수 없게 되었습니다.

〈감자 먹는 사람들〉을 보면서 도시인인 저 자신의 모습을 돌아봅니다. 이미 도시라는 호랑이 등에 타고 있는 기독교도 생각해 봅니다. 현대 기독교는 본질적으로 도시 종교입니다. 성공을 위해 도시로, 도시로 몰려든 군상들을 향해 시골 공동체가 행하던 역할을 대신하면서 기독교가 성장했으니까요. 도시의 성장과 더불어 기독교가 성장했다는 것이 무엇을 의미하는지 깊이 생각해 볼 필요가 있습니다. 도시의 영적인 특성을 외면하고 영혼 구원만 소리 높여 외치는 교회의 모습이 안쓰럽기 그지없습니다. 도시를 과감히 벗어나는 이들이 필요하겠지요. 하지만 어떻게 하면 도시를 벗어날 수 있을까 고민하는 것보다 도시가 주는 심오한 영성(?)을 떨쳐버리기 위해 노력하는 것이 먼저겠지요.

한국에서는 얼마 전부터 귀농 붐이 일고 있다고요. 혹시 누님은 연세가 좀더 들면 시골로 내려갈 생각이 있으신지요. 시골에 집을 마련하고 텃밭도 가꾸며 지내는 것이 얼마나 보기 좋아 보입니까? 하지만 대부분의 귀농이란 것이 얼마나 낭만적인 것인지 알 수 없습니다. 귀농 붐이란 결국 시골로 돌아가는 것이 아니라 성공을 위해 시골을 또 다른 도시로 만들려는 것은 아닐까요? 이미 얻은 성공을 자랑하기 위한 것도 많고요. 이제 도시가 아닌 곳이 없습니다. 이래저래 누님의 도시 생활을 위해 기도할 수밖에 없군요. 누님의 도시 생활에 건승을 빕니다.

오래된 탑,
종교는 영원한가?

〈뉴넌의 오래된 탑〉
뉴넌: 1885년 5월
캔버스에 유채, 65x88cm
암스테르담, 고흐 박물관

빈센트의 마음에는 복음을 전하려는 열망이 불타올랐다. 하지만 그는 신학교의 문을 두드려 보지도 못했고, 복음 전도자라는 최소한의 자격도 누리지 못했다. 목사단은 일반인들을 향해 두터운 장벽을 세워놓은 것이다. 분노한 빈센트는 완고한 목사단이 이끄는 교회 조직을 떠나기로 결심한다. 그래도 그는 부친에 대한 존경심만큼은 버리지 않는다. 그는 부친이 목회하고 있던 아인트호벤 근처 뉴넌으로 가서 가난한 농부들의 모습이며, 그 유명한 직조공 연작을 어둡게 그려 간다.

특이한 것은 빈센트가 뉴넌 근처의 오래된 탑에 주목했다는 사실이다. 그중 하나가 바로 이 그림이다. 이 탑은 예전에 교회 건물로 쓰이다가 다른 건물이 세워지자 방치되어 있었다. 그러다가 시의회에서 탑을 부수기로 했다. 기묘하고 고립된 이 탑을 바라보면서 빈센트의 마음속에 종교적인 어떤 상징이 자리잡기 시작한다. 그 탑 주위에는 그곳에서 신앙생활을 하던 가난한 농부들의 무덤이 사방에 흩어져 있다. 허물어진 탑이 농부들의 무덤을 더 을씨년스럽게 한다. 황폐한 탑뿐만 아니라 주위에 산재한 농부들의 무덤이 자랑스럽던 기독교의 붕괴를 상징하는 것 같기도 하다. 빈센트는 이미 유럽 기독교의 종말을 내다본 것일까?

; 종교란 무엇인가?

빈센트는 그의 편지를 통해 이 그림에 관하여 당시 프랑스의 작가 빅토르 위고Victor Hugo, 1802-1885 가 "종교는 사라지지만 하나님은 영원하시다"라고 한 유명한 말을 인용한다.

종교심의 특정한 표현에 누구나 동의할 필요는 없단다. 그러나 만약 그 종교심이 진지하다면 존중해야 하는 감정이지. 내가 무엇을 어떻게 정확하게 표현해야 할지는 모르겠지만 그 숭고한 것에 대한 믿음이 나에게 필요할 뿐만 아니라 그런 감정을 나누어야 하겠지. 나는 빅토르 위고의 "종교는 사라지지만 하나님은 영원하시다"라는 위대한 말을 기억하고 있단다. 가바르니Gavarni의 "중요한 것은 사라지는 것들 속에서 사라지지 않는 것을 붙잡는 것이다"라는 말도 기억한단다. '사라지지 않는 것' 중에 하나는 '숭고한 것'과 하나님에 대한 믿음이란다. 봄에 나뭇잎이 바뀌어 가는 것처럼 양태는 달라지지만 말이다.(편지 253)

빈센트는 종교, 심지어 신앙마저도 하나님과 분리시키는 것인가? 종교와 하나님은 분리시킬 수 있는 것인가? 하나님 없이 어떻게 종교가 존재할 수 있으며, 종교라는 틀 없이 어떻게 하나님을 드러낼 것인가? 그는 편지를 통해 "종교와 믿음은 낡아지지만 농부의 삶과 죽음은 영원히 동일하게 남는다"라고 말했다.

종교의 기원은 무엇이며, 종교의 역할은 무엇일까? 요즘은 이미지 시대이니 종교가 사람들에게 어떤 인상을 주는지 물어볼 수 있겠다. 종교는 사람들의 일상에 어떤 영향력을 끼치는 걸까? 종교는 하나의 액세서리에 불과하다고 하는 이들이 늘고 있다. 종교는 지극히 사적인 영역에 속하는 것이기에 사람들의 마음에 위안을 주는 것으로 그 소임을 다한다는 생각이다. 종교라는 것은 결국 사람의 소망과 환상이 빚어낸 작품에 불과하다는 생각이다. 그렇다면 하나님이 사람을 만든 것이 아니라 사람이 하나님을 만들었다는 말이 더 설득력 있지 않겠는가?

"종교가 무엇인가?"라는 물음은 종교라는 단어의 어원을 탐구한다고 해결될 문제가 아니다. 불교에서는 이른바 삼보三寶를 통해 종교의 본질을 설명한다. 삼보란 세가지 보물이란 뜻으로 부처님(불), 부처님이 설한 법(법), 그 가르침대로 산 스님들(승)을 뜻한다. 교주, 교리, 교단을 통해 종교를 설명해 보려는 시도인 것이다.

종교라는 것은 특정 종교의 가르침과 체계를 의미하기보다는 신을 향한 경외가 본질을 차지한다는 말이 더 설득력이 있다. 독일의 종교학자 요아힘 바흐Joachim Wach, 1898-1952는 모든 종교에 있는 보편적 종교 경험을 통해 종교의 본질을 밝히려 했다. 그는 종교 경험의 보편적 요소를 네 가지로 드는데, 그것은 궁극성(Ultimacy), 전체성(Totality), 강렬함(Intensity) 그리고 행위(Action)이다. 즉 종교 경험은 궁극적 실재를 체험한 인간의 반응이고, 부분이 아니라 인간의 전체적 반응이며, 인간의 경험 중에서 가장 강렬한 것이며, 그러한 체험은 실제 행동으로 이어진다는 것이다. 이 네 가지 요소를 모두 포함하는 것이 바로 종교 경험이고, 그것이 종교의 본질적인 요소라는 것이다.

한편 독일의 종교학자 루돌프 오토Rudolf Otto, 1869-1937는 《성스러움의 의미 Das Heilige》에서 보편적인 종교성을 확인할 수 있는 길은 종교 체험이 아니라 오히려 종교 감정이라고 말한다. 누맨적인 감정, 신적인 것을 느낀 감정이 모든 종교의 기반이 된다는 것이다. 그는 계몽주의로 말미암아 지성이 모든 종교심을 판단하는 기준이 되어 "신을 향한 신앙이란 것이 아무런 의미가 없다"고 주장하는 것에 반발하여, 신적인 것을 느낀 사람은 종교를 가질 수밖에 없다고 주장했다.

진화론이 종교학에 준 영향도 만만찮다. 종교도 진화해 왔다는 생각이

〈뉴넌 교회를 떠나는 교인들〉
뉴넌, 1884년 10월
캔버스에 유채, 41.5×32cm
암스테르담 고흐 박물관에서
2002년 12월 7일에 도둑맞음

* 빈센트의 부친이 목회하던 교회의 모습과 교인들이 예배를 드리고 집으로 돌아가는 광경을 그렸다. 대부분의 교인들은 고단한 농촌의 삶을 살고 있었다. 빈센트는 이들에게 위로가 될 길을 끝없이 찾았다.

다. 애니미즘에서 서물庶物숭배로, 다신교로, 최고신 신앙으로, 최후로는 유일신 숭배로 진화해 왔다는 것이다. 유일신 신앙이 최후로 등장했다 하더라도, 세월이 지나면서 종교는 타락해 갔다 해도 무방할 것이다. 고대로 가면 갈수록 제정일치사회인 것을 알 수 있는데, 이것을 부정적으로만 볼 필요는 없을 것 같다. 현대처럼 종교를 사적인 것으로만 치부하는 것보다는 나을 것이기 때문이다.

종교개혁자 칼빈John Calvin, 1509-1564은 '종교의 씨'라는 것을 말했다. 사람에게는 누구나 종교의 씨라는 것이 있어서 종교를 만들고 신을 찾는다는 것이다. 재미있는 것이, 이슬람은 자신들의 종교를 가장 최후의 종교로, 가장 자연스러운 종교로 본다. 최후에 등장한 종교이니 제일 진화한 종교라 할 수 있겠다. 종교도 여전히 진화한다고 생각하면 지상 최후의 종교는 어떤 형태일지 궁금하다.

; 종교학의 중요성

한국처럼 다원화된 사회에서는 종교학이 중요한 위치를 차지한다. 한국은 말 그대로 다종교화 사회다. 한국은 유럽이나 미국처럼 기독교 국가가 아니다. 한국은 처음부터 다원화된 사회였다. 유럽과 미국조차도 이제는 다종교화된 사회다. 그래서 20세기 초반부터 미국에서 '선교적인 교회'라는 개념이 등장했다. 다른 세계에 선교사를 보내는 것으로 만족할 것이 아니라 자기 사회에 다른 종교가 있다는 것을 명심해야 한다는 각성이었다. 미국은 이미 세상 모든 종교의 전시장이 되어 버렸다.

다원화된 사회를 살고 있기 때문에 기독교는 다른 종교에 대해 분명히 이해해야 한다. 복음을 제대로 전하기 위해서라도 기독교는 종교학의 도움을 받을 수밖에 없다. 그런데 대부분의 한국 기독교인들은 종교학을 공부한다고 하면 색안경을 끼고 본다. 기독교인이라면 신학을 하면 했지 왜 하필 종교학을 하느냐는 것이다. 종교학을 공부한다고 하면 종교 다원주의를 주장하기 위해 그런 연구를 한다는 생각마저 한다. 그렇다면 기독교인이 타 학문은 왜 공부하는가?

특정 종교인이 종교학을 연구하면 그 종교에 편향적인 관점에서 각 종교를 연구할 수밖에 없기에 비종교인이 종교학을 연구해야 하는 걸까? 종교학을 공부하다 보면 모든 종교에 객관적인 관점을 갖게 되어 자기가 믿던 종교에 대해서도 예전과는 다른 관점을 가질 수밖에 없는 건가? 종교학을 연구하면 신앙을 지킬 수 없을 거라고 생각하기도 한다. 모든 종교를 객관적인 잣대로 보기 시작하면 신앙마저 버리게 될 거라는 염려다. 그렇게 해서 버리게 될 신앙이라면 애당초 왜 붙들고 있어야 하는 걸까?

무릇 종교인들은 타 종교에 대해서도 잘 알아야 한다. 기독교 신앙만 알고서는 기독교 신앙의 특성이 무엇인지 잘 모르지 않겠는가? 종교학의 창시자라 불리는 영국의 프리드리히 뮐러Friedrich Max Müller, 1823-1900가 "하나만 알면 아무 것도 모르는 것이다"라고 한 말을 새겨들어야겠다. 기독교인이 타 종교에 대해 잘못 주워들은 몇 가지 지식을 가지고 특정 종교에 대해 함부로 말하는 경우가 많다. 성경을 잘 모르면서 몇 구절을 가지고 말도 안 되는 소리를 하는 이들을 향해 분노하면서도 정작 자신이 타 종교에 대해 터무니없는 말을 해대는 것에는 어떤 문제의식도 없다.

타 종교에 대해서는 거짓말을 해도 상관없는 걸까? 누군가 "성경 말씀은 '네 이웃에게 거짓증거하지 말라'는 이 한 마디 말씀 안에 다 들어 있다"는 말을 했다는 것을 명심해야겠다. 거짓말하지 않더라도 타 종교의 모순점들을 집중적으로 부각하는 것이 교회가 해야 할 일일까? 제대로 된 선교를 위해서라도 종교학은 중요할 수밖에 없다. 한국 사회의 문화적인 토양을 깊이 이해하기 위해 전문적인 종교 연구가들을 많이 길러내야겠다.

; 유일신 신앙

신을 믿는 사람이 신을 부를 때 그 신은 도대체 어떤 신인가? 신을 믿고 부른다고 해서 유신론자, 신을 믿지 않고 부르지 않는다고 해서 무신론자가 되는 것이 아니다. 신을 부르는 사람들에게 우상숭배적인 요소가 얼마나 많은가? 하나님을 우상의 형태로 만들어 섬기고 있는 기독교인들이 얼마나 많은가? 무신론자들 중에서 신자들이 믿고 있는 우상을 타파하려는 사람들이 많다. 무신론자들이라고 다 같은 것이 아니라는 말이다. 무신론자들 중에 진정한 신을 찾고 있는 자들이 많다는 사실도 잊지 말아야겠다.

다양한 신론들 중에서도 유일신을 믿는 종교는 타 종교를 무시하기 쉬운 것 같다. 자기들이 믿는 신이 유일신이기 때문이다. 요즘 종파적 유일신 신앙을 비판하는 목소리가 높다. 특히 기독교가 유일신 신앙을 가지고 다른 종교에 배타적이고 공격적이기 때문에 그런 목소리가 더 높아지고 있다. 옛날 이슬람교도들이 "코란이 아니면 칼을 받으라"는 구호를 외쳐댄 것도 유일신 신앙의 가장 단호한 표현 방식이었다.

유일신론자들은 단일신론자들과 다르다. 하나님이 한 분이라는 유일신 신앙은 다양한 방식으로 표현된다. 유일신 종교가 하나만 있는 것이 아니다. 유대교, 기독교, 이슬람교가 다 유일신 종교들이다. 기독교에도 로마 가톨릭교, 동방정교회, 루터교, 개혁교 등의 다양한 교파들이 있다. 서로 정통성을 주장할진대 하나님께서 누구의 손을 들어주실까? 하늘나라에서도 정통과 비정통의 구분이 유효할까? 하나님은 정통의 편이 아니다. 하나님을 자기 편으로 끌어들이고 편가르기 하는 것이야말로 하나님이 단단히 화를 내실 일이다.

기독교를 다른 유일신 종교와 구별하게 하는 것은 예수 그리스도에 대한 신앙이다. 하지만 예수 그리스도에 대한 신앙은 삼위일체라는, 논리적으로 풀기 어려운 난제에 빠지게 되는 길이기도 하다. 초기에 아랍인들은 구원의 길을 찾아 여러 종교를 섭렵했고, 그 중에 유일신 신앙인 유대교에 각별한 관심을 가졌다. 한편 '기독교인들은 한 분 하나님이 아니라 세 분의 신을 섬기는 우상숭배자들'이라는 오해가 급속하게 퍼졌다. 이에 아랍인들은 기독교에 등을 돌리고 마호멧의 손을 들어 주었다. 삼위일체 신앙은 사람들에게 걸림돌이 될 수밖에 없는 믿음이다.

비교종교학을 통해, 종교적 체험의 비교를 통해 모든 종교가 하나의 진리에서 파생한 것이라는 주장이 힘을 얻고 있다. 종교간 대화가 활발하게 진행되고 있다. 기독교 일각에서도 이런 일에 적극 동참하는 모습을 볼 수 있다. "산꼭대기에 이르는 길이 다양할지라도 결국 한 지점에서 만난다"는 통속적인 비유로 종교의 통합을 주장한다. 참으로 재미있는 것이, 목사조차도 사회적 지명도가 있는 위치에 서면 자신도 모르는 사이에 종교다원

〈들판에서 보이는 오래된 탑〉
뉴넨, 1884년 7월
카드보드지에 유채, 35×47cm
개인 소장

* 황혼녘에 한 농부 여인이 밀밭 사이를 지나가고 있다. 멀리 오래된 탑이 서 있다. 농부들의 삶을 오랫동안 지켜보았던 탑이 이제는 을씨년스러워 보인다.

주의를 은근히 두둔하게 된다는 사실이다. 종교간 대화의 미래가 어떤 방향으로 나아갈지 참으로 궁금하다.

; 기독교 이전 종교의 의의

기독교는 타 종교에 필요 이상으로 민감한 반응을 보일 때가 많다. 한국 기독교는 미국 근본주의와 세대주의의 영향을 강하게 받았다. 게다가 공산주의와 대치하고 있는 한반도 상황과 맞물려 이분법적인 사고에 지배될 때가 많다. 복음은 어느 한 순간 공중에서 떨어진 것이 아니다. 어떤 민족이든지 복음을 받기 전까지 그 민족성을 형성한 종교나 문화가 존재해 왔다. 성경에도 하나님께서 '때가 차매' 그리스도를 이 땅에 보내셨다고 기록하고 있다. 때가 찼다는 표현은 하나님께서 그리스도를 보내시기 이전에 이 세상에서 종교를 포함한 다양한 사회현상을 통해 사람들의 마음을 준비시켜 오셨다는 말이 아니겠는가?

율법이 근본적으로 복음과 적대적인 것이 아니라 복음이 오기까지 어린아이를 양육한 가정교사 역할을 한 것처럼, 타 종교들도 복음을 받아들이기 전까지 인류의 가정교사 역할을 했다고 할 수 있다. 기독교 이전에 우리 민족에게 전해진 유교와 불교는 우리 민족의 종교와 문화 생활을 풍부하게 했다. 우리 민족이 복음을 수용한 방식은 기존 종교와 무관하게 이루어진 것이 아니다.

많은 사람들이 일본과 한국을 종교적인 관점에서 많이 비교한다. 일본은 복음을 먼저 받았음에도 왜 기독교 신자 비율이 소수점 이하에 머물러 있는가? 한국에서는 기독교가 왜 그렇게 급속하게 성장할 수 있었는가? 그저 성령의 역사하심라고 하면 되는 것일까? 역사학적, 사회학적 고찰이 필요치 않은가? 이 문제는 민족성의 관점에서만 논할 것이 아니라 그 전에 영향을 미친 종교나 문화의 영향까지 다 고려해서 평가해야 할 일이다. 복음이 선포되기 전에 존재하던 다양한 종교들의 역할을 부정적으로만 보아서는 안 될 것이다.

유교는 한국인에게 어떤 영향을 끼쳤을까? 최근 유교에 관한 책들이 많이 출간되고 논의가 난무하는 것을 보면 긍정, 부정을 떠나 유교는 여전히 동양적인 사고방식을 지배하고 있음을 알 수 있다. 공자는 일찍이 제자 안연顔淵에게 앎이란 "아는 것을 안다 하고 모르는 것을 모른다 함"이라고 말했다고 한다. 죽음에 대해 질문받자 "삶을 알지 못하는데 어찌 죽음을 알겠는가?"라고 답했고, 귀신을 어떻게 섬겨야 하는가 하는 질문에는 "사람을 섬기는 법을 알지 못하는데 어찌 귀신 섬기는 법을 알겠는가?"라고 답했다고 한다.

유교에는 계시라는 것이 존재하지 않는다고 해야 할 것이다. 공자가 이런 말을 했다고까지 하니 말이다. "하늘이 무슨 말을 하더냐? 사계절이 있고 온갖 것이 생겨나지만 하늘이 무슨 말을 하더냐?" 하늘은 아무 말을 하지 않는다는 것이다. 유교는 종교가 아닌 단순한 윤리체계에 불과한 것인가? 너무 쉽게 판단하지 말아야 할 것이, 공자는 "사람의 일을 다하고 하늘의 명을 기다린다"라고 말했다. 즉 유교는 어떤 형태로든 하늘을 섬기는 종교였다.

불교의 경우를 생각해 보자. 우리나라는 지금도 불교 영향력이 가장 크다. 불교는 종교가 아니라 인생철학에 불과하다고 하는 이들이 있다. 그

〈열린 창문 근처의 직조기〉
뉘넌, 1884년 7월
캔버스에 유채, 67.7×93.2cm
뮌헨, 바이에른주 박물관

* 빈센트가 그린 오래된 탑이 직조공의 그림 중 하나에 분명하게 그려져 있다. 직조공이 방 안에서 꼼짝달싹하지 못하는 상태에서 작업하고 있고, 옆에 열린 작은 창으로는 오래된 탑 하나가 보인다. 그 탑이 바로 빈센트가 그린 오래된 탑이다. 직조공의 고단한 삶과 종교는 어떤 관련이 있을까?

인생철학이 우리 민족성을 형성하는 데 지대한 영향을 끼쳤다. 이렇듯 유교와 불교를 통해 우리 민족은 종교성을 강화해 왔고, 고상한 윤리적인 삶을 살게 되었으며, 더 나아가 높은 수준의 문화를 이루었다.

하나님께서는 이런 타 종교를 통해 우리 민족이 복음을 받아들일 마음을 준비시켜 오셨다. 우리 민족은 유교나 불교를 통해 윤리와 도덕 생활을 업그레이드시켰기 때문에 복음을 수월하게 받아들일 수 있지 않았을까? 그런 면에서 기독교는 기독교 도래 이전까지 그 종교들이 감당했던 역할 때문에 감사할 수 있겠다.

; 문화는 종교의 구체화

종교가 사라진다는 표현은 빈센트가 바라본 당시 기독교, 특히 성직자의 태도와 맞물려 있다. 빈센트는 성직자단에 의해 외면당했다. 빈센트는 당시 성직자단의 외식적인 모습에 크게 상처를 입었다. 당시 성직자단은 빈센트의 특이한 삶의 태도를 이해할 수 없었다. 그들은 성직자가 되기 위해 갖추어야 하는 획일적인 모습을 연상했다. 그 틀에서 벗어나면 결코 성직자가 될 수 없었다. 개혁한 교회였음에도 목사, 복음 전도자, 평신도의 구분이 여전했다.

신앙심을 어떻게 측량할 수 있는가? 종교심과 신앙심을 재는 척도는 다름 아닌 문화다. 문화가 중립적이거나 상대적이라는 말은 잘못되었다. 그런 말은 회피와 핑계에 불과하다. 종교는 반드시 문화라는 옷을 입게 되어 있다. 영국의 시인 엘리엇T. S. Eliot, 1888-1965은 "문화는 종교와 관련되지 않고서 나타나거나 발전될 수 없다. 근본적으로 문화는 말하자면 한

민족의 종교의 구체화다"라고 말했다. 네덜란드의 유명한 신학자 바빙크 Herman Bavinck, 1854-1921는 "문화의 모든 측면은 종교적 자료들에서 생겨난다"고 말했다.

또 다른 네덜란드의 유명한 신학자 스킬더Klass Schilder, 1890-1952는 《그리스도와 문화》에서 그리스도로 말미암아 구원받은 한 사람이 사회 전체의 문화보다도 더 중요하다고 말했다. 즉 바울이 로마에 죄수의 몸으로 들어갔을 때 그는 동료 죄수들에게 큰 빛을 보여 주었고, 그의 셋집을 철학 학원의 앞마당이 되게 했다는 것이다.

문화는 한 개인의 노력이 아닌 공동체의 문제이다. 지역 단위의 교회가 무엇보다 중요하다. 교회는 문화센터를 짓는 직접적인 방식이 아니라 오히려 간접적이면서도 가장 크게 문화적 힘이 되어야 할 것이다. 국가와 교회는 분리되어야 하겠지만 종교와 문화는 결코 분리될 수 없다. 그렇다고 종교가 단지 문화의 한 부속품과 같은 것이 되어서는 안 될 것이다. 종교야말로 문화의 원동력이기 때문이다.

종교에 관한 이상의 논의에서 드러났듯이 빈센트의 오래된 탑을 이해할 수 있는 열쇠는 종교와 삶의 관련성이다. 빈센트가 허물어진 탑 주위에 가난한 농부들의 무덤을 그린 것은 다분히 의도적이었다. 다음 편지를 눈여겨보자.

자기 작품에 사상을 담으려고 애쓰는 것이야말로 화가의 의무란다. 이 그림에서 나는 밀레가 말한 '숭고한 것', 즉 하나님과 영원의 존재에 관한 가장 강력한 증거 중의 하나를 포착하려고 애썼단다. 화로 모퉁이에 조용히 앉아 있는 그 작은 노인이 자신은 의식하지 못하겠지만 무한에 가

〈영원의 문턱에서〉
헤이그, 1882년 11월
수채화종이에 연필로 드로잉, 22×14.5cm
암스테르담, 고흐 박물관

* 빈센트는 얼굴 전체를 두 손에 파묻고 있는 한 작은 노인을 통해 영원을 표현하고자 했다. 나중에 발작으로 생 레미 요양원에 입원했을 때 그는 다시 이 주제로 돌아간다. 자신이 영원의 문턱에 서 있음을 느낀 것이다. 빈센트는 가장 작고 상처받기 쉬운 이들의 모습에서 영원을 갈망하는 모습을 찾아냈다.

닿아 있는 모습을 그려보려 했단다. 하지만 나는 그 실체를 잘 묘사하지도 강력하게 표현해 내지도 못했단다. 이것은 어두운 거울 속에 희미하게 반영된 것일 뿐이란다. 이 그림에는 벌레에게는 해당하지 않는 고상하고 위대한 것이 들어 있단다. '톰 아저씨의 오두막집'에서 가장 아름다운 구절은 자신의 죽음이 임박했음을 안 한 가난한 노예가 마지막 순간 그의 아내와 앉아서 다음과 같은 구절을 기억해 내는 것이지.

난폭한 홍수 같은 근심이 몰려오고
슬픔의 폭풍우가 몰아쳐도
나는 내 집, 내 하나님, 내 하늘, 내 모든 것에 안전하게 도착하리라.

이것이 신학보다 낫다. 이 그림은 가장 가난한 벌목공이나 황야에 서 있는 농부나 광부가 영원한 집에 가까이 와 있다고 느끼는 영감의 순간을 포착하고 있단다. (편지 248)

종교와 믿음이 나의 삶과 죽음에 어떤 방식으로 수놓아져야 할지 고민해야겠다. 복음의 진리는 변치 않지만 종교적인 전통과 믿음의 양태는 낡아져 간다. 복음의 외피인 종교적인 전통과 믿음의 양태를 고집스럽게 붙잡고 있는 것이야말로 우상을 섬기는 것과 다를 바 없다. 하나님께서는 매 시대, 매 인생에 새로운 믿음의 길을 보여 주신다. 그 새로운 길은 늘 옛적 길로 돌아갈 뿐만 아니라 그 옛적 길을 새롭게 하는 길이다. 무릇 사람이 종교를 위해 존재하는 것이 아니라 종교가 사람을 위해 존재한다는 사실을 잊지 말아야겠다. 현대를 종말이라고 부르는 이유는 종교마저도 생명과 자유를 위한 투쟁의 끈을 놓아버렸다는 데 있을 것이다.

누님! 평안하셨습니까? 외국 생활을 하다 보면 누구나 애국자가 됩니다. 한국에 대해 객관적으로 보는 눈도 생기고요. 그 눈이 국외자의 차가운 시선이 되지 않아야 한다는 것을 명심하면서 조심스럽게 말을 꺼냅니다. 이제는 우리 한국 교회를 냉정하게 평가할 때가 아닌가 생각합니다. 몇몇 종교 지도자들을 탓하기 전에 누님과 저와 같은 평범한 신앙인들의 사고와 습관을 들여다보아야 합니다. 우리 기독교인들은 자신이 하나의 종교를 믿는 종교인으로 취급당하는 것을 아주 못마땅해 합니다. 기독교는 종교가 아니라는 것이지요. 물론 기독교는 타 종교와 구별되는 독특성이 있기에 타 종교와 동일한 자리에 세울 수는 없습니다. 하지만 다원화된 사회에서 기독교가 종교가 아니라고 주장하면 타 종교와 대화할 수 있는 길이 없을 뿐 아니라 모든 종교를 제압하겠다는 정치적인 발언으로밖에 비치지 않을 것입니다.

유럽에서 생활하다 보니 기독교 정신이 자연스럽게 사회 구석구석에까지 자리잡은 모습이 부러울 수밖에 없습니다. 한국 교회들이 유례없는 성장에 들떠 유럽의 기독교가 죽었다고 하면서 유럽을 다시 복음화하러 가자는 전투적인 표현들을 쓸 때마다 곤혹스러워지는 것을 어찌할 수 없습니다. 종종 교회 홈페이지를 통해서도 유럽에 전도하러 가니 현지 한인 교인들이 동참해 달라는 글을 남기는 이들도 있습니다. 세속화된 유럽과 한인교회를 깨우러 오겠다는 열심을 무시하고 싶지는 않습니다. 하지만 한국 교회가 제법 성장했다고 해서 너무 들떠 있는 것은 아닌지 생각하게 됩니다. 세상에서 세상을 몰아낼 수는 없지 않습니까? 정작 문제는 교회 안에 들어와 있는 세상이지요. 복음에 대한 열정이 어떤 식으로 표출되고 있기에 한국의 대부분의 젊은이들이 기독교에 대해 점점 더 냉소적이 되어가고 있는 것일까요?

기독교적인 정신이 자연스럽게 녹아 있는 유럽에서 복음 전할 길을 찾는다는 것은 참으로 힘듭니다. 열심만으로 되는 일이 아니지요. 문화적인 접근이 중요하다는 생각도 해 봅니다. 하지만 누님처럼 고통을 통해 성숙해져서 사람들을 자연스럽게 품어내는 모습이 그 어떤 선교적인 열심과 구호보다 훨씬 더 필요합니다. 한국 기독교가 아무리 저력이 있다 할지라도 기독교 역사에서 조그만 한 모퉁이를 차지하고 있을 뿐이라고 겸손하게 인정하는 것이야말로 하나님의 영원하심을 믿는 믿음의 표현일 것입니다. 종교 안에 삶이 있는 것이 아니라 삶 안에 종교가 있다는 생각입니다. 갈수록 연약해지는 자신을 바라보며 괴로워하는 누님의 모습이 참 종교심의 발로입니다. 너무 걱정하지 마십시오. 다시 연락 드리겠습니다.

한 짝의 구두,
발바닥으로 밀며 나아가는 삶

〈한 짝의 구두〉
파리, 1886년 하반기
캔버스에 유채, 37.5×45cm
암스테르담, 고흐 박물관

빈센트는 유독 방랑벽이 심했다. 어느 한 곳에 제대로 정착해서 살아본 적이 없다. 역마살이 낀 걸까? 네덜란드, 벨기에, 프랑스, 영국 등 수많은 곳들을 편력했다. 빈센트는 동생 떼오가 싫어하는 줄 알면서도 파리에 불쑥 나타난다. 빈센트는 그 전에 구필 화랑에서 근무할 때 파리에 잠시 머물렀지만 이제는 동생에게 얹혀살기 위해 파리를 찾은 것이다.

빈센트는 동생 떼오를 향한 미안한 감정을 곧 잊고는 화가 친구들을 사귀면서 까페와 술집을 돌아다니며 파리의 자유를 만끽한다. 이것이 과연 가난한 사람들에게 복음을 전하고자 했던 빈센트의 모습인지 의심스러울 정도였다. 떼오는 그런 형의 생활이 자기에게 들러붙어서 끊임없이 잔소리를 해대는 것보다는 낫기 때문에 위안을 받기는 했다. 하지만 형의 존재 자체가 그에게 무거운 짐이 되어서 신경이 쇠약해지다가 발작을 일으키기도 한다.

빈센트는 미술을 통해 동생의 도움에 보답하려고 한다. 구두 연작을 그리기 시작한 것이다. 이 연작의 대표작은 아무래도 이 그림에 있듯이 나란히 있는 한 켤레의 구두일 것이다. 그가 그린 구두들은 당시 유행하던 스타일은 아니었다. 그것은 그가 여행할 때나 작업할 때 신는 구두였다. 구두가 낡은 정도를 보면 그가 얼마나 멀리 여행했는지 알 수 있다. 빈센트는 색을 강렬하게 사용했고, 붓자국이 남긴 색은 돌출한 듯 보인다. 멀고 먼 길을 여행하여 마침내 파리에 도착한 화가 자신의 상표와 같은 해어진 구두인 것이다.

자세히 살펴보면 알겠지만 두 짝 모두 왼쪽 구두이다. 한 짝은 똑바로 서 있지만 다른 짝은 구두 끈이 애처롭게 풀려 있는데 마치 조심스럽게 안기는 것처럼 좀 더 튼튼한 쪽에 기대어 서 있다. 떼오에게 기댈 수밖에 없는 자신의 처지를 은근히 빗대고 있는 것인가! 빈센트는 구두 연작을 통해 단순히 정물화를 그린 것이 아니라 멀리 여행하여 마침내 예술의 도시 파리에 도착한 자신의 모습을 상징적으로 드러내고 있다. 게다가 그가 앞으로 나아가야 할 길이 얼마나 험한 길일지 예측하고 있는 듯하다.

; 걸음을 잃은 세대

빈센트는 고생스럽게 걷는 것에 집착했다. 벨기에 보리나쥬 탄광에서 더 이상 복음 전도자의 역할을 감당할 수 없게 된 빈센트는 그곳을 떠나기로 결심한다. 어디로 갈까 생각하다가 처음에는 파리 근처의 바르비종 Barbizon으로 가서 그곳의 화가 공동체에 가담하려 했지만 이내 그 생각을 지우고는 화가 쥘 브르통 Jules Breton, 1827-1906을 만나러 간다. 그는 브르통을 존경했는데, 고향 아르투아Artois로 최근 돌아간 것을 떼오에게 들어서 알고 있었다. 빈센트는 광활한 벌판을 터벅터벅 걸어서 여행했다. 70킬로미터밖에 안 되는 거리라고 하지만 얼음 같은 비가 내리는 거리를 맨발로 걸었다. 돈도 없어서 그는 건초더미와 장작더미 속에서 잠자리를 해결하면서 매일 아침 서리에 젖은 채 깨어났다. 1주일 만에 브르통의 집에 도착했지만 벽돌담으로 둘러싸인 집 앞에서 용기를 잃고는 문을 두드릴 엄두조차 내지 못하고 온 길을 돌아갔다.

빈센트는 브르통의 집을 떠나면서 갑자기 깨달았다며 떼오에게 다음과 같이 편지를 썼다. "다시 일어설 것이다. 커다란 실망 속에서 던져버린 연필을 다시 들고 스케치를 계속할 것이다." 빈센트는 브르통의 집까

〈세 짝의 구두〉
파리, 1886년 12월
캔버스에 유채, 49×72cm
캠브리지, 포그 예술박물관

지 가는 끔찍한 고행에 가까운 여행을 하면서 간간이 살펴본 광부들이나 농부들의 모습을 통해 보통 사람들을 위한 예술을 하겠다는 결심을 굳힌 듯하다.

보리나쥬로 다시 돌아온 빈센트, 그는 어디로 가야 했을까? 밀레는 죽었고 바르비종은 너무 멀었다. 파리에는 가까운 사람이 아무도 없었다. 갈 수 있는 곳은 가까운 브뤼셀뿐이었다. 1880년 10월 빈센트는 싸늘한 가을 날씨인데도 어깨에 보따리를 짊어진 채 맨발로 길을 떠났다. 짓궂은 아이들이 빈센트의 뒤를 따르면서 "미친 놈! 미친 놈!" 하고 외쳤다고 한다. 빈센트는 보리나쥬로 돌아가고픈 생각을 종종 했지만 결코 돌아가지 않았다. 그는 새로운 사명감에 불타고 있었던 것이다.

빈센트는 대부분의 그림을 야외에서 그렸다. 그림을 그리기에 알맞은 장소를 찾아 들판을 헤매고 다녔고, 비가 오나 눈이 오나 그리고 싶은 것이 있으면 나가서 그렸다. 야외에서 그릴 수 없는 상황이 되면 산책하면서 모은 이끼, 식물, 박제된 새, 새 둥지, 통 모양의 실패, 물레바퀴 등을 그렸다.

빈센트의 모든 그림은 아카데미에서 상상으로 그린 것이 아니라 직접 발로 뛰면서 그린 그림들이었다. 빈센트는 아카데미즘을 혐오했다. 빈센트는 온 세상을 직접 보고 느끼기를 원했고, 상징이 가득 담긴 그림을 그리면서도 그것이 생활과 유리되지 않기를 원했다. 그는 의도적으로 거칠게 그리면서 삶에 한걸음 더 다가가기를 원했다.

로마 가톨릭에서 중세의 신학자 토마스 아퀴나스Thomas Aquinas, 1225-1274를 성인으로 시성하게 된 중요한 이유 가운데 하나가 바로 그의 끝없

〈한 짝의 구두〉
파리, 1887년 전반
종이에 유채, 33×41cm
암스테르담, 고흐 박물관

는 발걸음이었다. 그는 숨 돌릴 틈도 없이 잇따른 임무 때문에 평생 쉴 새 없이 유랑의 생애를 보냈다. 그는 나폴리와 파리, 쾰른, 로마, 툴루즈를 오가는 모든 길을 늘 걸어서 다녔다. 그는 파리에서 헝가리까지, 즉 서양의 거의 절반에 이르는 거리를 걸어다닌 것이다. 누가 짐승을 이용하려 하면 심한 벌을 내렸다고 한다. 나중에 독일 레겐스부르크Regensburg의 주교가 되었을 때 그는 결국 '농부의 신발'이라는 별명을 얻게 된다. 그 광대한 거리를 오로지 걸어서 다닌 그가 세상에서 누구도 비할 수 없는 방대한 신학 저작을 할 수 있었다는 것이 놀랍지 않은가!

성 프란체스코의 생애도 걸어 다닌 삶에 다를 바 아니다. 그의 생애는 끝없이 걷고 걸은 생애라 할 수 있다. 그는 맨발로 걸어 다니면서 춤추고 노래하며 뭇 영혼을 불러냈다. 그는 온 유럽을 맨발로 걸어 다니면서 하나님의 어릿광대 노릇을 했다. 나중에 그는 주님께 한 가지 부탁을 하는데, 예수님이 십자가상에서 입은 다섯 가지 상처, 즉 오상五傷을 자기에게도 달라는 것이었다. 그리스의 작가 니코스 카잔차키스Nikos Kazantzakis, 1883-1957는 〈성 프란체스코〉라는 소설에서 그가 다음과 같이 기도했다고 상상한다. "사랑하는 예수여, 당신께 청을 하나 드리겠사오니 제가 죽기 전에 들어 주십시오. 이 몸과 영혼이 성스러운 수난에서 당신이 겪은 것과 같은 고통을 느끼게 하소서…… 당신의 고통과 당신의 수난을, 주여……" 프란체스코는 온 유럽을 맨발로 걸어다녀 피투성이가 된 발에 그리스도께서 못 박히셨던 바로 그 상처들까지 받았다고 하니, 중세 신비주의의 길을 엿볼 수 있다.

네덜란드에서는 1년에 한 차례씩 초등학생들이 부모들과 1주일 동안 걷기 대회를 하는데, 얼마나 부러운지 모르겠다. 매일 5~10킬로미터씩 5일간 걷는다. 한 해도 거르지 않고 8년간 걷고 나면 걷기 증서를 준다. 다들 그것을 얼마나 자랑스러워 하는지 모른다. 부모와 온 학교가 다 같이 걷고, 다 같이 축제를 벌이는 시간이다. 충분히 걸을 수 있는 거리도 무조건 차를 타야 하는 시대, 그것을 효율로 생각하는 시대야말로 야만적인 시대라 하지 않을 수 없다. 한 걸음이라도 더 뚜벅뚜벅 걸어야겠다. 건강에 제일 좋은 운동이 속보라는 말도 있지 않은가!

; 발의 최대한 확장

인류는 발을 최대한 확장하기 위해 노력했다. 그것이 바퀴를 만드는 위대한 혁명을 이루어냈다. 바퀴를 발명한 사람을 기리기 위한 동상이 세상 어디에도 없지만 인류가 가장 고마워해야 할 사람이 바로 그가 아니겠는가? 바퀴가 만들어졌음에도 17세기와 18세기에 모든 운반은 사실상 썰매로 했다고 한다. 바퀴 값이 너무 비싸서 달구지 만드는 사람을 찾아가 제대로 된 마차를 만들게 하기보다는 말 몇 마리를 죽이는 쪽이 훨씬 싸게 먹혔다고 한다. 요즘은 흔하다 못해 천대받고 있는 바퀴야말로 온 세상을 하나로 만드는 데 결정적인 기여를 했다.

발의 능력을 배가하려는 노력은 이렇듯 바퀴를 만들어 내어서 육지에서는 기차와 자동차, 바다에서는 배, 하늘에서는 비행기를 탄생시켰다. 자동차가 처음 만들어졌을 당시 사람들은 말없이 달리는 마차에 관해 듣자마자 끔찍할 정도로 야단법석을 떨어 댔다고 한다. 특히 마차 타기를 즐기던 지체 높은 귀족은 증기로 만든 차로 여행하는 것은 하나님의 뜻에

맞서는 것이며, 농작물을 파괴하고 말을 멸종시킬 것이며, 궁극적으로는 제국을 파괴하게 될 것이라고 비난했다. 헨리 포드Henry Ford, 1863-1947가 처음으로 자동차를 만들었을 때 사람들이 차를 타려 하지 않아서 차를 타고 전원으로 나가 자연을 마음껏 즐기라고 광고하기까지 했다. 이제 그 차량으로 도시가 얼마나 몸살을 앓고 환경오염의 주범이 되었는지를 알면 깜짝 놀랄 것이다.

현대는 발의 최대한 확장을 이루었지만 정작 걸음을 잃은 세대다. 자가용이 있어서 그렇고, 세계 어디든지 하루 만에 왕래할 수 있는 비행기가 있어서 그렇다. 이제는 지구촌이라는 말이 어색하지 않은 시대가 되었다. 하지만 걷지 않는 세대는 뭔가 잘못된 세대임에 분명하다. 발의 최대한의 확장인 비행기를 타고 다닌다고 해서, 하늘을 날아다닌다고 해서 세상을 더 잘 안다고 할 수 있을 것인가? 그것이 세상을 더 가깝게 한 것인가, 아니면 도리어 더 멀게 한 것인가?

뭔가를 탄다면 자전거만큼 매력 있는 것도 많지 않을 것이다. 자전거를 타면 자동차를 탈 때와 아주 다르다. 동력이 있느냐 없느냐의 차이가 고스란히 온몸으로 느껴 온다. 자동차는 편하게 몸을 차체에 맡기고 타지만 자전거는 온몸으로 밀어서 타야 한다. 자전거를 타고 가면 온몸이 바람에, 풍경에 젖는다. 작가 김훈은 50세 때 비로소 자전거를 타기 시작했는데 '벼락을 맞는 것같이' 깜짝 놀랐다고 한다. 이렇게 재미있는 것을 몰랐다는 생각에 앞으로 죽을 때까지 자전거만 타야겠다고 다짐했다고 한다. 그는 자전거를 타고 전국을 누비면서 《자전거여행》이라는 두 권의 책을 펴내기도 했다.

자전거는 모든 과정을 오로지 발로 굴려서 가야 한다. 비행기는 출발지와 목적지밖에 없다. 자동차는 중간중간 쉬면서 갈 수 있지만 결국 목적지 외에는 아무런 관심을 보이지 않는다. 자전거는 모든 과정을 겪으면서 간다. 모든 장면들을 보면서 간다. 무릇 어떤 교통수단을 이용하느냐에 따라 보는 것이 달라질 수밖에 없다. 자전거를 타는 사람은 결코 단축된 길을 가려고 하지 않는다. 일부러 모든 것을 즐기기 위해 느릿느릿 간다. 둘러가는 길을 마다하지 않는다. 자전거 타는 사람이야말로 과정을 무시하지 않는 사람임에 틀림없다.

속도가 성공을 좌우하는 시대다. 느린 것은 더 이상 용납되지 않는다. 무조건 빨리 가야 한다. 단번에 결과가 나와야 한다. 과정은 무시해도 좋다. 어디로 가는지 몰라도 무조건 빨리 가야 한다. 한번 붙은 속도는 가속이 붙을 수밖에 없다. 이쯤 되면 속도를 줄이는 것이 얼마나 고통스러운 것인지 모른다. 속도감을 위해 우리 모두가 쓸데없는 비용을 너무 많이 치르고 있는 것은 아닐까?

; 발로 글 쓰기

빈센트가 발로 두루 밟고 다니면서 그림을 그렸다면 현대인들은 손으로 뭔가를 하는 사람들이다. 발과 손의 관계는 어떠해야 할까? 현대인은 손으로 글을 쓰지도 않는다. 손가락으로 컴퓨터 자판을 두들기면서 이리저리 짜깁기해 가며 글을 쓴다. 연필로 꾹꾹 눌러서 글을 쓰는 모습은 어디서도 찾아보기 힘들다. 어떤 작가는 연필로만 글 쓰는 것을 고집하는데, 그래야만 자기 온몸으로 밀면서 글을 쓰는 느낌을 받기 때문이란다. 손

〈한 짝의 구두〉
파리, 1887년 초기
캔버스에 유채, 34×41.5cm
발티모어, 발티모어 예술박물관

* '빈센트 87'이라는 서명을 새긴 구두 그림이다. 그가 그린 구두 연작 중 가장 밝은 톤으로 그린 그림인데, 구두 바닥에 박힌 징이 선명하게 부각되어 있다.

끝 촉감으로만 쳐서 쓰는 글은 그만큼 가벼울 수밖에 없다고 하면 고리타분한 생각에 불과한 걸까?

현대만큼 언론이 중요한 역할을 하는 시대도 없었을 것이다. 총보다 펜이 무섭다는 말이 가면 갈수록 더 실감나는 시대다. 언론은 여론을 만드는 힘마저 있으니 말이다. 하지만 발로 뛰는 기자가 없다는 탄식 소리가 높아간다. 기자는 오직 사실에 근거해서 기사를 써야 한다. 사실은 없고 상상의 나래를 펴서 기사가 소설이 되어 버리는 경우를 볼 수 있다. 액면 그대로 적나라한 사실이 어디 있겠는가? 모든 사실은 해석된 사실이지 않겠는가? 아무리 그래도 사실이라는 진실을 찾는 처절한 노력을 해야 할 것이다.

모름지기 발바닥으로 글을 써야 하겠다. 온몸으로 글을 써야 한다는 감상적인 발언을 할 때가 아니다. 무릇 몸 중에서 가장 낮은, 가장 천대받는다고 생각되는 발바닥으로 글을 써야 한다. 발바닥이 아프도록 다니고 난 다음에 글을 써야겠고, 발바닥으로 내려가서 글을 써야겠다. 발바닥으로 쓰는 글은 가장 낮은 곳까지 내려가서 쓰는 것이요, 온몸의 무게를 다 받치면서 쓰는 글이다.

설교자들은 글을 말로 표현해 내어야 한다. 영상 매체로 수없이 설교를 듣고 볼 수 있는 판에, 설교집들이 수없이 쏟아져 나오는 판에 무슨 설교가 새로울 수 있겠는가? 즉흥적인 연출에 의존하는 설교가 늘고 있지 않은가? 진정 이 땅에 발을 붙이고 있는 질박한 설교를 듣고 싶다는 목소리가 높다. 세련되지 않고 투박해도 현실에 깊이 뿌리 내린 설교를 듣고 싶다는 목소리들이다. 천상의 노래 소리 같은 환상적인 설교가 아니라, 현대인들의 비위를 맞추기 위해 아양을 떨어대는 설교가 아니라 현실에 굳게 발 디디게 해 주는, 그런 설교가 듣고 싶다. 현실의 끈을 끝까지 붙잡고 놓지 않게 해 주는 설교가 그립다.

; 나이키, 복된 발?

현대 상술은 신발까지도 장악한다. 나이키는 단순한 신발이 아니라 하나의 문화 아이콘이 되어 버렸다. 나이키를 신으면 자신의 능력보다 훨씬 뛰어난 실력을 발휘할 것 같은 느낌마저 받는다. 나이키 하면 떠오르는 것이 무엇인가? 아마도 젊은이들은 농구 황제 마이클 조던Michael Jeffrey Jordan이 떠오를 것이다. 은퇴한 마이클 조던이 농구선수로 돌아왔을 때, 새로 지은 농구장인 시카고의 유나이티드센터 앞에는 그의 동상이 서 있었다. 평소처럼 공중으로 훌쩍 뛰어올라 한 손으로 농구공을 쥐고 링을 향해 날아가는 모습인데, 그 발에는 늘 신는 나이키 신발이 있었다.

나이키 신화는 경영학적 관점에서 경영혁신의 가장 중요한 예로 언급된다. 디자인과 마케팅과 같은 주요 업무만을 본사가 맡고 노동집약적인 생산 분야는 동남아시아와 여러 하청업자에게 일임하는 국제분업체계를 택하여 성공했다는 것이다. 하지만 나이키의 성공은 자본과 미디어가 만들어낸 하나의 제국주의임을 알 수 있다. 자본의 지배가 전 지구적으로 확장되고 있다.

성경에서 발은 주로 죄악으로 달려가는 발로 표현된 경우가 많다. 시편 1편에도 "복 있는 사람은 악인의 잔꾀를 따라가지 않고, 죄인의 길에 두 발로 서지 않고, 교만한 자의 자리에 퍼질러 앉지 않는다"고 노래하고 있

〈한 짝의 구두〉
아를, 1888년 8월
캔버스에 유채, 44×53cm
뉴욕, 크라마스키 신용기금

* 빈센트가 구두 연작의 최종판으로 그린 구두 한 켤레다. 〈작업하러 가는 화가〉를 그린 후 한 달이 채 되지 않아서 이 그림을 그렸다. 그는 이 신발로 이 지상에서의 마지막 걸음을 걸었을 것이다.

다. 그런데 이사야서에는 "아름답도다 복음을 전하며 기쁜 소식을 전하는 자들의 발이여"라는 표현이 등장한다. 발이 복될 수 있다. 죄악을 향해 달리던 발이 복된 소식을 선포하는 발이 될 수 있다. 성경의 복은 걷는 사람들만이 받을 수 있다.

빈센트는 영국에서 처음으로 설교하게 되었을 때 인생이 나그네임을 강조했다. 어머니의 품에서 하늘 아버지의 품으로 돌아가는 나그네 말이다. 그는 설교 본문으로 시편 119편 19절 말씀을 잡았다. "나는 땅에서 나그네가 되었사오니 주의 계명들을 내게 숨기지 마소서"라는 구절이다. 그의 설교는 이렇게 시작한다.

우리의 삶이 순례자의 삶이라는 사실, 즉 우리는 이 땅에서 나그네지만 하늘 아버지께서 우리와 함께 계시기 때문에 결코 외롭지 않은 길이라는 사실은 오래된 믿음일 뿐만 아니라 참으로 좋은 믿음입니다. 우리는 순례자들입니다. 우리의 삶은 지상에서 하늘로 가는 긴 걸음이요 여행입니다. 우리 삶의 시작은 이렇습니다. 한 아기가 이 세상에 태어났다는 기쁨에 슬픔과 고통이 더 이상 기억나지 않는 한 사람이 있습니다. 그녀는 우리 어머니입니다. 순례길이 끝날 때 우리는 하늘 아버지의 집으로 들어갑니다. 그곳에는 수많은 집들이 있는데, 그리스도께서 우리를 위해 집을 준비하기 위해 먼저 들어가셨습니다.

그의 설교는 다음과 같이 감격적으로 끝난다.

순례자는 근심하지만 늘 기뻐합니다. 근심하는 것은 그 길이 너무나 멀고 길기 때문입니다. 멀리 저녁 석양빛을 받아 눈부신 영원한 도시를 바라볼 때 그는 소망이 넘칩니다. 그는 오래 전에 들었던 옛 시들을 생각합니다. '수많은 투쟁을 하고, 수많은 고통을 겪고, 수많은 기도를 드린 후에, 그 끝은 평화가 될 것이야.' 다른 하나는 이렇습니다. '물이 입술까지 차 올라오지만 더 이상은 아니지.'

그 순례자는 말합니다. "나는 점점 더 피곤해지지만 주님께 더 가까이 갑니다." 사람은 땅 위에서 투쟁하지 않습니까? 하지만 이 세상에서 하나님의 위로가 있습니다. 하나님의 천사, 자비의 천사가 위로합니다. 이것을 잊지 맙시다. 우리 각자가 매일의 일들과 의무들로 돌아갈 때 눈에 보이는 것이 전부가 아니라 하나님께서 일상을 통해 더 고상한 것들을 가르치고 계심을 잊지 맙시다. 우리 삶은 순례자의 길이며 우리는 이 땅에서 나그네들이지만 우리에게는 나그네를 돌보시는 하나님 아버지가 계시며 우리는 다 형제들입니다. 이 사실을 잊지 맙시다.

존 번연John Bunyan, 1628-1688의 《천로역정》Pilgrim's Progress이 그의 설교에 중요한 힌트를 주었다. 그의 첫 설교처럼 그는 평생 나그네로서의 삶을 살았다. 발바닥으로 밀며 나가는 삶을 살았다. 그는 하늘까지 걸어갔다.

빈센트의 구두 연작은 끊임없이 여행하며 길을 찾고 찾았던 빈센트의 고독함이 진하게 묻어난다. 발작을 일으켜 생 레미 요양원에 입원한 후 자신이 끔찍한 고통 가운데서 겪은 것이 다음과 같은 것이라고 네덜란드의 시 한편을 인용한다. "나는 지상의 유대보다 훨씬 더 많이 땅에 밀착되어 있다네!" 빈센트의 구두 연작은 땅에 대한 애착과 그 땅에 뿌리를 박고 질박하게 살아가는 가난한 이들에 대한 찬사에 다를 바 아니다.

진실에 대한 그의 치열한 탐구를 보여주는 글이 또 있다. 평론가 오리에가 그를 너무 상찬하는 것을 보고는 동생 떼오에게 말했다.

한 짝의 구두,
발바닥으로 밀며 나아가는 삶

오리에의 글은 내게 큰 격려가 되었을지 몰라. 현실에서 더 멀리 벗어나서 모험을 하거나 몽티셀리의 그림처럼 색조의 음악 같은 것을 만들 길로 대담하게 나아간다면 말이지. 하지만 내게는 진실이 소중해. '진실한 것의 탐구'도 마찬가지로 소중해. 그래, 나는 아직도 색채로 작업하는 음악가가 되기보다 구두 수선공 같은 것이 좋아. (편지 626)

요즘 해외여행이 유행이다. 그동안 폐쇄된 삶을 살던 우리 민족이 전 세계를 마음껏 누비고 있다. 모든 여행은 돌아올 수밖에 없는 여행이다. 참된 여행은 떠나는 것에 있지 않고 돌아오는 것에 있다. 무릇 여행은 자신에게 돌아오는 여행이어야 한다. 지긋지긋한 일상에서 일탈하는 여행은 자신의 일상에 뿌리를 내리지 못하게 만든다. 여행하면 할수록 더 겉돌게 되는 것이다. 전 세계를 누비고 다니는 것을 자랑으로 생각하면서 정작 나그네 인생임을 깨닫지 못하는 것이야말로 얼마나 안타까운 일인가? 빈센트는 여행이야말로 일상에서 잠시 일탈하는 것이 아니라 땅에 든든히 뿌리를 박기 위한 여행이어야 한다고 외치고 있다.

〈작업하러 가는 화가〉
아를, 1888년 7월
캔버스에 유채, 48×44cm
제 2차 세계대전 때 화재로 소실

* 빈센트는 파리를 떠나 그의 여정의 최종 목적지라 할 수 있는 프랑스 남부 아를에 자리 잡은 후 이 그림에서 보이는 화구를 짊어지고 나가서 '보이는 것은 무엇이든지 그려 내려고' 했다. 무거운 짐을 지고 시골 길을 걷고 있는 모습이 외로워 보인다. 그는 어디를 그렇게 무겁게 걸어갔을까?

누님! 신앙생활하는 이들이 뭔가 모르게 열에 들떠 있는 모습을 볼 수 있습니다. 반대쪽에서는 냉소와 실망이 늘어 가고 있지요. 어느 쪽이든 신앙인들이 땅에 발을 붙이고 있지 못한 것을 봅니다. 마음이 붕 떠 있는 것이지요. 현실을 무시합니다. 진흙탕과 같은 현실에서 투쟁하는 지저분한 삶을 우습게 생각합니다. 세상 사람들이 평생 수고해서 이룬 것을 너무나 쉽게 인간적인 것이라고, 더 나아가 마귀적인 것이라고 매도할 때도 많지요. 안될 말입니다. 그러는 나 자신은 도대체 무엇을 이루었는지요. 하나님을 믿지 않느냐고요? 하나님을 믿어 구원받은 것이 나 자신의 노력으로 된 것인가요?

성도들은 이 땅에 발을 굳게 딛고 서 있어야 합니다. 신앙생활하면 할수록 땅 속으로 잔뿌리를 깊이 내리는 나무처럼 되어야 합니다. 뿌리 깊은 나무가 되어야 합니다. 신앙인들이 한껏 마음이 부풀어 있는 모습이란 마치 뿌리를 쭉 뽑아서 공중을 향해 쳐들고 있는 모습 같습니다. 기도해서 병이 나았다고, 자식을 좋은 대학에 보냈다고, 소원을 성취했다고 자랑하는 모습들을 보면서 하나님께서 뭐라고 말씀하실지 궁금합니다. 그런 것은 어느 종교에나 있는 것이지요. 신앙인들이 아무리 대단한 기적을 체험하고 놀라운 환상을 보았다 하더라도 그 다음 순간에는 현실로 돌아와야 합니다. 신앙생활하는 사람들은 가장 평범한 삶을 살 수 있어야 합니다. 상식을 벗어나면 안 되지요. 비정상적인 사람들로 취급받으면 안 되지요. 신앙은 일상적인 생활에 의미를 주는 것입니다. 하나님을 믿는 사람들은 지극히 정상적이고, 가장 상식적인 사람들이지요. 신앙생활하게 되면 이상하게 될까봐 두려워하는 사람들이 많은 것을 보면 우리는 아직까지 상식 수준에도 이르지 못했습니다.

지금 한국에서는 산업화 세대와 운동권 세대가 격렬하게 다투고 있다고 하지요?

우리는 무엇을 위해 그렇게 죽자 살자 일했고, 무엇을 위해 그렇게 악에 받혀서 돌을 던졌을까요? 한쪽은 먹고살기 위해 그랬다고 할 것이고, 다른 쪽은 좀더 인간답게 살기 위해 그랬다고 할 것입니다. 먹는 문제만큼 중요한 것이 어디 있겠습니까? 사람은 먹는 것만으로 사는 존재가 아니지요. 인간답게 사는 것이 중요하니까요. 그렇다면 이제는 먹는 문제와 인간답게 사는 문제를 같이 붙들고 씨름할 수밖에 없습니다. 어느 한 쪽도 무시할 수 없는 것이지요. 이것도 취하고 저것도 버리지 말아야 하기에 가면 갈수록 발걸음이 무거워지고 힘겨워질 수밖에 없겠지만, 그럴수록 땅을 파고 우리 발을 땅 속에 묻어야겠습니다. 동생에게 맛있는 것 먹이기 위해 이리저리 끌고 다니시던 모습이 선하네요. 그런데도 누님의 발 모양과 걸음걸이가 어떠한지 기억이 나지 않네요. 누님의 발걸음으로 복을 누릴 이들을 생각하니 참 흐뭇합니다. 요즘은 어디를 다니시나요? 너무 바람(?)나지 마세요!

야포니즘,
동서양의 차이

〈야포네즈리: 꽃핀 오얏나무〉(히로시게를 따라)
파리, 1887년 9–10월
캔버스에 유채, 55×46cm
암스테르담, 고흐 박물관

빈센트는 전업 화가가 되기로 작정하고는 네덜란드를 미련없이 떠난다. 이후 그는 두 번 다시 네덜란드로 돌아가지 않는다. 그는 안트워프에 가서 아카데미에 등록하여 본격적으로 그림공부를 하기 시작한다. 안트워프는 그 유명한 루벤스Peter Paul Rubens, 1577-1640의 도시다. 그는 루벤스가 그린 성화聖畵를 통해 그가 표현한 타오르는 듯한 분홍빛 육체와 그 육체의 완벽함에 매료되었다. 어떻게 그런 육체를 그릴 수 있을까? 그는 자신이 지금까지 농부들의 투박하고 짐승 같은 모습을 어둡게 그린 것에 부끄러움을 느끼지 않았다. 그럼에도 그는 루벤스의 화려한 육체에 매료될 수밖에 없었다.

이런 고민에 빠져있을 즈음 그의 눈을 확 잡아끄는 그 무엇을 발견했다. 윤곽선이 뚜렷하고 단호하며, 색채가 단순하면서도 화려한 이국적인 판화를 파는 가게를 발견한 것이다. 당시 유럽 화가들은 이 일본 판화들에 묘사된 만화 같은 단순성에 놀랐을 뿐만 아니라 그 판화들에 묘사된 일상의 단면에 크게 매료되었다.

안트워프에서 맛본 일본에 대한 동경심은 1886년 파리에 도착하면서 더 커진다. 특히 그는 에도시대 채색목판화의 대가 안도 히로시게安藤廣重, 1797-1858의 판화 복제품을 대량 수집하기 시작한다. 그는 아틀리에 벽을 일본 판화들로 장식하고, 그 판화들을 모사하기 시작한다. 그는 히로시게의 〈꽃이 핀 오얏나무〉를 모사했다. 일본 판화의 어떤 요소가 빈센트로 하여금 강력한 매력을 끌게 한 것일까? 빈센트는 일본의 채색 목판화를 통해 '세상의 덧없는 본질'을 직감적으로 느꼈다. 빈센트는 일본 판화를 통해 새로운 세계를 보게 되었다.

; 일본 열풍

유럽에 일본 열풍이 불기 시작한 것은 1850년대 중반이다. 당시 일본은 두 세기에 걸친 쇄국의 빗장을 열어제키고 몇몇 서구 국가들과 통상관계를 맺었다. 파리와 런던을 필두로 수출된 일본 물품들을 취급하는 상점들이 많아졌다. 특히 1862년 런던 박람회와 1867년 파리 박람회를 계기로 일본 미술품에 대한 인기가 대단했다. 당시 파리를 중심으로 활동하던 많은 인상파 화가들은 자신들을 스스로 '프랑스의 일본인들'이라고 부를 정도로 일본 미술에 대한 관심이 커졌고, 그들의 화풍에 일본풍을 창조적으로 결합시키려고 애를 썼다. 빈센트가 런던에서 근무할 때에도 이미 예술계는 일본에 대한 과도한 열정에 사로잡혀 있었는데, 그때는 그것을 왜 몰랐는지 이해하기 힘들다.

일본에 대한 당시의 열풍은 순수하지 못한 측면이 많다. 예술적인 부분은 차치하고 당시 유럽은 산업혁명의 여파로 동양의 원자재 등을 통해 산업화에 박차를 가해야 했다. 즉 동양에 대한 관심은 궁극적으로는 원자재 확보를 위한 산지로서의 관심과 자기들의 물건을 팔아먹기 위한 시장으로서의 관심이 주를 이루었다고 하겠다.

유럽 예술계가 일본을 향한 맹목적인 열정에 사로잡힌 것은 설명하기 어렵지 않다. 당시 유럽은 계몽주의 사상으로 인권에 대한 무한대의 존중이 이루어졌음에도 산업화로 인한 노동자의 인권 말살이며, 인본주의 사상이 지닌 한계가 고스란히 드러나고 있었다. 서양의 정신은 근본적으로 나 자신을 절대적인 위치에 세우고 자신 외에 모든 것을, 심지어 사람들까지도 타자화한 사상이라는 지적이다. 자신 외에 모든 존재를 타자화함으

〈야포네즈리: 비오는 날의 다리〉(히로시게를 따라)
파리, 1887년 9~10월
73×54cm
암스테르담, 고흐 박물관

* 빈센트는 히로시게의 '에도 100경' 연작 중의 하나인 〈비오는 날의 다리〉를 모사했다. 그는 우키요에를 모방만 한 것이 아니라 자신의 미학과 결합시켰다. 즉 종이에 찍힌 잉크의 평면성을 유화의 두꺼운 질감으로 바꾸면서 유화의 무거움을 우키요에의 강한 색조와 분명한 선으로 대체한 것이다.

로 대결 구도를 피할 수 없게 된 것이다.

일본 판화를 통해 서양 예술계는 큰 충격을 받는다. 자신 외의 다른 모든 존재를 타자화하는 사상에 알게 모르게 빠져 있다가 모든 자연 만물이 인간과 더불어 하나로 녹아나는 세상을 본 것이다. 동양의 만물합일 사상이 서양에 없었다고 보는 것은 무리일 것이다. 하지만 중세의 신 절대주의에 대항하다 보니 서양 근세는 또 다른 절대주의인 인간 절대주의, 그 중에서도 자아 절대주의로 치우칠 수밖에 없었다. 자신을 세상의 중심에 둔 서양 근세인들에게 일본의 자연중심주의는 신선한 충격으로 다가온 것이다.

; 덧없는 세상

얼마나 일본을 동경했는지, 빈센트는 "어떤 점에서는 나의 모든 작품은 일본 미술에 기반을 두고 있다"(편지 510)고 할 정도였다. 하지만 일본 미술에 기반을 두기보다는 일본 미술에 표현된 자연에 바탕을 둔 신비주의에 매료되었다고 보아야 할 것이다. 빈센트는 일본 판화를 통해 자연을 바라보는 새로운 관점을 갖게 되었다. 그가 그토록 표현해 내고 싶었던 자연뿐만 아니라 일상의 삶과 인물들을 그림으로 표현해 낼 수 있는 길을 마침내 찾았다고 생각하게 되었다.

단순화된 주제, 대담한 윤곽선 그리고 선명한 색채로 조성되는 추상적인 효과는 일본 판화의 독특함이었다. 일본 판화는 덧없이 사라지는 것들을 포착하려는 과감한 시도였다. 빈센트가 수집한 판화들은 우키요에浮世繪라고 불렸는데, '떠도는 세계'를 의미하는 불교 용어다. 그 판화들은 세상살이가 한 장소에서 다른 장소로, 한 시점에서 다른 시점으로 옮겨가는 덧없는 것에 불과하다는 생각을 담고 있다.

원래 일본 선불교에서는 먹을 갈아 종이에 흑백으로 자연 속에서 살아가는 덧없는 삶을 그렸었다. 그런데 19세기 안도 히로시게의 풍경화를 포함한 여러 화가들의 우키요에는 선불교 사상에 근거하여 일상 삶의 덧없음을 판화로, 연작으로 그려나간다. 하지만 우키요에는 말 그대로 이해하면 곤란해진다. 우키요에는 덧없는 세상을 그리지만 그 덧없는 세상이 다름 아닌 낙원이라고 생각하는 것이다.

빈센트가 수집한 판화들은 고흐 박물관에 보관되어 있으며, 《고흐가 수집한 일본 판화》라는 책으로 출판된 바 있다. 그렇다면 빈센트는 직감적으로 그 일본 판화들을 통해 그가 그토록 전하고 싶었던 영원한 복음을 덧없이 사라지는 이 세상사에 표현할 방법에 대한 계시와 같은 힌트를 얻었다고 보아야 하지 않을까? 일본에 대한 그의 열정은 단순한 취향이 아니라 복음을 위한 순수한 열정이 불러온 자연스러운 만남이었다.

일본으로 갈 수 없었던 빈센트가 일본과 동일한 환경이라고 생각했던 빛의 나라 아를Arles로 가게 된 것도 우연이 아니다. 그곳에서 그는 동생 떼오에게 편지를 보내면서 일본에 대한 자신의 생각을 더 분명하게 표현한다.

톨스토이는 《나의 종교》라는 책에서 어떤 형태의 과격한 혁명이 일어나든지 사람 내부에서 개인적이고 은밀한 방식의 혁명도 일어난다고 말하고 있단다. 그 은밀한 혁명에서 새로운 종교가 탄생하는 법이지. 더 나아가 이름은 없지만 기독교가 했던 것과 같은 위로를 주고 생명을 가능

〈야포네즈리:오이란〉(케사이 에이센을 따라)
파리, 1887년 9~10월
캔버스에 유채, 105×60.5cm
암스테르담, 고흐 박물관

* 에이센의 〈기생〉은 1886년 《파리 일뤼스트레Paris Illustre》 표지에 실린 판화다. 빈센트는 기생의 배경으로 일본 판화의 다양한 내용들인 대나무와 연꽃, 개구리가 있는 연못을 따로 그려 넣었다. 당시 프랑스에서 기생을 '개구리'라고 부르기도 했다는 것을 알면 빈센트의 의도를 읽어볼 수 있다.

하게 하는 전적으로 새로운 종교가 탄생한다고 하니 얼마나 흥미로운 책인가. 결국 우리는 충분할 정도로 냉소했고 회의론에 빠졌었다. 우리는 좀더 음악적으로 살아야 할 것이다. 어떻게 그럴 수 있겠는가? 어떻게 그런 길을 찾을 수 있겠는가? 미래를 예견하는 것이 흥미롭지만 미래의 전조를 미리 느낄 수 있다는 것이 더 흥미로운 일이 아니겠는가? 혁명이나 전쟁, 낡아빠진 나라들의 붕괴 같은 끔찍한 빛이 현대 세계와 문명을 강타하게 될 미래를 말이다. 우리가 일본 미술을 연구하면 의심할 바 없이 현명하고 철학적이고 지적인 한 사람을 보게 되지. 그 사람은 무엇을 하며 시간을 보낼까? 지구와 달 사이의 거리를 연구한다고? 아니다. 비스마르크의 정책을 연구한다고? 아니다. 그는 풀잎 하나를 연구한다. 이 한 장의 풀잎이 모든 식물과 계절, 자연의 광범위한 면들, 더 나아가 동물 세계와 인간성에 대한 연구로 이끈다. 인생은 모든 것에 다 신경을 쓰기에는 너무나 짧지 않니? 이봐, 이 단순한 일본 사람들이 우리에게 가르치는 것이 참된 종교가 아니겠는가? 자신이 그린 바로 그 꽃처럼 살아가는 사람 말이야. (편지 542)

서양 문화에 동양성을 접목하려는 빈센트의 피나는 노력이 열매를 맺은 것일까? 동서양을 막론하고 전세계 사람들이 그의 그림에 매혹되고 있으니 말이다. 그는 불교 속에 서양의 기독교가 놓치고 있는 자연친화적 요소를 파악한 것이다.

; 남성과 여성의 차이

빈센트는 일본을 마음속에 그리며 자연스럽게 여성성을 머릿속에 떠올렸을 것이다. 고갱에게 보낸 자화상에서 드러나듯이 그는 얌전한 외모와 단정한 옷차림, 특히 하얀 깃에 꽂은 브로치 등으로 자화상에 여성성을 부여했다. 자신을 신랑을 기다리는 신부의 모습으로 형상화한 셈이다. 어떤 이들은 이 자화상을 놓고 빈센트의 동성애적인 충동을 찾아내기도 한다. 하지만 빈센트는 프랑스의 일본주의 작가들이 그린 여성적 미묘함과 섬세함, 화려함을 통해 이미 일본 문화의 여성성이 서양 문화의 남성성과 얼마나 대조되는지를 직감적으로 느꼈다. 그래서 자신의 자화상을 여성적인 상징으로 가득 채운 것이다.

동서양 문화의 근본적인 차이를 이렇게 남성성과 여성성으로 논하는 것은 전혀 이상한 것이 아니다. 프랑스 사회학자 에밀 뒤르켐Émile Durkheim, 1858-1917은 "서구 문화는 본질적으로 남성적이다. 남성적인 속성이 획일적으로 개발됨으로 말미암아 여성적인 잠재력은 억압되지는 않았지만 인식되지 못하였다"라고 말한다. 서구 문화는 남성적인 가치인 권력, 이성, 과학기술만을 발전시켜 온 셈이다.

중세에는 여성의 권리가 억압되다가 르네상스를 기점으로 여성의 권리가 점점 인정받게 되었다는 생각은 착각에 불과하다. 중세의 여성은 정치권력까지 획득할 수 있었다. 프랑스에서 여왕은 왕과 같이 면류관을 받았으며, 형식적인 통치권만 있었던 것이 아니라 오늘날의 어떤 정치가들과 비교할 수 없는 막강한 절대권력을 휘둘렀다. 여왕만이 아니라 시 의회나 지방에서 여성들이 남성과 나란히 투표까지 했다고 한다.

르네상스 때 남성들이 여성을 대하는 태도가 변했다. 놀라지 말라. 17세기에 와서야 여성이 남편의 이름을 따르는 것이 의무화되었다는 사실이다. 우리가 암흑시대라고 조롱하는 중세야말로 역사상 처음으로 한 인격으로서 여성과 남성의 동등함이 표출된 시대였던 것 같다. 중세법은 관습에 바탕을 두지만 르네상스가 시작되면서 로마법이 재발견되는데, 이 로마법의 채용은 왕권을 강화하고 도시화와 중앙집권화를 통해 근대 민족국가가 탄생하는 모판이 된다. 동시에 고대 로마의 모델을 근거로 여성의 낮은 지위를 규정화했다.

과학기술 발전에 목매는 사회는 어쩔 수 없이 남성문화일 수밖에 없다. 여성들은 근본적으로 관계중심적이라 기술 문화에서 뒷전으로 밀릴 수밖에 없다. 그만큼 서양의 과학기술문명은 여성을 억눌러 왔다고 볼 수 있다. 그렇다면 동양 문화가 여성을 해방시켰을까? 그렇지도 못하다. 동양에 음양 사상이 있고, 음과 양이 조화되어야 한다는 생각을 하고 있었지만 근본적으로 여성과 남성의 상호보완을 이루지 못했다. 동양 문화도 전통적으로 남성 중심의 한계를 벗어나기 힘들었다.

; 불교 토양 속 기독교

빈센트가 일본 판화에 녹아들어 있는 불교사상, 즉 덧없는 세상에 대한 관점을 얼마만큼 인식했는지는 의문이다. 하지만 그가 아를에 가서 고갱을 초청하며 부처를 따르는 수도승의 모습으로 자화상을 그려서 보낸 것을 보면 불교 사상에 대한 그의 집착을 짐작할 수 있겠다.

한국에서 가장 대중적인 종교는 불교라고 볼 수 있을 것이다. 한국 사람이라면 누구나 유교적 심성과 불교적 심성이 있다 해도 무방할 것이다. 하나님을 믿으면서도 유교 정신이 교회문화에 뿌리깊이 남아 있고, 불교적 심성이 신앙의 양태로 남아 있다. 한국의 기독교는 아직까지 가야 할 길이 먼 셈이다.

불교가 좋다는 이들이 늘고 있다. 서양에서는 단지 이국적이기에 특별한 이유 없이 끌리기도 할 것이다. 조셉 캠벨Joseph Campbell, 1904-1987이라는 미국의 비교신화학자는 미래의 종교는 불교에 접근하게 될 거라고 말한 적도 있다.

불교가 사람들에게 매력을 주는 이유가 무엇일까? 아직도 많은 한국 사람들이, 특히 시골이나 전통에 사로잡힌 사람들이 불교를 우리 전통종교라고 생각한다. 이에 반해 기독교는 외래종교라고 생각한다. 불교도 외래종교였지만 오래 전에 우리나라에 들어와서 우리 민족의 삶에 녹아들었기 때문에 친근감을 느끼는 것이다. 절에 가서 법회에 한 번도 참여해 보지 않은 사람이라 할지라도 자신은 불교인이라고 생각하는 경우가 많다. 아무것도 몰라도 불교를 믿는단다.

동서양을 막론하고 요즘 불교가 사람들에게 호감을 주는 것은 무엇보다 불교가 가장 인간적이라는 생각 때문일 것이다. 부처도 실은 신이 아니지 않은가? 단지 인간일 뿐이다. 인간이지만 치열하게 수도해서 해탈의 경지에 이르렀단다. 부처가 되었다고 해서 신이 된 것이 아니다. 부처가 신은 아닌 것이다. 신이 된 인간이 아니라 인간의 한계를 극복한 인간 이다. 너무나 인간적이고 매력적인 생각이 아닌가? 자신의 욕망과 치열하게 싸우는 인간의 모습이야말로 사람들에게 매력을 주는 것임에 분명하다.

한국의 기독교인은 예수님을 하나님의 아들이라는 관점에서만 바라볼 때가 많다. 예수님은 신이기 때문에 무엇이든 할 수 있으셨다는 생각 말이

〈페레 탕기의 초상〉
파리, 1887/88 겨울
캔버스에 유채, 65×51cm
스타프로스 니알코스 컬랙션

* 페레 탕기의 초상화. 미술품 재료를 파는 상점의 주인이었던 탕기 영감은 빈센트를 포함한 가난한 화가들의 든든한 후원자이기도 했다. 탕기 영감의 배경으로 수많은 일본 판화를 그려 넣은 것을 확인할 수 있다. 빈센트는 탕기 영감의 상점에서 역시 수많은 일본 판화를 구경하는 즐거움을 누린다.

다. 예수님이 수많은 기적을 베푼 것도 너무나 당연하다는 생각이다. 하지만 성경은 예수님이 우리와 똑같은 사람이셨다고 기록하고 있다. 반쯤만 사람인 분이 아니라 우리와 똑같은 완전한 사람이셨다. 속된 말로 표현하면 먹고 배설하고 화내고 눈물 흘리는, 그런 완전한 인간이었다는 말이다. 예수님은 모든 면에서 우리와 똑같은 분이셨지만 자신을 철저하게 하나님께 복종시키셨다. 불교에서 말하듯이 모든 사람의 목표가 부처가 되는 것이라면 예수님이야말로 유일한 부처였다고 해야 할 것이다.

; 자연에 근접한 사상

불교의 가르침이 자연에 가장 근접한 사상이라고 생각하는 이들이 많다. 현대 자본주의와는 너무나 동떨어져 있지만 살생을 금한다든지, 신비적인 그 무엇이 있다고 생각하는 것이다. '호국불교'라는 주장으로 스스로의 얼굴에 먹칠을 하고 있지만 자연만물과 합일하는 사상은 불교의 강력한 매력 중에 하나다.

빈센트가 일본 판화에 끌린 것도 서양정신에 뿌리를 둔 인간 중심주의의 한계를 절감했기 때문일 것이다. 그는 일본 판화를 통해 편견없이 자연을 있는 그대로 바라보는 법을 배워 갔다. 자연을 깊이 바라보면서 자신에 대해서도 새로운 각도로 바라볼 수 있게 되었다.

네가 미리 '나는 이렇게 이렇게 하기를 원한다'고 말하지 않고 자연으로부터 성실하게 작업한다면, 예술적인 선입관 없이 구두 한 짝을 만드는 것처럼 작업한다면, 항상 잘하게 되지는 않겠지만 언젠가는 지나간 과거의 명인들이 했던 것과 같은 주제를 발견하게 될 것이야. 처음에 보는 것과 너무나 다른 모습을 보게 될 거란 말이지. 반대로 속으로 말하기를 '그림을 더 잘 마무리하고 싶어, 조심스럽게 잘 해 보아야지' 등등의 생각들을 한다면 짓궂은 날씨 등 변하는 요소들에 직면해서 실행 불가능한 상태로 떨어진단다. 마침내 나 자신을 포기하면 매일 조금씩 작업한 것이 결국에는 영글어 더 진정하고 완전한 것이 될 것이야. 그러므로 천천히 오래 작업하는 것이 유일한 길이야. 좋은 작품을 만들기 위해 야망을 품고 지나친 열심을 품는 것은 거짓된 것이란다. 성공에 매달려 매일 아침 스스로를 비난하다 보면 캔버스만 수없이 망치게 되지. 그림을 그리기 위해서는 차분함을 유지하는 것이 절대적으로 필요하단다. (편지 615)

자연에 대한 빈센트의 관찰과 감동은 평생 이어졌다. 발작으로 생 레미 요양원에 입원했을 때의 일이다. 하루는 저녁에 깨어서 창문으로 바깥을 내다보았다. 솜털 같은 눈이 내리자마자 녹는 모습을 보면서 자연에 대해 그렇게 인상적이고 깊은 느낌을 받았던 적이 없었다고 털어놓기도 했다.

기독교는 자연을 어떻게 보는가? 하나님의 피조물로 본다. 자연을 숭배의 대상이나 합일의 대상으로 보지 않는다. 단지 이용의 대상으로 본다. 기독교가 기술을 발전시키고, 자연을 이용하여 자본주의를 발전시켜 온 것이 사실이다. 기독교가 자연 파괴의 주범으로 몰리는 것도 바로 이런 이유 때문이다. 심지어 프랑스의 문화인류학자 레비 스트로스Claude Lévi-Strauss, 1908-2009는 불교, 기독교, 이슬람교 순서로 500년 간격으로 새로운 종교가 탄생하면서 점점 질이 나빠지니 이게 어찌 된 일인지 모르겠다고 말한 적도 있다. 기독교가 질이 나쁘다는 말을 듣는 이유가 무엇일까? 우리는 하나님께서 만드신 웅장한 자연의 경이로움을 느끼는 감성이 사라친 것이 아닌가? 오직 물질에만 집착하는 신앙은 뭐라 항변해도 욕을 들을 수밖에 없을 것이다. 기독교가 아름다움을 감상하는 능력을 잃었다는 것만큼 치명적인 것이 어디에 있겠는가!

누님! 이번 여름에 부부훈련을 위해 하와이에 가신다고요? 동서양이 만나 복음의 아름다운 하모니를 이룰 수 있기를 기도합니다. 지구촌 시대가 되었고 세계화 바람으로 이제는 동서양의 차이가 옛날만큼 그렇게 심하지 않지요. 전 세계의 서양화, 아니 전 세계의 미국화가 진행되고 있으니까요. 서양에서 동양에 대한 관심이 증폭하고 있지요. 덩달아 불교에 대한 관심도 높아져 가고요. 작년 초에 4년 만에 한국에 다녀가려고 비행기를 탔을 때 네덜란드 여성이 가사를 입고 서울행 비행기에 오르는 것을 보았습니다. 한국의 불교를 배우러 가는 비구니 같았습니다. 서양 여성이 머리를 빡빡 깎고 가사를 입고 있는 모습을 보니 왠지 어색하게 느껴지면서도 이제는 세계가 하나되고 있다는 느낌을 받은 것이 사실입니다. 얼마 전에 암스테르담 담 광장에 있는 신교회Nieuwe Kerk에서 이스탄불전이 열렸는데 네덜란드 사람들이 얼마나 몰려드는지요! 모슬렘에 대한 유럽의 폭발적인 관심을 엿볼 수 있었습니다. 서양의 종교적인 침체를 모슬렘의 영성을 통해 회복해 보려는 것인지도 모르겠습니다.

서양의 과학기술문명과 동양의 자연친화적 신비사상이 어떤 방식으로 결합할 수 있을지요. 복음으로 온 세상이 하나 되는 날을 그려 보지만 그렇게 되려면 수많은 난관을 거쳐야겠지요. 요즘 네덜란드 남성과 결혼해서 네덜란드에 정착하려는 한국 여성들이 많은 것을 보게 됩니다. 네덜란드 남성들이 전 세계를 처가로 삼고 있다는 우스갯소리를 하곤 하지만, 아무튼 온 세계를 향한 네덜란드 사람들의 열린 마음은 알아주어야겠습니다. 그런데 우리는 아직까지 국제결혼 하면 뭔가 못할 짓을 하는 것처럼 생각하지 않습니까? 그리스도께서 모든 것이 되신다면 성도들은 국제결혼을 마지못해 허용하는 것이 아니라 적극적으로 권장해야 하는 것이 아니겠습니까?

한국의 기독교가 신도 수뿐만 아니라 그 위세에서 어떤 종교보다도 강력한 종교가 되어가지만 극복해야 할 문제들은 더 많아져 갑니다. 한국인들은 기독교 하면 여전히 서양 종교라는 인식을 떨쳐버리지 못하니까요. 보편교회에서 떨어져 나가지 않으면서 가장 한국적인, 가장 동양적인 기독교를 세우는 것이 한국 기독교의 앞으로의 과제일 것입니다. 사회는 세계화 물결에 휩쓸려가지만 교회는 오히려 역류하여 우리 고유의 것을 가장 보편적인 방식으로 표현해 내는 길을 찾아야겠습니다. 복음이 본래 동양에서 시작된 것일진대 서양의 기독교가 놓치고 있는 공동체문화를 아름답게 이루는 것이야말로 한국 교회가 세계 교회에 크게 기여하는 것이라는 생각입니다. 충분히 주장할 수 있고, 충분히 쓸 수 있음에도 주장하지 않고 다 쓰지 않는 것이야말로 가장 복음적인 삶의 방식이라는 생각도 듭니다. 동양의 예수가 그리워집니다. 한 많은 우리네 어머니들, 누이들, 딸들이 이 세상을 향한 가장 큰 치유의 능력이라고 믿습니다. 누님의 건승을 빕니다. 건강하십시오.

자화상 연작,
나는 누구인가?

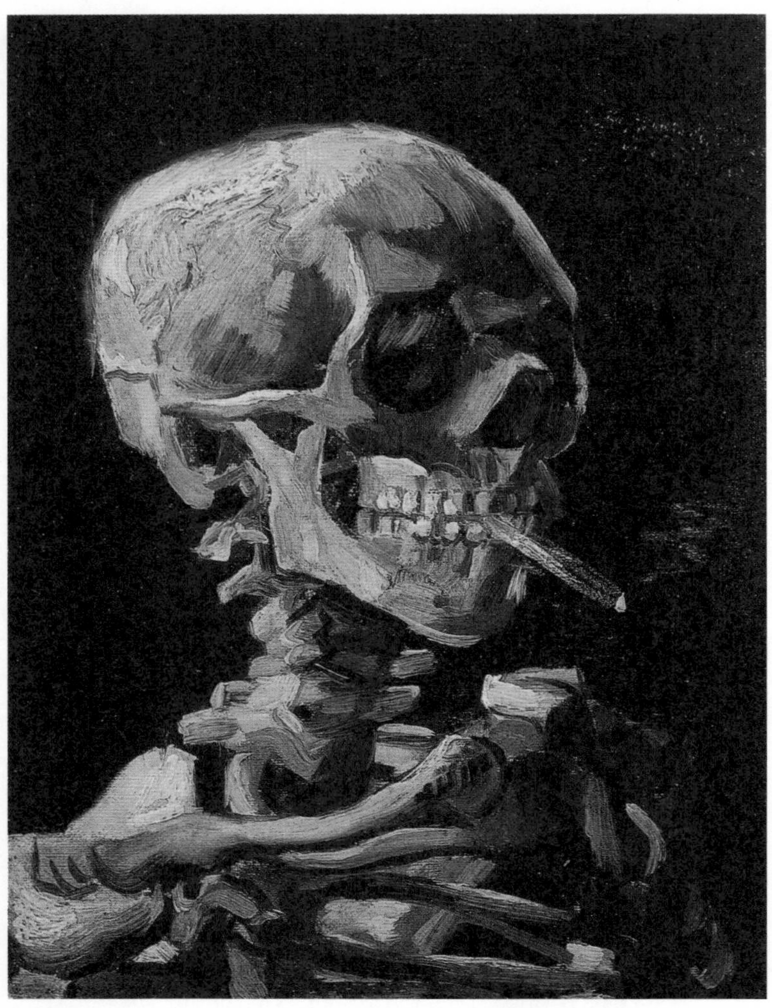

〈담배를 피워 물고 있는 해골〉
안트워프, 1885/6 겨울
캔버스에 유채, 32×24.5cm
암스테르담, 고흐 박물관

화가 중 빈센트만큼 자화상을 많이 그린 화가도 거의 없을 것이다. 유화로만 30여 점의 자화상을 그렸다. 그가 자화상을 많이 그린 것은 돈이 없어 모델로 서 줄 사람이 없었기 때문이기도 하지만, 인간의 내면을 끊임없이 들여다보려고 애쓴 것도 중요한 이유다. 그래서 얼마 전에 작고한 네덜란드의 헨리 나우엔Henry Nouwen, 1932-1996 신부는 빈센트야말로 자신이 감히 보려고 하지 않았던 부분까지 본 사람이라고 말했다.

2006년 11월부터 2007년 3월까지 국립 반 고흐 박물관에서 '빈센트 반 고흐와 표현주의'라는 전시회가 열린 적이 있다. 빈센트가 어떻게 표현주의에 영향을 주었는지 잘 드러난 전시회였다. 빈센트의 그림들을 모방하거나 그에게 영감을 받은 그림을 나란히 전시하여 표현주의와 빈센트의 밀접한 연관관계를 엿볼 수 있었다.

독일과 오스트리아의 표현주의인 다리파Die Brücke라든지 청기사파Blaue Reiter 등이 빈센트의 인물화를 포함한 자화상에 크게 영향을 입었다는 것은 익히 알려진 사실이다. 1차 세계대전을 겪으면서 표현주의는 사람의 본성에 대한 심각한 질문을 하게 된다. 그것이 초상화로 표현되었는데, 그 전범을 빈센트의 초상화를 통해 본 것이다. 1차 세계대전을 전후하여 인간성 낙관에 대한 심대한 반성이 이루어지는바, 빈센트의 인물화가 예술계에 미친 영향이 적지 않았던 것이다.

; 담배를 꼬나문 해골

빈센트는 파리에 가기 전에는 결코 초상화를 그리지 않았다. 파리에 가기 직전에 안트워프에서 그림을 배우고 있었는데, 이때 그는 '담배를 꼬나문 해골'을 그린다. 이 그림은 안트워프에서의 그의 삶을 이해하는 열쇠가 된다고 할 것이다.

안트워프에서 빈센트는 대대적인 이빨 치료를 받는데, 영양 부족이 가장 큰 이유였다. 대도시 생활을 하기 시작했지만 그의 인상은 형편없었다. 미술학교에서는 해골을 들이밀면서 그것을 스케치하기를 독촉했다. 모름지기 화가가 되려면 해골을 통해 신체의 비율과 해부학적인 구조를 잘 이해해야 한다는 것이다. 빈센트는 이것을 해학적으로 조롱하고 있다.

〈담배를 꼬나문 해골〉은 해학적이지만은 않은데, 그것은 도시 생활을 하는 빈센트 자신이 바로 이런 해골과 같은 모습을 하고 있었기 때문이다. 빈센트는 극도로 망가진 건강을 되찾아야 했을 뿐만 아니라 도시 생활에 하루 빨리 익숙해져야 했다. 해골이 물고 있는 담배가 상징하는 것은 건강 회복에 크게 지장을 줄 담배를 정작 자신이 끊지 못한다는 자조 섞인 한탄일 수도 있다. 떼오에게 다음과 같이 말했을 정도이니 말이다.

> 의사는 내가 힘을 유지하는 길을 찾아야 한다고 말한단다. 건강을 되찾기 전에는 작업을 미루고 안정을 취해야 한다고 신신당부한다. 그런데 담배를 끊지 못해서 상황이 악화되었어. 위가 텅 비어 있다는 느낌을 갖지 않으려고 그렇게 했으니 말이다. (편지 449)

〈담배를 꼬나문 해골〉은 여러 가지 면에서 안트워프에서의 빈센트의 형편을 잘 보여 줄 뿐만 아니라 파리에서 시작되는 자화상 연작의 첫 작품이라고도 부를 수 있겠다. 해골이 자화상의 시작이었다!

파리에 도착한 빈센트가 동료 화가들에게는 어떤 모습으로 비쳤을까? 그는 마지막으로 아카데미즘을 익힐 수 있는 기회였던 코르몽Fernand

Cormon의 화실에 들어갔지만 오래 버티지 못한다. 거기서 열 살이나 어린 화가 지망생들 중 루이스 앙크탱Louis Anquetin, 에밀 베르나르Emile Berbard, 툴루즈 로트렉Henri de Toulouse-Lautrec을 만나 예술계에 대한 거친 생각을 조금씩 누그러뜨려 나간다. 하지만 그의 성격은 확실히 독특한 데가 있었다. 나중에 동생 떼오의 매형이 되는 안드리스 봉거Andries Bonger는 떼오의 형 빈센트의 생활이 아주 이상하다고 네덜란드에 있는 부모께 편지를 썼다. 안정된 생활이라고는 전혀 모르고 다른 사람과도 잘 지내지 못하기 때문에 떼오가 골치를 썩고 있다는 편지였다.

빈센트가 염치도 체면도 없이 불쑥 파리에 나타났을 때부터 동생 떼오는 불안에 시달렸다. 시간이 가면 갈수록 떼오는 형 빈센트 때문에 거의 견딜 수 없는 지경에 이르러 마침내 신경증에 걸린다. 누구든 떼오의 집에 찾아오기라도 하면 빈센트는 결국 싸움으로 끝을 냈기 때문이다. 빈센트는 조심성도 없었을 뿐만 아니라 주위를 의식하지도 않았다. 그는 의도적으로 동생에게 불편을 끼치려고 했다기보다는 자기 생각에 골몰해 있어서 동생의 편의를 배려하지 못했다. 이런 자신의 모습을 의식한 것일까? 빈센트는 파리에 있으면서 본격적으로 자화상 연작을 그려 나간다.

빈센트는 파리 시기를 통해 세련된 붓놀림을 위해 자화상을 수없이 그린 것이 아니다. 파리 시절의 빈센트가 자화상을 통해 인상주의의 여러 기법이며, 막 등장한 점묘법 등을 여러 각도로 실험한 것은 사실이다. 빈센트는 파리의 방탕한 생활에 점점 물들어가면서도 자신이 처음에 가졌던 마음, 가난한 자들에게 복음을 전하고자 하는 마음, 하나님의 사랑을 전하고자 하는 마음을 놓지 않고자 자화상을 그려 갔다. 파리 생활을 해

〈일본 판화가 있는 자화상〉
파리, 1887년 12월
캔버스에 유채, 44×35cm
바젤, 바젤 예술박물관

*파리를 떠나기 직전의 모습이다. 페레 탕기의 초상처럼 자신의 초상화를 그리면서 배경에는 일본 판화들을 그려 넣었지만 모호하게 그렸다. 그는 대도시 파리의 사악함에 넋을 빼앗긴 사람처럼 자신을 그렸다.

가면서 점차 변해 가는 자신의 인상이며, 자신의 태도 등을 그리면서 빈센트는 불안에 사로잡혀 갔다. 파리를 떠날 때가 온 것이다. 성공하기 위해 다른 곳을 찾아 나서는 것이 아니라 자신의 본 모습을 회복하기 위해, 그리고 가난한 사람들에게 더 다가서기 위해 떠나기로 작정한다.

; 빈센트의 무의식

빈센트는 시도 때도 없이 분노를 터뜨리기 일쑤였다. 도대체 그의 분노의 근원이 무엇이었을까? 그가 분노의 사람이었다는 것은 다른 말로 하면 늘 상처받은 사람이었다는 말이다. 그는 남들과 잘 어울리지 못하고 그들과 끝없이 다투었다.

후세 사람들은 그를 천재라고 부르지만 정작 빈센트 자신은 그렇게 생각하지 않았다. 자신은 엄청난 둔재라고 생각했다. 그는 연필을 놀려 드로잉을 하고는 수없이 지우개로 지우고 지워서 종이가 찢어질 정도였다. 그는 끊임없이 붓을 놀려가며 엄청난 작업을 해 나갔다. 일본 판화의 영향을 받아서 한 순간에 사라질 것같이 자연을 묘사하려 한 것도 있다. 하지만 자신에 대한 열등감이 심했기 때문이기도 했다.

빈센트는 늘 누군가에게 의존할 수밖에 없었다. 그러면서도 의존한 그 사람 때문에 상처 받아 그를 떠날 수밖에 없었다. 처음에는 부친이었고, 다음은 아이러니하게도 동생 떼오였고, 마지막으로는 동료 화가 고갱이었다.

빈센트의 무의식에는 과연 무엇이 들어 있었을까? 무엇이 그를 그렇게 상처입은 사람이 되게 했을까? 부모와의 관계가 자녀에게 미치는 영향력이 무엇보다 크다는 것을 생각해 보게 된다. 이런 상황을 반영하듯 최근 정신분석학에서는 빈센트가 사랑했던 몇몇 여인들을 통해 빈센트의 무의식에는 결코 차지할 수 없는 어머니가 존재했다고 말하곤 한다. 죽은 형에 대한 어머니의 집착이 빈센트의 마음에 큰 상처와 그늘을 드리웠다는 것이다.

어릴 때부터 빈센트의 내면에는 형을 대신하고자 하는 마음과 더불어 결코 차지할 수 없는 어머니를 차지하고 싶은 욕망이 자리잡고 있었는데, 그것이 어머니와 꼭 닮은 여인들을 사랑하는 것으로 나타났다고 한다. 이혼녀와 결혼하겠다느니, 거리의 여인과 살겠다느니 하는 기이한 행태가 바로 이런 어머니와의 관계에서 나온 것이라는 해석이다.

그러면 빈센트는 아버지와 어떤 관계에 있었을까? 빈센트에게 아버지는 곧 하나님과 같은 분이었다. 빈센트가 목사가 되려고 그렇게도 애쓴 이유가 바로 여기에 있는 것이다. 빈센트는 자신이 존경하는 화가들을 아버지와 비슷하다고 생각했지만 그 누구도 자기 아버지와 같을 수 없다는 것을 절감한다. 빈센트의 초기의 광적인 신앙심은 결국 하나님 같은 아버지께 잘 보이기 위한 행위였다고 할 수도 있겠다.

그러면 왜 목사가 되기를 포기하고 화가가 되려고 했을까? 그것은 제도기독교와 목사단에 대한 빈센트의 반항임과 동시에 그림이야말로 아버지와 어머니의 정신을 동시에 따르는 길이 되기 때문이었다. 즉 펜화와 수채화가 취미였던 어머니를 보고 자란 빈센트는 그림을 통해 어머니의 사랑을 회복하고, 가난한 농부들의 삶을 그림으로 그려서 아버지로 대표되는 제도기독교와 목사단을 향해 도덕종교의 중요성을 일깨우고자 한 것이다. 이상이 정신분석학의 도식에 따른 설명이다.

〈이젤 앞에서 어두운 펠트를 쓴 자화상〉
파리, 1886년 봄
캔버스에 유채, 46.5×38.5cm
암스테르담, 고흐 박물관

* 파리에 도착한 지 얼마 되지 않아서 이젤 앞에 서 있는 화가로서의 자화상을 그렸다. 북구의 어두운 색조가 그대로 남아 있는 것을 볼 수 있다. 예전에 잠시 생활한 바 있지만 동생에게 빌붙어 사는 처지의 화가로서 그의 눈에 비친 파리는 동경의 대상인 동시에 혐오의 대상일 수밖에 없었다.

〈이젤 앞의 자화상〉
파리, 1888년 초기
캔버스에 유채, 65.5×50.5cm
암스테르담, 고흐 박물관

* 파리를 떠나 프랑스 남부 아를로 내려가기 직전에 그린 화가로서의 자화상이다. 먼 미래를 바라보는 듯 명상에 잠겨 있는 시선을 볼 수 있다. 그는 성공의 길을 걷기보다는 가난한 자들의 친구로 남기를 원했다.

; 의식의 길을 가라

정신분석학자들은 의식의 세계보다 중요한 것이 무의식의 세계라고 한다. 억압된 관념이 무의식화되어 자신이 통제할 수 없는 지경에까지 이른 상황을 콤플렉스라고 한다. 무의식의 심리학으로 유명한 스위스의 심리학자 칼 융Carl Gustav Jung, 1875-1961조차도 콤플렉스를 너무나 중요하게 생각해서 자신의 심리학을 '콤플렉스의 심리학'이라 하려고까지 했다. 어떤 사람의 잘못된 행위는 무조건 무슨 무슨 콤플렉스라는 딱지만 붙이면 되는 것일까? 콤플렉스라는 말은 누구나 사용하는 일반적인 용어가 되었음에도 그것을 통해 사람의 심리가 파악되었다는 어떤 증거도 없다.

분명히 사람마다 콤플렉스가 있고, 그것을 긍정적으로 승화시키는 길을 찾아야 한다. 하지만 나의 특별한 행동 배후에 숨겨진 어떤 무의식의 세계를 찾아 헤매려고 할 것이 아니다. 오히려 우리는 의식의 세계를 주도면밀하게 관찰해야겠다. 성경에서는 대개 그 사람의 생각이 어떠하면 그 사람은 어떠하다고 말한다. 우리 자신을 결정하는 것은 우리의 생각이다. 무의식이 아니라 의식이 우리를 결정한다. 우리는 밑도 끝도 없는 무의식의 세계를 헤매기보다는 먼저 의식의 세계를 통제할 수 있어야겠다. 생각을 통제하는 법을 배우는 것이야말로 자신의 본질을 회복하는 길이다.

빈센트는 하는 일마다 실패했기에 의기소침했다. 극도의 우울에 사로잡힐 만했다. 하지만 그는 낙심하지 않고 자신의 존재가치에 대해 계속 물었다. 그는 자신이 이 세상에 얼마나 유익이 될 수 있는지를 거듭 물었다.

나의 유일한 걱정은 '내가 어떻게 하면 세상에 유익을 줄 수 있는가?'이다. 멋진 대의를 위해 일할 수는 없을까? 어떻게 하면 더 많은 것을 배울 수 있을까? 어떻게 하면 어떤 주제들을 심오하게 연구할 수 있을까? 네가 알듯이 이 모든 것들이 나를 끊임없이 사로잡고 있는 생각이란다. 나는 가난의 노예가 되었다고 느끼며, 하고 싶은 일을 하지 못하도록 배제되었다고 느끼며, 어찌할 수 없는 숙명에 사로잡혀 있다고 느낀단다. 이것이 괜히 우울해지는 한 가지 이유이기도 하지. 우정과 애정을 느껴야 하는데도 공허함을 느끼는 이들이 있는 법이야. 도덕적인 에너지를 갉아먹는 심각한 낙심을 경험하는 이들도 있지. 운명이 이 모든 일들에 장애물을 세우고 있는 것 같아. 혐오감이 물밀 듯이 밀려온다. 그래서 그는 울부짖는다. '하나님, 언제까지입니까?'(편지 133)

빈센트는 천재가 아니라 용기 있는 사람이었다고 할 수 있겠다. 그는 자신의 존재를 향해 끊임없이 질문했다. 마침내 그는 자신의 마음을 강력하게 끄는 한 가지를 발견한다. 그림이다. 빈센트는 그림을 통해 구원의 길을 추구하고자 했다. 아름다움의 세계를 통해 구원에 이르고자 했다. 자신의 구원이 아니다. 그는 떼오에게 그림이 자신을 회복시켜 줄 뿐만 아니라 가난한 사람들에게 복음을 전하는 기회가 될 거라고 말했다. 빈센트는 무의식에 희생된 사람이 아니다. 그는 의식적으로 하나님을 사랑하고 이웃을 사랑한 사람이다. 그는 그림을 그리되 분명한 자의식을 가지고 계속 그림을 그려 나갔다.

; 자기를 사랑해야 하는가?

콤플렉스와 반대되는 곳에 자기애가 있다. 이른바 나르시시즘이다. 그리스로마 신화에 나오듯이 물에 비친 자기 모습에 도취되어 그 모습을 끌어안으려고 물에 뛰어들어 죽었다는 나르시스 말이다. 현대인의 문제는 이 양극단에서 발생한다. 콤플렉스와 나르시시즘은 결코 만나지 못하는 평행선을 달리고 있는 것이 아니다. 콤플렉스는 한 순간에 나르시시즘으로 둔갑하기도 하고, 나르시시즘은 한 순간에 콤플렉스로 바뀌기도 한다. 현대인들은 결국 나르시시즘적 콤플렉스에 빠져 있는 것이 아닐까?

자기애도 긍정적인 자기애와 부정적인 자기애가 있다. 콤플렉스도 긍정적으로 잘 품을 때는 성장의 기폭제가 되지만 콤플렉스에서 벗어나지 못할 때는 자기와 남을 무자비하게 파괴시킨다. 현대인은 이 두 가지를 뒤섞어서 가장 부정적인 의미의 나르시시즘적 콤플렉스에 빠져가고 있다. 자기를 지나치게 사랑하기 때문에 콤플렉스가 되는 것이다.

일각에서는 서양철학, 서양문화 자체가 나르시시즘적이라는 진단을 내린다. 서양 정신이라는 것은 근본적으로 자기 얼굴만을 비춰보는 거울일 수밖에 없다는 것이다. 거울은 자신을 있는 모습 그대로 비춰 주지만 결코 자신에게 개입할 수 없다. 현실에 개입할 수 없는 것이다. 서양 정신은 남을 인정하고 배려하는 문화인 것 같지만 실은 남조차도 자신의 대척점에 세워놓고 자신의 생각 속에서만 존재하는 것으로 본다. 나 외의 모든 존재는 나의 의식 속에서만 존재하는 셈이다.

"나는 생각한다. 고로 나는 존재한다"라는 유명한 문구는 실은 가장 유아론적인 발상이다. 다른 사람과의 관계에서 나 자신이 존재하는 것이 아니라, 그리고 나의 고통을 통해 내가 존재하는 것이 아니라 철저하게 나의 의식 속에서만 모든 것이 존재한다. 유대학자 마틴 부버Martin Buber, 1878-1965는 이런 서양 정신을 '나-그것'의 관계라고 언급한 바 있다. 서양 정신은 '나-너'의 관계가 될 수 없다는 것이다. 자기반성이 없는, 관계론적인 논의가 배제된 사상은 근본적으로 자기순환론적일 수밖에 없다.

나 자신을 타자화하는 것, 그것이야말로 자신을 진실하게 볼 수 있는 길이다. 나르시시즘적 콤플렉스를 벗어날 수 있는 길도 결국에는 자신을 타자화하는 것에 있다. 성경에서는 성도들을 거울을 보고 난 뒤에 자신의 모습을 잊어버리는 사람이 아니라 기억하는 사람이라고 한다. 우리 인생은 거울을 수없이 보면서도 자신을 잊어버리지 않는가? "거울아, 거울아, 이 세상에서 누가 제일 예쁘니?"라고 계속 묻는 것은 백설공주의 계모가 아니라 바로 우리 자신들이지 않은가?

; 하나님 인식과 자아 인식의 관계

어느 순간에 나 자신이 나 자신에게조차 아주 낯선 존재로 다가오는 순간이 있다. 자신의 타자성에 눈 뜨는 순간이다. 어떻게 자신의 타자성을 발견할 수 있는가? 어떻게 자신을 객관화할 수 있는가? 자신의 타자성을 인식하는 근본적인 계기는 하나님에 대한 인식으로 가능하다.

위대한 종교개혁가 칼빈은 《기독교 강요》에서 사람은 하나님을 알아야만 자신을 알고, 자신을 알아야만 하나님을 알 수 있다고 했다. 이중적인 지식인 것이다. 어느 것이 우선적인지는 따질 필요가 없다. 두 지식이 서로 통하기 때문이다. 하나님을 인식할 때 우리는 자신을 타자화할 수 있다. 하나님은 우리와 같은 분이면서 다른 분이기 때문에 우리는 하나님을 통해서만 자신의 타자성에 눈뜰 수 있다. 게다가 우리는 하나님을 통해서만 자신이 사람일 뿐임을, 자신이 인생일 뿐임을 비로소 알게 된다.

하나님 인식과 자아 인식은 시간차로 나타나는 것이 아니다. 이 두 가지 인식에 순서가 있는 것도 아니다. 이 두 가지는 동시에 발생한다. 즉 모든 종교의 수행에는 반드시 신을 만나는 경험이 있고, 그 경험은 자신의 티끌 같은 모습을 발견함으로써 신이 인식되는 것이다.

불교에서도 수행 때 가장 힘든 시간은 자신의 적나라한 모습이 드러날 때라고 한다. 자신의 모습이 너무나 혐오스럽게 다가온다는 것이다. 문제는 그 모습을 도무지 받아들이기 힘든 것이다. 도무지 받아들이기 힘든 혐오스러운 자신의 모습을 수용하는 것이 수행의 본질적인 부분이라는 사실이 얼마나 아이러니한가? 자신이 신성화되는 것이 아니라 자신의 추함을 인정하는 것이 최고의 수행인 것이다.

하나님을 만났다는 이들이 종종 있다. 천국에까지 가서 하나님을 보고 왔다는 이들조차 있다. 그들은 정말 하나님을 만난 걸까? 하나님을 만났다면 무슨 구체적인 표식이 있어야 할 것이라는 생각 때문이 아니다. 하나님을 만났다면 나 자신은 정말 아무 것도 아니라는 생각을 하게 되었을 텐데 그런 모습이 없으니 하는 말이다. 하나님을 만났기 때문에 더 자신만만해지고, 자신이 하는 일이 다 옳다고 생각하고, 누가 뭐라든 자신을 따라야 한다고 강변하는 것을 보면 그는 하나님을 만난 것이 아니다. 그는 하나님의 모습을 띠고 나타난 자신을 만난 것뿐이다. 거울 속에 서 있는 자신의 모습을 하나님이라고 착각한 것이다. 과연 이 시대에 하나님을 만난 사람이 있기는 한 것일까?

〈붕대를 감고 파이프를 문 자화상〉
아를, 1889년 1월
캔버스에 유채, 51×45cm
시카고, 라이히 블록 컬렉션

* 고갱이 아를을 떠나려는 것을 알고 빈센트는 귀를 자르는 자해행위를 한 다음 자화상을 그렸다. 담배를 피워 물고 두 눈이 초점을 잃은 듯한 모습이 처연해 보인다. 왜 그는 상처만 입고 살았을까? 왜 몇몇 사람들에게 지나치게 집착한 걸까? 고갱이 바로 이 사실 때문에 그를 떠나려고 했는데 말이다.

누님! 누님에게 비친 동생의 모습은 어떠했나요? 무조건 좋게만 보이지요? 무조건 좋은 말만 해 주시는 누님의 목소리를 들으면 괜히 기분이 좋아지지만 불안한 마음도 들었다는 것을 고백해야겠네요. 다른 사람들에게 나 자신이 어떻게 비치느냐 하는 것으로 자신을 평가하려는 어리석음을 아직도 버리지 못하고 있네요. 심리학에서 자기를 평가하게 할 때 자신이 아는 나, 자신이 알지 못하는 나, 다른 사람이 아는 나, 다른 사람이 알지 못하는 나, 이 네 가지로 구분해 보게 한다는데요. 자신이 알지 못하는 나와 다른 사람이 알지 못하는 나는 어디서 찾을 수 있을까요? 다행인 것이, 우리 성도들은 또 다른 나가 있지 않습니까? 하나님이 아시는 나 말입니다.

하나님을 믿으면 믿을수록 인간미가 떨어진다고 하는 이들이 많습니다. 신을 닮아가기 때문에 인간미는 자연스럽게 떨어질 수밖에 없는 것이겠습니까? 하나님을 믿는 것은 가장 사람답게 되는 것이 아니겠습니까? 왜 예수를 믿느냐고 묻는다면 예수는 가장 사람다운 사람이었기 때문이라고 대답할 수 있지 않겠습니까? 가장 사람다운 사람, 사람의 원래 모습이 이랬다고 보여주는 사람, 그 원래 모습에서 우리가 얼마나 멀어졌는지를 보여주는 사람, 그 사람이 바로 예수님입니다. 예수님을 하나님이라고 고백하는 것이 절실하게 중요한 시대입니다. 예수님을 모범적인 인간의 전형으로만 보려는 것이 현대의 추세이기 때문입니다. 하지만 예수님의 인간다움을 깊이 느낄 수 없는 사람은 예수님의 예수님다움을 제대로 안 것은 아닐 것입니다.

성도는 서로를 비춰주는 거울입니다. 성도들은 자기 모습만을 골똘히 들여다보는 사람이 아니라 자신의 모습을 통해 남의 모습을 보고, 남의 모습을 통해 자신의 모습을 보는 사람입니다. 성도는 나의 연약함에 절망하지 않고, 남의 완악함에 힐난하지 않습니다. 나의 연약함은 다른 성도를 통해 채워질 수 있고, 다른 성도의 완악함은 나를 통해 승화될 수 있기 때문입니다. 성도는 결코 홀로 수양하는 사람들이 아닙니다. 성도는 다른 이들과 부대끼며 살 수밖에 없는 사람들입니다. 성도는 혼자 성불하는 사람이 아니라 다른 사람들과 부대끼면서 '성예수하는' 사람들입니다. 부대끼며 잘 깎이기만 한다면 그것만큼 복된 것이 없습니다. 누님의 부대낌에 복이 있기를 빕니다.

씨 뿌리는 사람 연작,
무한 속에 던져진 존재

〈씨 뿌리는 사람〉
아를, 1888년 6월
캔버스에 유채, 64×80.5cm
오테를로, 크뢸러-뮐러 박물관

봄이 오면서 겨우내 잠자고 있던 대지며 나무들이 생명을 싹 틔워 내는 모습을 지켜보던 빈센트는 과수원 연작을 그려 간다. 수많은 종류의 과일 나무들이 각양각색의 꽃봉오리들을 피워 내는 모습에 빈센트는 감동한다. 프로방스의 봄은 파리의 봄과 너무나 달랐다. 빈센트는 과수원 연작과 더불어 새로운 주제, 아니 네덜란드에 있을 때부터 집착했던 땅과 사람이 혼연일체가 된 장면에 눈을 돌린다. 〈씨 뿌리는 사람〉이 그것이다. 빈센트는 씨 뿌리는 모습을 다양하게 묘사하는데, 아침에 씨를 뿌리는 모습과 저녁에 씨를 뿌리는 모습, 황량한 들판에서 씨를 뿌리는 모습, 채 추수도 하기 전에 씨를 뿌리는 모습 등을 그린다.

빈센트는 노란 하늘과 태양 그리고 밀밭을 보랏빛의 온통 파헤친 밭과 선명하게 대비시키는 가운데 씨 뿌리는 사람을 등장시킨다. 그는 이 그림을 스케치해서 친구 베르나르와 동생 떼오에게 보낸다. 씨 뿌리는 사람의 상의는 파란색, 바지는 흰색으로 그렸다고 한다. 흰 바지는 의도적인데, 사람들의 시선을 이 바지에 주목하게 하여 노란 하늘과 보랏빛 밭의 과도한 대조가 불러일으키는 초조함을 상쇄시키기 위함이었다. 실제 그림에서는 이 대조가 두드러지지 않는다. 어쨌든 이 명백한 대조는 의도적인 것인데, 빈센트는 색채의 대조를 통해 덧없음과 영원의 관계를 표현하려 했다.

빈센트가 씨 뿌리는 사람 모티브를 얻은 것은 우연이 아니다. 성경에서 예수님을 씨 뿌리는 분으로 언급하고 있으니 말이다. 빈센트는 〈씨 뿌리는 사람〉 연작을 통해 자신도 복음의 씨를 뿌리고 있다는 사실을 항변하고 있다.

; 과수원 연작

빈센트가 아를에 도착했을 때는 한겨울이었다. 그는 일본을 떠올리고, 햇볕이 환하게 드는 남부지방을 생각하며 아를로 갔지만 그 해 겨울은 혹독했다. 하지만 그곳 생활에 점점 익숙해지던 빈센트는 잡다한 나무들이 섞여 있는 과수원을 우연히 발견하고 주인에게 허락을 얻어 꽃피는 나무들을 그려 갔다. 과수원 연작이라 부를 만한 작품들이다. 살구나무, 벚나무, 복숭아나무, 자두나무, 배나무 등을 종류별로 그려 간다. 빈센트는 프로방스에서 봄이 오는 생생한 소리를 들었다.

빈센트는 다양한 색깔들을 시험해 본다. 그 시험이 도가 지나치다고 느꼈는지, 그것이 돈을 낭비하는 것이 되지 않기를 바란다고 떼오에게 적어 보낼 정도였다. 빈센트는 이 과수원 연작이야말로 자신이 표현하고자 하는 색채와 형태를 얻는 계기가 될 거라고 확신한다. 그는 그 해 동안 커다란 진보를 이룰 수 있을 것으로 기대했다. 그런데 이 과수원 연작에 새로운 의미를 부여하는 사건이 터진다.

봄이 오기 직전이었다. 여느 때처럼 과수원에서 그림을 그리고 집에 돌아오니 편지가 와 있었다. 뜯어보니, 그에게 유화를 그릴 것을 적극 권한 평생의 스승 안톤 모베Anton Mauve, 1838-1888가 여행 중에 아른헴Arnhem에서 급사했다는 소식이었다. 모베의 죽음은 빈센트에게 큰 충격을 안겨 주었다. 빈센트는 자신의 느낌을 시로 표현했다.

"죽은 자가 죽었다고 생각하지 마세요. 사람들이 살아 있는 한 죽은 자는 살 것입니다. 죽은 자는 살 것입니다."(편지 472)

빈센트는 〈꽃 핀 분홍빛 배나무〉를 그려 모베에게 헌정한다. 모베를 추

〈꽃 핀 분홍빛 배나무〉(모베를 추념하며)
아를, 1888년 3월
캔버스에 유채, 73×59.5cm
오테를로, 크륄러-뮐러 박물관

* 아버지처럼 의지하던 모베의 죽음은 빈센트가 시작한 과수원 연작에 직·간접적으로 영향을 미쳤다. 작품 왼쪽 아래로 '모베를 추념하며'Souvenir de Mauve라는 글이 선명하게 새겨져 있다. 그 아래에는 자신의 이름과 동생 떼오의 이름을 같이 적어 넣었다.

념하는 작품을 그린 셈이다. 그는 떼오에게 모베의 죽음이 큰 충격이었다고 털어놓으면서 이 분홍색 복숭아나무가 일종의 격정과 열정으로 그려졌음을 보게 될 거라고 적었다. 빈센트에겐 현실적인 계산이 없지 않았다. 이 그림이 오지랖 넓은 모베 부인의 손에 들어간다면 네덜란드에서 자신의 그림이 알려지는 계기가 될 거라는 생각이었다. 이 그림으로 네덜란드에서 얼음이 깨지기를 바란다는 상징적인 표현을 하기도 한다. 너무나 계산적인 생각이었다. 하지만 빈센트는 이제 삶과 죽음의 변증법적인 관계에 새롭게 눈뜨게 된 것이다.

; 자연에 눈뜨는 과정

일본 판화의 영향도 있었지만 빈센트는 자연을 벌거벗은 자연 그대로 바라볼 수만은 없었다. 그는 만물의 순환 과정을 과학적으로 설명할 수 있었다. 하지만 이제부터는 그 자연의 순환 과정을 무한과 덧없음의 관계로 바라볼 수밖에 없었다. 빈센트는 히로시게의 목판화에서 본 것을 프로방스에서 두 눈으로 확인했다. 덧없는 것이 영원에 이어져 있다는 사실 말이다. 과수원의 꽃봉오리만큼 이것을 잘 표현하고 있는 것도 드물 것이다. 과수원의 나무들에서 피어나는 꽃들은 덧없이 피었다가 진다. 꽃들의 황홀함은 한 순간이다. 피어난 꽃이 황홀한 만큼 그 스러짐은 허망하다. 꽃봉오리들이 덧없이 피었다가 지지만 결코 변하지 않는 견고한 나무가 버티고 있다. 빈센트는 덧없는 것에서 허망함과 절망이 아니라 도리어 희망과 영원을 느꼈다.

흥미롭게도 빈센트는 떼오에게 보낸 편지에서 자기가 과수 습작 세 점을 그려서 세로 그림을 가운데 배치하고 가로 그림 둘을 양 옆으로 배치하려 한다고 밝혔다. 처음으로 제단화 형식의 구상을 밝힌 것이다. 나중에 빈센트는 해바라기 그림과 자장가 그림을 제단화처럼 구성하기도 한다. 이것은 그가 자연에 바치는 최고의 찬사일 뿐만 아니라 자연의 순환 과정을 과학적인 눈으로만 보지 않고 심미적인 눈과 종교적인 눈으로 보았다는 말이 된다.

인생다워진다는 것은 자신에 눈뜨는 것뿐만 아니라 자연에 눈뜨는 과정을 통해서다. 자연의 신비로운 순환을 인식하게 되면서 우리는 자연의 순리를 거스를 수 없다는 것을 알게 된다. 현대인은 진보를 위해서라면 자연의 순리마저 마음대로 바꾸려고 한다. 이제 사람은 자연까지 지배하게 되었다는 자신감에 부풀어 있다. 자연을 섬기던 인생이 자연을 지배하는 인생으로 탈바꿈한 것이다. 자연을 착취하는 것이야말로 자연을 숭배하는 것 이상으로 인생의 어리석음을 증거하는 것이 아니겠는가? 자연 속에서 덧없음을 발견하는 인생, 그 덧없음을 통해 무한 속에 던져진 자신을 깨닫는 인생이야말로 참으로 복이 있다고 하지 않을 수 없다.

; 씨 뿌리는 그리스도

빈센트는 〈과수원〉 연작을 통해 어느 정도 자신감을 얻은 색채와 형태 구사를 바탕으로 새로운 연작을 구상한다. 그것이 바로 '추수'와 '씨 뿌리는 사람' 연작이다. 〈씨 뿌리는 사람〉 연작은 이전에 그린 〈과수원〉 연작을 발전시킨 주제라 할 수 있다. 그런데 빈센트가 〈씨 뿌리는 사람〉 연작을 그리게 된 근본 동기는 위에서도 말했듯이 모베의 죽음이 촉발시킨 무한에 대한 묵상이었음을 그의 편지로 확인할 수 있다. 빈센트는 여동생 윌에게 보낸 편지에서 자신이 한 인간으로 극진히 사랑한 모베가 지상에 존재하지 않는다는 것을 상상하기 힘들다고 털어놓는다.

게다가 사람이 미래의 삶에 관해, 무한에 관해 논리적으로만 접근하는 것이 무슨 확신을 줄 수 있는지 의문이라고 털어놓는다.

배추벌레가 새로운 모습으로 탈바꿈한다고 해서 사후의 초자연적인 존재에 관해 생각했을 거라고 말하는 게 얼마나 웃기는 일이겠니? 우리 인생도 마찬가지가 아니겠니? 배추벌레가 자신의 발전을 위해 배추뿌리를 먹는다고 주장하는 것처럼 사람이 자신의 사후 변형에 관해 편견 없이 판단할 수 있다는 것은 난센스에 불과할 게다."(편지 W2)

이처럼 모베의 죽음과 무한 속에 던져진 인생에 대한 묵상은 빈센트에게 지속적으로 영향을 미쳤다.

빈센트는 자신이 과거의 기억에 사로잡혀 있을 뿐만 아니라 무한을 바라는 마술에도 사로잡혀 있다고 털어놓는다. 씨 뿌리는 사람과 추수하는 사람은 그에게 죽음과 영원, 덧없음과 무한에 대한 분명한 상징으로 자리 잡았다. 빈센트는 이런 위대한 주제의 그림을 완성할 사람이 자신일지 다른 사람일지 모르겠지만 언젠가는 이 주제를 완성하게 될 거라고 말한다.

떼오에게 보낸 편지에서 말했듯이 〈씨 뿌리는 사람〉이야말로 프랑스 낭만주의의 대가 들라크루아Eugène Delacroix, 1798-1863의 〈게네사렛 호수 배 안의 그리스도〉와 빈센트의 사부 밀레의 〈씨 뿌리는 사람〉을 색조 면에서뿐만 아니라 주제 면에서 통합시킨 작품이다. 그는 모베에게 회색을 사

〈씨 뿌리는 사람〉
아를, 1888년 11월
캔버스에 유채, 32×40cm
암스테르담, 고흐 박물관

* 〈씨 뿌리는 사람〉 연작 중에서 가장 어두운 분위기가 감돈다. 고갱의 영향을 받아 색채와 구도에 상상력을 마음껏 발휘한 작품이다. 빈센트는 씨 뿌리는 사람과 화폭을 가로지르는 앙상한 나무를 검은 실루엣으로 처리했다. 화폭 중간에 있는 나무는 고갱의 〈설교 후의 환상〉에 등장하는 '상상과 현실과 구분하는 나무'를 연상시킨다. 빈센트는 노을을 창백하고 불안하게 그렸다고 말한다. 반면 태양은 레몬빛 노란색으로 처리해서 씨 뿌리는 사람 머리 뒤에 위치시켜 후광처럼 보이게 했다.

용하는 방법밖에 배우지 못했다. 밀레를 통해서도 색채에 대해서는 마찬가지였지만 자연과 농부를 대하는 그의 태도를 통해 말할 수 없이 많은 것을 배웠다. 빈센트는 더 나아갔다. 그는 인상주의자들보다는 들라크루아를 통해 더 많은 것을 배웠다고 털어놓았다. 그는 눈에 보이는 것을 정확하게 재현하기보다는 색채를 더 임의적으로 사용해서 자신을 강력하게 표현하려고 했다. 그럼에도 그는 과도한 열정을 평화와 조화 가운데 표현하기 위해 애를 썼다.

〈씨 뿌리는 사람〉 연작을 그리던 바로 그 시기에 빈센트는 친구 베르나르에게 그리스도에 관해 묵상하고 있는 내용을 소상하게 털어놓는다. 그리스도는 예술적인 관점에서 보더라도 모든 것 위에 계신 분이요, 화가들 중의 화가라는 생각이다.

자네는 내가 성경을 연구하려고 그렇게 애를 썼음에도 성경에 그리 깊이 빠지지 않는다는 사실에 놀랄지 모르겠네. 그 이유는 다름 아니라 성경에는 유일한 핵심인 그리스도밖에 게시지 않기 때문이라네. 예술적인 관점에서 보더라도 그리스도는 지고하신 분이라네. 그리스, 인도, 이집트, 페르시아의 고대 미술품들이 대단히 큰 진보를 이루었음에도 그리스도는 그 모든 것들이 이루어 놓은 것과 비교할 수 없는 분이지. 그리스도는 생생한 영과 살아있는 육체로 일하셨지. 그리스도는 조각 대신 사람을 만드셨지…… 나는 화가이기에 내가 수소라고 종종 느낀다네. 황소, 독수리, 사람을 흠모하는 수소 말이네. 모름지기 경외하는 마음으로 야망을 꿈꾸기를 버려야 한다네.(편지 B9)

; 고상한 존재로의 변형

빈센트가 죽음과 무한에 관한 문제를 씨 뿌리는 사람으로 상징화한 이유가 무엇일까? 그는 자연에서 초자연을 본 것이다. 성경에 기록되어 있듯이 한 알의 씨가 땅에 떨어져 썩지 않으면 많은 열매를 맺을 수 없다. 씨는 땅에 떨어져 썩어야 한다. 죽음은 죽음으로 끝나는 것이 아니라 새로운 생명의 탄생을 위한 거름이 되는 것이다. 이와 관련해서 빈센트는 친구 베르나르에게 1850년대에 네덜란드에서 영원에 대한 문제는 신학적으로 최대 이슈이기도 했다는 사실을 언급하기까지 했다.

진정한 삶은 겸손할 수밖에 없지. 화가의 삶은 직업이라는 어리석은 멍에에서 벗어나야 한다네. "예술을 사랑하는 것은 진정한 사랑을 잃게 만든다"는 표피적인 말들을 극복해 내야 하는 법이지. 다른 무수한 천체들과 태양들에도 색채와 선과 형태가 존재한다고 가정한다면 우리가 더 고상한 존재로 변화되어 그림을 그릴 수 있겠기에 평온함을 유지하는 것이 좋지 않겠는가! 우리의 이런 변화는 송충이가 나비로, 흰 유충이 풍뎅이로 변하는 것보다 더 이상할 것도, 놀랄 것도 없다네. 화가는 죽은 뒤에 나비처럼 무수한 하늘의 몸 중에 하나가 되어 활동하게 될 걸세. 이것은 지도 위의 도시와 마을을 상징하는 검은 점들이 존재하는 것보다 훨씬 더 실제적인 것이지.(편지 B8)

동양 사상에서도 "한 알의 씨앗에 온 우주가 들어 있다"는 표현이 등장한다. 서정주의 '국화 옆에서'라는 시도 동일한 사상을 바탕으로 한다. "한 송이 국화꽃을 피우기 위해 봄부터 소쩍새는 그렇게 울었나 보다"라는 시구 말이다. 기계문명에 사로잡혀 원자화된 현대인이 온 우주가 한 덩어리

씨 뿌리는 사람 연작,
무한 속에 던져진 존재

라는 생각, 아니 한 생명이라는 사상을 받아들일 수 있을까?

종교란 덧없음에 대한 묵상에서 나왔다고 볼 수 있다. 덧없는 삶을 연장해 보려는 열망이 종교를 만들고 신을 만들었다. 모든 종교는 무한과 영생이라는 인생의 갈망을 교리화했다. 문제는 무한과 영생을 교리화했다 해서 그것을 다 이해했다고 할 수 없다는 사실이다. 교리화한 영생과 무한이 덧없는 인생의 갈망을 채워 줄 수 있을까? 진정한 생명과의 접촉이 아니고서 어떻게 영생과 무한을 맛볼 수 있겠는가?

; 자연과 영원의 중재자

빈센트는 씨 뿌리는 사람을 그리면서 화가인 자신의 역할에 대해서도 깊이 생각했다. 그는 자신의 입술로 가난한 자들에게 복음의 씨앗을 뿌리려고 했다. 하지만 그는 그림으로 복음의 씨앗을 뿌리고 있다. 빈센트는 화가야말로 자연과 영원 사이에서 중재자 역할을 할 수 있다고 믿었다. 화가는 자연을 모사하는 것만이 아니라 자연에 나타난 신성을 환기시키는 특권을 부여 받았다고 생각한 것이다. 설교자는 그것을 말로 직설적으로 표현하지만, 화가는 그림으로 상징적으로 표현한다는 것이다.

빈센트는 자연이 말하는 소리와 자연이 품고 있는 신성의 능력을 그림으로 표현하여 사람들에게 보여주고 싶었다. 그는 자연이 말하는 소리를 귀로 들을 수 있다고 종종 말했다. "왜 모든 사람이 보지 못하는지, 느끼지 못하는지 이해할 수 없어. 자연과 하나님은 귀와 눈을 가진 모든 사람에게 계속 보여주는데 말이야." 빈센트는 이렇게 말했지만, 인간의 인식능력으로 신을 알 수 있느냐 없느냐 하는 해묵은 논쟁으로 우리를 끌고 가

〈씨 뿌리는 사람〉(밀레를 모사)
생 레미, 1889년 10월 하순
캔버스에 유채, 80.8×66cm
스타프로스 니알코스 컬렉션

* 빈센트가 생 레미 요양원에 입원하고 나서 마지막으로 그린 씨 뿌리는 사람이다. 평생 사부처럼 생각했던 밀레의 그림을 집중적으로 모사한 시기이기도 했다. 종종 엄습하는 발작 속에서 밀레가 생각났던 것일까?

려는 것은 아니다. 그는 로마서에서 말하듯이 자연 만물에 하나님의 신성과 능력이 깃들어 있다는 사실을 소리 높여 외치고 있다.

자연에서 신성을 느낀다는 이들이 늘고 있다. 과학기술문명이 최고조에 달했는데도 자연종교가 부활하는 징후를 곳곳에서 발견할 수 있다. 자연이 말하는 소리를 들었다는 이들도 의외로 많다. 대부분의 기독교인은 하나님께 아무런 말도 들은 바가 없다고 하는데, 자연종교를 믿는 이들은 신적인 음성을 들었다고 하는 경우가 많다. 거대한 자연의 위엄 앞에 너무나 감격하여 눈물을 흘리기도 한다. 이런 경험이 어떤 종교적인 경험보다 강렬한 것처럼 보이기도 한다. 자연에서 신성을 체험했다고 주장할 수 있기 때문이다. 이런 체험은 자연이 곧 신이라는 깨달음에까지 이르게 된다.

덧없는 삶이 무한과 연결되어 있다는 생각이 아무 내용이 없을 뿐만 아니라 사람을 기만하는 허무맹랑한 소리로 들릴지 모르겠다. 적극적으로 인생을 개척하려는 마음을 버리고 비인격적이고 잔인한 운명의 여신에게 자신을 맡기는 것으로 비치니 말이다. 빈센트가 생각한 무한과 영원은 철저하게 인격적인 그 무엇이었다. 우리는 운명 속에 던져진 존재가 아니라 그리스도께서 들어가신 바로 그 무한과 영원 속에 발걸음을 내디딘 존재다. 우리는 덧없는 삶 속에서 무한을 경험하고 누린다. 덧없음에 대한 인식은 세상을 벗어나고자 하는 열망으로 나타나는 것이 아니라 도리어 현실을 긍정하게 만든다.

삶과 역사의 덧없음을 한탄하면서 종교에 심취하는 이들이 많지만, 덧없는 세상이 무한을 향해 열려 있다고 생각하는 이들은 많지 않다. 종교적인 열심이라는 것도 기껏해야 덧없는 삶을 회피하려는 몸짓에 다름 아니다. 순환하는 자연의 섭리 속에서 영원을 사모하는 마음을 갖게 된다면 이것만큼 복된 일이 없을 것이다. 빈센트는 자연을 통해 하나님을 만날 수 있다고, 자연으로 돌아가면 신적인 능력을 인식할 수 있다고 말한다. 빈센트는 덧없는 자연을 통해 무한과 영원을 사모해야 한다고 외친다. 기독교인이라면 모름지기 죽은 후에 가게 되는 천국과 영원만을 사모할 것이 아니라 지금 이곳에서 자연과 영원을 매개하는 자리에 서야겠다. 우리가 서 있는 바로 이 자리에서 만물 속에 나타난 하나님의 신성에 크게 환호해야겠다.

누님! 오늘은 씨 뿌리는 이야기를 해보고 싶습니다. 씨 뿌리는 모습만큼 경건한 모습이 어디 있겠습니까? 농부들이 씨를 뿌릴 때만큼 희망에 부풀어 있을 때가 어디 있겠습니까? 그래서일까요? 예수님께서도 모든 비유 중에 가장 먼저 씨 뿌리는 비유를 말씀하셨지요. '비유 중의 비유'가 씨 뿌리는 비유인 셈이지요. 예수님께서 직접 말씀하셨듯이 이 비유를 모르는데 어떻게 다른 비유를 알 수 있겠습니까? 예수님이 이 땅에 오셔서 뿌린 씨앗이 과연 어떤 씨앗이었을까요? 예수님이 선포하신 복음이야말로 바로 그 씨가 아니었겠습니까? 그런데 예수님 자신이 바로 그 씨였습니다. 예수님 자신이 한 알의 썩어지는 밀알로 이 땅에 뿌려졌으니까요.

우리는 씨를 뿌릴 때 이것이 언제 싹이 트고, 언제 자라서 열매를 맺을지 염려하곤 합니다. 씨는 아무런 힘이 없어 보입니다. 너무나 쉽게 날려가 버리고, 들짐승과 날짐승에게 잡아먹히기도 합니다. 우리는 그 자그마한 씨 안에 무한한 생명력이 들어 있다는 것을 보지 못합니다. 씨앗 하나를 보는 데도 믿음이 필요한 법입니다. 우리는 씨가 자라는 것을 볼 수 없습니다. 씨앗은 우리가 보지 못하는 사이에 자랍니다. 생명은 이처럼 신비한 것입니다. 씨앗의 생명력은 무한합니다. 한 알의 씨앗 속에 온 우주가 들어앉아 있다는 것은 시적인 표현만이 아니라 실제로 그렇지요. 하나님께서는 한 알의 씨앗을 통해서도 온 우주를 먹여 살리시니까요.

한 알의 씨앗처럼 우리도 무한 속에 던져진 존재임을 깨달아야겠습니다. 농부가 씨를 흩어 뿌리면서 그 씨 하나하나에 일일이 신경 쓸 수 없는 것이 사실입니다. 예수님께서도 네 가지 밭, 아니면 한 밭의 네 가지 상태에 관해 말씀하셨지요. 우리는 하나님의 무한 속에 던져졌습니다. 이 세상 속에 맹목적으로 던져진 사생아와 같은 존재가 아니라 하나님의 사랑의 아들로 던져졌습니다. 하나님께서 누님의 사랑하는 이를 던져 버린 것이 아니라 그를 썩어질 한 알의 밀로 땅에 떨어뜨리셨지요. 우리는 사랑하는 이가 죽어서 맺는 많은 열매가 어떤 것일지 아직은 모릅니다. 하나님 나라에 가서는 그 모든 비밀을 알게 되겠지요. 그때까지는 덧없다는 것을 가슴 시리게 느끼며 살아야 하지요. 아무 일도 손에 잡히지 않고 손이 풀릴 때마다 그 모든 덧없음이 영원을 향해 열려 있음을 생각하면 좋겠습니다. 예수 그리스도께서 우리와 똑같이 덧없이 사셨기에 우리네 인생의 덧없음은 영원을 향해 열려 있습니다. 우리는 덧없이 사는 영원의 존재들입니다. 누님의 덧없음에 위로를 전합니다.

노란 집,
화가 공동체를 세워라

〈아를의 노란 집〉
아를, 1888년 9월
캔버스에 유채, 72×91.5cm
암스테르담, 고흐 박물관

빈센트는 아를에서 처음에 머물렀던 여인숙 주인이 바가지를 씌우고 있다고 생각하고는 5월 초에 라마르틴 광장 가장자리에 있는 노란 집을 빌려서 이사한다. 이 집이 바로 그가 그린 '아를의 노란 집'이다. 노란 집을 세낸 빈센트는 의기양양해서 이때부터 고갱과 베르나르를 자기 화실로 초대하려는 계획을 세운다. 그림에서 가운데 모서리의 건물 중 오른쪽이 빈센트가 빌린 집이다. 일층은 아틀리에로 꾸몄고 이층은 침실인데, 계단을 오르면 바로 들어갈 수 있는 왼쪽 방을 자기 침실로, 그 방을 거쳐 들어갈 수 있는 방을 고갱의 침실로 꾸민다.

빈센트는 참으로 낭만적이게도 자신의 노란 집을 중세 수도원에 비길 수 있는 화가 수도원이 되기를 바랐다. 고갱이 아를에 오기 전부터 빈센트는 그 지방에서 만난 사람들과 화가공동체를 만드는 작업의 기초를 놓기도 한다.

빈센트의 '노란 집'은 말 그대로 노란색으로 뒤덮여 있다. 푸른 색 하늘과 가차가 연기를 뿜으며 지나가고 있는 모습을 배경으로, 꿈에도 그리던 색깔인 노란색으로만 뒤덮인 집이 서 있다. 노란색은 빈센트가 꿈꾸던 바로 그 유토피아의 상징이다. 이후 빈센트는 해바라기를 비롯한 밀밭 등 황금빛깔을 찬양하는 시인이 된다. 빈센트의 노란 집은 화가로서 자신의 역할뿐만 아니라 남부 화실에 대한 부푼 마음이 잘 드러나 있다. 과연 그가 꿈꾼 공동체는 어떤 것이었을까?

; 당시 화단의 분위기

빈센트가 파리 예술계에 진입한 시기는 중대한 과도기였다. 당시 파리에

노란 집,
화가 공동체를 세워라

는 진보적인 문화가 넘쳐나고 있었다. 문자 그대로 새로운 사조와 사상이 봇물 터지듯 터져 나오고 있었다. 당시 반 아카데미적 조류들을 통칭할 수 있는 '인상주의'라는 용어가 통용되고 있었지만 수많은 가지들을 쳐 가고 있었다. 공식 살롱이 있었지만 살롱 심사에서 무자비한 취급을 받은 이들이 재야파 살롱을 열었고, 인상파 화가들은 마음이 맞는 사람들끼리 이런저런 전시회를 열고 있었다. 평론가들도 이런 분위기에 가세했는데, 새로운 잡지들이 출간되자마자 폐간되기를 거듭했다.

파리를 중심으로 한 화단은 새로운 방향을 찾기에 분주했다. 인상주의가 신인상주의로, 후기인상주의로 발전했다고 할 수도 있지만 인상주의자들도 서로 암투하던 모습을 버리지 못했다. 화가들끼리 헐뜯고 깎아 내리려는 분위기는 도를 지나치고 있었다. 타락한 인생이기에 어쩔 수 없는 일이겠지만 자신의 성공을 위해 다른 화가들을 매도하고, 좋지 않은 소문을 퍼뜨리고 다니는 일이 비일비재했다.

화가들의 이런 암투는 사회 분위기와 무관한 일이 아니다. 이미 산업혁명의 여파로 시골이 무너지고, 수많은 노동자들이 대도시로 몰려가면서 산업화로 인한 인간성의 황폐뿐만 아니라 너무나 열악한 노동조건은 각 개인들을 철저한 개인주의로 몰아갈 수밖에 없었다. 빈센트가 파리에 가기 한 해 전에 사망한 빅토르 위고, 이미 명성을 얻고 있던 에밀 졸라, 도데, 모파상은 이런 사회 분위기를 소설로 잘 형상화하고 있었다. 이들은 사회에서 버림받은 수많은 이들을 지속적으로 그려갔다. 빈센트의 인물화에 소설책이 종종 그려지고, '파리의 소설들'이라는 제목으로 수십 권의 소설책으로만 정물화를 그린 것도 우연이 아니다.

빛의 왕국 아를로 내려간 빈센트는 베르나르에게 보낸 편지에서 그림의 역할이 얼마나 지고한지를 점점 더 확신하게 되었다고 토로한다. 고갱과 베르나르를 아를로 초청한 이유가 바로 여기에 있다.

사랑하는 동료 베르나르에게,

그림이 전적인 그 무엇이 되어야 한다는 생각이 점점 더 든다네. 즉 그림은 헬라의 조각, 독일의 음악, 프랑스의 소설들이 도달한 지고의 경지에 이르러야 하는 법이지. 그런 경지는 고립된 개인의 힘으로 이를 수 없다네. 공통의 사상을 표현하기 위해서는 그룹으로 일할 수밖에 없다네. 어떤 사람은 색채의 대가이지만 사상이 부족하다네. 다른 사람은 비극적이게도 슬프거나 매력적인 새로운 개념을 잔뜩 가지고 있지만 고상한 방식으로 표현할 줄을 모른다네. 예술가들 사이에 공통의 정신이 부족하다는 것이 얼마나 애석한 일인가! 그들은 서로 비평하고 핍박하지. 그나마 다행인 것은 서로를 제거하는 데 성공하지 못하는 것이라네.(편지 B6)

; 선택받은 화가들

당시 화가는 미친 사람들이 광기로 뭔가를 그려대거나, 부유한 사람들이 소일거리고 하는 일이라고 생각되었다. 일반인은 그림을 볼 줄 몰랐던 것이다. 팔리는 그림도 거의 없었다. 그래서 빈센트는 화가들이 공동으로 작업해야 한다고 느꼈다. 중세 수도사들처럼 말이다.

빈센트는 화가야말로 하나님께 특별한 사명을 부여받았다고 생각했다. 복음을 전하려다 화가로 전업하게 된 것이 이런 생각을 부추겼을 것이다. 그는 렘브란트 속에 복음이 있고, 복음 속에 렘브란트가 있다는 말까지 한다. 복음을 말로 전할 수 있고, 글로도 그림으로도 전할 수 있다고 본 것이다.

화가가 하나님의 특별한 선택을 받은 사람이라는 생각은 오래 전부터 있었다. 화가를 성인과 같은 존재로 생각하기까지 했다. 화가가 하나님처럼 창조하는 역할을 하기 때문에 하나님이 선택하신 존재라고 생각하기 쉽다. 고갱이 바로 이런 생각을 했다. 그는 하나님께 이르는 유일한 길은 하나님께서 하신 바로 그것, 즉 창조하는 일을 하는 데 있다고 보았다. 하나님처럼 창조하는 일을 하지만 세상 사람들은 알아주지 않는다. 화가는 고독하다. 그리스도처럼 십자가를 지는 삶을 산다. 고갱이 자화상에 십자가를 그려 넣은 것은 우연이 아니다. 자신이야말로 십자가를 지는 존재라고 생각한 것이다.

빈센트는 자신이 그리스도처럼 십자가를 진다는 생각을 하지 않았다. 오히려 그의 생각은 그리스도에게 집중되었다. 그리스도야말로 가장 위대한 예술가라는 생각이다.

예술이 종교와 밀접한 관련이 있음을 부인하기 힘들 것이다. 요즘은 화가야말로 가장 비생산적인 존재로, 잉여인간으로 취급당한다. 대중예술과 고급예술을 나눈 것이 상황을 더 악화시켰다. 예술가는 만물에 내재한 하나님의 형상을 그려 낸다는 의미에서 선택받은 자들이라 할 수 있겠다.

; 중세 수도원

빈센트는 선천적으로 외로움을 잘 탔고, 다른 이들과 같이 있지 않으면 불안해했다. 그럼에도 그의 의지는 수도원 공동체와 같은 화가 공동체를 세우려는 꿈으로 가득 차 있었다. 빈센트는 평론가 오리에가 예외적으로 그를 분에 넘치게 상찬했다는 말을 듣고는 누이 윌에게 다음과 같은 편지를 쓴다.

이 글을 읽었을 때 얼마나 서글픈 생각이 들었던지. 나는 나 자신이 너무나 열등하다고 느끼고 있는데 말이야. 자부심이란 우리를 술꾼처럼 비틀거리게 하지. 자랑하거나 술에 취했을 때 우리는 슬퍼지지. 좋아, 이런 기분을 어떻게 표현할지 모르겠어. 하지만 느낄 수는 있어. 최상의 작품은 집단이 함께 하는 것이어야 한다는 생각이 들어. 박수 받지 않고서 말이야.(편지 W20)

빈센트가 화가 공동체를 세우고자 한 것은 중세 수도원에 대한 막연한 동경에 기인한 바가 컸을 것이다. 수도원이 생겨난 배경을 살펴보자. 로마제국이 기독교를 국교로 삼으면서 기독교는 점차 세속화의 길을 걷게 된다. 이에 교권적인 제도교회를 개혁하려는 일단의 무리들이 신앙생활에 힘쓰고 공동체적인 삶을 살기 위해 수도원을 세운다.

수도원은 점차 중세 문화를 주도해 나가다가 중세가 끝날 때쯤에는 신앙과 학문의 본연의 자세에서 벗어나 급격히 세속화되었다. 대토지 소유자들이 수도원에 재산을 기증하기 시작하면서 수도원은 물질적으로 점차 풍요해졌다. 수도사들이 노동의 의무를 지지 않게 되자 수도승이 되려는 사람들이 급증하는 기현상이 벌어진다. 이들이 빠져나간 공백으로 세속 사회는 더욱 깊은 혼란에 빠져든다.

수도승이 서약해야 할 요소였던 청빈, 순결, 순명이 중세 교회의 어둠을 지켜낸 측면이 있다는 것을 부인할 수 없다. 십자군 전쟁으로 신앙의 순수성이 과도한 정치열과 물질적인 욕망에 매몰되어 가고 있을 때 절대적으로 청빈을 지키며 탁발로 매일의 삶을 연명했던 프란체스코 교단과 도미니칸 교단이 창설되었다. 이 두 교단은 중세의 붕괴를 막아 준 두 버팀목이었다고 할 수 있을 것이다.

도미니칸 교단은 수도사들과 설교사들로 구분하여 도시 대중에게 의도적으로 설교하기 시작했다. 그들은 설교와 모범적 생활을 통해 사회 속에서 새로운 문제에 대한 해결책을 강구하기 시작했다. 노동이 수도원의 중요한 원칙의 하나였던 상황에서 걸식 교단들이 전폭적인 지지를 받은 것은 아니다. 이들 걸식 교단들은 민중들이 보기에 위선의 상징이 되어 갔다. 특히 도미니칸 교단이 종교재판을 통해 이단들을 탄압하는 데 앞장섰다는 것이야말로 얼마나 안타까운 일인지 모르겠다.

; 이판과 사판

빈센트는 아를에 정착한 후 화가 공동체를 세울 요량으로 고갱을 초청한다. 이때 그는 자화상을 그려 고갱에게 보냈는데, 자신의 모습을 부처를 따르는 수도승의 모습으로 그렸다. 빈센트는 고갱을 자기가 세우는 화가 수도원의 대수도원장으로 초청한 것이다. 그는 모든 종교가 수도원과 수도승의 영적 자양분으로 유지된다고 본 것이다.

기독교가 현실에 너무 깊이 빠져들다 보니 중세처럼 수도원이 필요하다는 목소리가 높다. 기도원이 없지 않다. 기도원이 말씀을 깊이 묵상하며 하나님의 음성을 듣는 장소가 되면 얼마나 좋겠는가? 하지만 기도원에 가서 문제를 끝장내고 오겠다는 생각을 하게 될 때가 많지 않은가? 하늘을 향해 목이 터져라 부르짖는 자기주장의 장소가 되기 쉬운 것이다. 게다가 최근 한국에서는 전원교회 붐이 일고 있다. 대자연 속에서 하나님을 깊이 만나고 싶은 열망이라면 얼마나 좋겠는가! 지긋지긋한 도시를 잠시 벗어나고자 하는 '분위기 전환용'이 되는 것은 한 순간이다.

종교 문제를 논할 때 종교 지도자들의 문제를 거론하지 않을 수 없다. 교회도 마찬가지가 아니겠는가? 무엇보다 목사가 문제라고 할 때, 목사의 모습이 어떠해야 할까? 불교에서 이판과 사판이 있다는 것을 생각해 보자. 수도승과 행정승이 나뉘어 있는 모습 말이다. 목사의 역할도 구분해야겠는가? 하기야 한국 교회 같은 경우에는 담임목사 외에는 다 부목사요, 행정목사가 아닌가? 목사는 자신 속에 이판과 사판의 모습, 활동적 삶과 명상적 삶을 동시에 구현하기 위해 몸부림쳐야겠다. 목사라면 누구든지 고독과 활동 사이의 긴장을 잘 유지해야겠다.

목사는 세상과 너무 가까워서도, 심지어 교인들과 너무 가까워서도 안 될 사람이다. 목사는 교인들이 자신과 가깝도록 만들 것이 아니라 하나님과 가깝도록 만들어야 할 것이다. 목사는 하나님과 교인 사이를 가로막으면 안 된다. 목사는 중매쟁이에 불과하다. 목사는 비켜 서 주는 사람이 되어야 한다. 성도들이 하나님께 직접 나아가는 길을 막아서서 이러쿵저러쿵 잔소리를 늘어놓는 사람이 되어선 안 되겠다.

목사는 선생이다. 목사는 성직자가 아니라 종교적 스승이다. 학문의 스승이 아니라 종교적 스승이다. 목사는 그러한 스승으로서 종교적인 깨달음이 있어야 한다. 영적 깨달음은 고독과 고난을 통해서만 길어낼 수 있다. 종교적인 깨달음 없이 종교 교의를 앵무새처럼 외치는 장사꾼이 되는 것, 이것이야말로 현대 종교의 가장 큰 문제가 아닌가?

; 이슬람의 공동체성

사람은 다양한 위기를 만날 수밖에 없기 때문에 고통에 대비하는 것이 무엇보다 필요하다. 그 대비책은 다름 아닌 공동체를 이루는 것이다. 비극이 닥쳤을 때 아무 말 없이 내 곁에 서 줄 수 있는 사랑의 공동체가 있는 것만큼 복된 일이 어디 있을까? 가정이 공동체의 최소단위이다. 국가라는 것도 개인의 비극을 사회적으로 방어하고 대비하는 기능을 한다. 사람은 근본적으로 공동체적일 수밖에 없다. 전 세계가 점차 서구화되고, 개인주의가 판을 칠수록 진정한 공동체에 대한 갈망은 더 커져가고 있지 않은가?

세계에서 가장 가난하다고 하는 인도 같은 경우를 예로 들어 보자. 광범위하면서도 밀접한 가족제도 덕분에 인도인들은 홀로 고통을 겪지 않는다. 한센씨 병 전문가 폴 브랜드Paul Brand, 1914-2003 박사는《고통이라는 선물》에서 자신이 겪은 경험 한 가지를 들려 준다.

척추결핵을 앓고 있는 사람이 치료를 받으러 1,100킬로미터나 되는 거리를 다녔는데, 그때마다 아내가 동행했다. 아내의 종조부의 육촌이 치료받는 병원 근처에 살고 있었기 때문에 이들은 아무 걱정이 없었단다. 그 친척의 가족이 매일 병원으로 따뜻한 음식을 가져왔기 때문이다. 퇴

〈아를의 빈센트 침실〉
아를, 1888년 10월
캔버스에 유채, 72×90cm
암스테르담, 고흐 박물관

* 빈센트가 노란 집에 살게 된 것을 기념하면서 그린 작품이다. 1888년 5월에 세 들어서 여름 내내 이곳에서 작업을 해 왔지만 9월 중순에는 벽을 회반죽으로 칠하고, 가구를 들여놓으면서 숙식도 한다. 빈센트는 자질구레한 장식들로 가득 찬 화실이 아니라 맨바닥에 아주 소박한 소나무 가구 등 최소한으로만 장식했다. 왼쪽으로 보이는 문 맞은편에 빈센트는 고갱의 방을 만들어서 꾸민다. 고갱은 빈센트의 이 침실 그림을 아주 마음에 들어 했다.

〈아를의 빈센트 침실〉
생 레미, 1889년 9월
캔버스에 유채, 56.5×74cm
파리, 오르세 박물관

* 생 레미 요양원에서 아를에서의 행복했던 시간을 추억하며 그린 침실이다. 빈센트는 마음속에 있는 침실을 차분한 분위기로 그렸다. 분위기가 많이 가라앉아 있음을 느낄 수 있다. 발작이 끝나고 난 다음에 다시 갑작스레 공격해올 발작을 대비하기라도 하듯 억제된 감정으로 그렸다.

원해서 요양하게 되자 그 환자는 자연스럽게 자기 아내 종조부의 육촌 형제 집으로 들어갔다. 그 가정에서는 당연히 자기 집에서 제일 좋은 방을 깨끗이 비워 놓았고, 매일 그를 기꺼이 간호했을 뿐만 아니라 모든 숙식을 제공했다. 회복 기간이 수개월이 되어도 비용 따위는 생각지도 않고 말이다.

이슬람의 공격성을 우려하는 목소리가 높다. 무릇 모든 종교에는 극단적인 요소가 있을 수밖에 없다. 기독교에도 극단주의가 존재하지 않는가? 이슬람은 자기들 가운데 있는 극단주의와 폭력성이 어느 종교단체에나 있는 한 현상일 뿐이라고 항변한다. 자신들의 신학은 근본적으로 평화지향적이라고 주장한다. 하지만 이슬람은 발생 초기부터 기독교와 충돌하면서 발전해 왔기 때문에 공격성을 표출해 왔다는 것을 부인하기 힘들다. 무슬림들은 알라를 위해 싸우다가 죽으면 저절로 천국 간다고 믿는다. 많은 유럽 사람들과 미국 사람들은 이 세상에서 어떻게 살았든지 상관없이 죽기만 하면 저절로 천국에 간다고 믿는다.

이슬람과 기독교의 충돌을 종교전쟁이라고 부를 수 있겠는가? 이슬람의 가장 큰 도전은 자녀를 많이 낳아서 숫자로 밀어붙이려는 것에 있지 않다. 이슬람의 가장 큰 힘은 그들의 철저한 공동체성에 있다. 기독교가 개인주의에 매몰되어 있다면 이슬람은 너무나 공동체적이다. 이슬람의 극단성은 그들의 야만성보다 공동체성에서 나온다고 보아야 한다. 자신들의 공동체성을 해치려는 세력을 향해서는 얼마든지 폭력적으로 대항해야 한다고 생각하는 것이다.

암스테르담 북쪽 일대에 터키 사람들이 집단적으로 살고 있다. 이 지

〈자화상〉(고갱에게 헌정)
아를, 1888년 9월
캔버스에 유채, 62×52cm
캠버릿지, 포그 예술박물관

* 아를에 내려가 고갱을 화실에 초청하며 보낸 자화상이다. 그는 성불하는 불교의 수도승처럼 자신을 묘사했다. 그가 원한 성불은 홀로 고독하게 수도하는 것이 아니라 다른 이들과 더불어 가난한 자들을 섬기기 위한 것이었다.

역을 방문해 보면 우리네 옛날 시골 풍경이 그대로 펼쳐져 있는 것을 볼 수 있다. 날씨만 풀리면 동네 아이들이 해질 때까지 시끌벅적하게 논다. 엄마, 아빠들이 저녁 먹으러 오라고 불러야 다들 집으로 돌아간다. 어른들도 다르지 않다. 주말이 되면 동네 회관에 모여서 밤늦게까지 논다. 이런 모습이야말로 너무나 그리운 정경이 아닌가? 사람 사는 것이 왜 이렇게 경쟁적이 되어 가는가? 도대체 무엇을 위해 다른 사람들을 짓밟아 가면서 성공하려는 걸까?

; 종교적인 욕구

교회도 하나의 종교공동체일진대 교인들의 종교적인 욕구를 채워 주어야 하는 것이 당연할 것이다. 하지만 교회는 하나님의 나라를 구현하는 공동체다. 성도들은 개인적으로 부름을 받는다. 하나님께서는 개인적으로 부름 받은 이들을 홀로 놓아두지 않고 교회로 보내신다. 교회가 성도들을 포섭한다. 성도의 영적인 생명은 교회 없이는 제대로 유지되기 힘들다. 성도는 홀로 고독하게 수도하는 사람들이 아니다. "하나님을 아버지로 모신 성도는 교회를 어머니로 모실 수밖에 없다"는 말은 진실이다.

성도는 그 어떤 구별이 없다. 그런데 언제부턴가 교회 내에 성직자와 평신도의 구별이 생기기 시작했다. 물론 직임의 차이가 있다는 것을 인정한다. 교회는 민주주의 사회가 아니니까 말이다. 구약성경의 예를 들면, 이스라엘의 나머지 지파들과 레위 지파의 차이를 생각해 볼 수 있겠다. 그런데 레위 지파의 구별됨은 절대적인 것이 아니다. 레위 지파는 이스라엘이 세상으로부터 얼마나 구별된 민족인지를 더욱 선명하게 상기시키는 존재일 따름이다.

중세 교회가 성직자와 평신도로 위계질서화시킨 것을 기독교회가 완전히 개혁했다고 볼 수 있는가? 중세 시대처럼 교회와 목사가 하나님의 구원과 은혜를 중보한다고 생각하는 교인들이 어디에 있겠는가? 놀라운 사실은 아직까지도 목사의 기도가 그 무엇보다 효능이 있다고 생각한다는 것이다. 개업한다든지, 심지어 시험을 칠 때도 목사의 기도를 받아야 마음이 놓이지 않는가? 하나님의 인도를 구하는 경우에도 마찬가지다. 개인적으로 하나님 앞에서 간절히 기도하면서 결정해야 할 일을 목사에게 결정해 달라고 하지 않는가?

교회의 공동체성이 무너지고 있다. 대형교회의 급속한 성장도 바로 이런 개인주의의 발흥과 무관하지 않다. 현대인들은 근본적으로 다른 이들과 부대끼는 것을 싫어한다. 자신의 필요를 충족해 주는 다양한 프로그램이 있기만 하면 어디든 갈 수 있다. 유명한 설교자들을 찾아서 교회를 옮겨 다니는 것도 크게 이상한 일이 아니다. 주일에 한 번 예배드리는 것으로 만족하는 신앙인들이 늘어가고 있다는 사실 앞에서 우리가 할 수 있는 일이 무엇일까? 성경에서 성도들의 성화는 교회를 떠나서, 다른 성도들과의 관계를 떠나서 이루어질 수 없다고 못 박고 있는데 말이다.

; 교회가 병원인가?

교회가 이 땅에서 이상적인 공동체가 될 수 있을까? 이상적인 공동체는 오직 하늘나라에서 이루어질 것이다. 그렇다면 이 땅에 존재하는 교회는 어떤 공동체가 되어야 할까? 치유하는 공동체가 되어야 할 것이다.

교회가 언제까지 병원 역할만 할 것이냐는 비난이 들려온다. 기독청년들의 야성을 회복하자는 목소리도 높다. 교회에서 상처받았다는 말을 수없이 들을 수 있기에 그런 소리에 질릴 만도 한다. 하지만 교회는 주어진 목표를 달성하기 위해 앞뒤 돌아보지도 않고 무조건 믿음으로 밀어붙이는 공동체가 되기보다 먼저 치유하는 공동체가 되어야 할 것이다. 어떤 목표를 정해놓고 그것을 위해 치달리는 교회 속에 얼마나 많은 보이지 않는 상처들이 늘어가고 있는지 모른다. 그 상처를 드러내면 믿음 없다는 말을 듣겠기에 드러내지 않지만, 언젠가 그것이 드러날 때는 더 이상 치유할 길이 없을 것이다.

교회가 치유하는 공동체가 되기 위해서는 자신의 능력을 의지하지 말아야 한다. 현대 교회는 예외 없이 성장병에 걸려 있다. 은사와 치유에 대해 말하고, 성령의 능력에 대해 말하지만 결국 성장에 목을 매고 있는 상황이다. 현대 사회는 규모가 규모를 낳게 되어 있다. 힘은 규모에서 나온다. 규모의 경제학이라는 말까지 있지 않은가? 대형 교회가 문제라는 말을 하면 안 될 것이다. 문제는 소형 교회들이 어떤 대형 교회보다 더 거대함을 추구하고 있다는 것이다. 뱁새가 황새 따라가느라고 가랑이 찢어지는 줄 모르고 말이다.

은사와 치유를 유독 강조하는 교회들이 있다는 것만 해도 그렇다. 교회는 원래부터 은사적인 공동체였다. 하나님의 은혜가 구체적인 모습으로 나타난 것이 은사다. 그렇다면 성도들은 오직 하나님께서 주신 은사로 섬겨야 하고, 하나님께서 주신 은사로 일해야 한다. 은사가 공적으로 인정된 것이 직분이다. 한국 교회에서 직분자와 은사자가 대립하는 상황이야말로 하나님께서 참으로 슬퍼하실 일이다.

교회간의 경쟁이 위험수위에 이르렀다. 이제 한국 교회는 공교회성을 회복하는 일에 무엇보다 관심을 기울여야겠다. 한국 교회의 개교회주의가 지금까지의 전무후무한 교회 성장을 견인했다면, 이제 그 개교회주의가 교회의 발목을 꽉 잡고 늘어지고 있다. 한국 교회가 세계의 어떤 교회가 갖고 있지 않은 독특한 열심에 대해 은근히 자랑해 온 것이 사실이다. 그런데 그 열심 중에는 사도적인 신앙고백에서 일탈한 잘못된 열심도 있었다. 지구상의 어떤 교회든지 하나님께서 구약시대부터 세우신 그 교회, 그리스도께서 세우신 그 교회인 사도적인 교회에 속하지 않고서는 이단이 되고, 섹트화 될 수밖에 없다. 다른 교회와 달라지려는 몸부림이야말로 가장 교회답지 않은 몸짓이다. 우리 교회는 다른 교회와 결코 다르지 않다는 것이 우리의 자랑이 되어야 할 것이다.

누님! 누님이 홀로 괴로워할 때, 죽는 것이 차라리 낫겠다고 생각할 때 누가 누님을 든든하게 지원해 주었나요? 교회와 성도들이 누님 곁에 있었다는 것이 얼마나 위로가 되었던가요? 성도들이 곁에 있으면 더 불편하지 않던가요? 속마음을 드러내기보다는 숨겨야 했으니까요. 어떤 때는 온갖 불평과 원망을 쏟아내는 것이 더 빨리 회복될 수 있는 길임에도 내색 한번 하지 못하셨지요? 교회 분들께 너무 잘 참는다는 인상을 주기 위해서라도 그럴 수밖에 없었을 것입니다. 성도들에게 상처주지 않기 위해 정작 누님은 상처를 숨길 수밖에 없으셨지요? 교회가 부담스럽고, 성도들이 부담스러울 때 어떻게 해야 합니까? 참으로 곤혹스럽습니다. 혼자서는 절대 가지 말아야 할 길이 있고, 혼자서는 절대 하지 말아야 할 일이 있다고 하지만 홀로 있도록 놓아두지 않는 것이야말로 가장 힘들지 않습니까?

교회가 어떻게 하면 참 공동체가 될 수 있을지 생각해 봅니다. 열심 없는 것을 탓하는 이들이 많지요. 성도라고 하면서 교회에 아무런 관심이 없는 이들이 많으니까요. 하지만 방향을 잘못 잡고 있는 상황에서는 열심히 하면 할수록 더 엉뚱한 방향으로 가게 된다는 것을 모릅니다. 이런 경우에는 열심이 도리어 문제가 되지요. 누님께 솔직히 말씀드리지만 저는 목사로서 교인들로 하여금 충성 경쟁을 부추기고 싶은 마음이 문득 문득 듭니다. 목사라면 교회를 성장시켜야 한다는 강박관념에서 헤어나오기 힘듭니다. 주위에 경쟁할 만한 한인교회가 없는데도 이런 유혹을 받는데 한국 교회들은 어떻겠습니까? 교회가 다방보다 많다고 하니 교회도 이제는 성장은커녕 살아남기 위해 심리학과 마케팅 기법을 도입하지 않을 수 없는 실정입니다. 이 모든 것은 그리스도의 몸이 된다는 것의 의미를 깊이 묵상하지 않고서는 결코 해결될 수 없는 문제입니다.

누님의 문제는 하나님도 해결하실 수 없습니다. 오해 말고 들으시기 바랍니다. 더 이상 하나님께 '왜?'라고 묻지 마십시오. 하나님께서는 아무런 답을 하지 않으실 것입니다. 누님께 정말 필요한 것은 편하게 속마음을 다 털어놓을 수 있는 공동체입니다. 부족하지만 누님의 고통을 같이 나눌 수 있는 위로자가 필요합니다. 그 사람 앞에서는 아무런 외식을 할 필요가 없는, 그런 지원자가 필요합니다. 그런 사람이 이 세상에 어디에 있겠냐고 하시겠지요. 누님이 만드셔야 합니다. 누님이 조금씩 마음을 열기 시작하면 비판 없이 그냥 들어주는 사람이 생길 것입니다. 자신도 그렇게 하고 싶은데 두려워서 그렇게 하지 못했던 사람이 있을 테니까요. 어느 누가 물길을 터 주어야 하는 법이지요.

하나님께서는 사람을 통해 일하십니다. 교회를 통해 일하십니다. 누님 홀로 고독하게 수도하면서 해결하려 하지 마십시오. 교회를 부담스럽게 생각하지 마시고 교회를 가장 든든한 지원공동체로 삼으십시오. 교회야말로 하나님이 가장 낮아지신 모습이라고 생각하면 불편한 그 교회야말로 누님과 저의 희망이라는 생각입니다. 누님의 불편에 위로를 전합니다.

빈센트의 의자,
여기에 앉으세요

〈담뱃대가 놓인 빈센트의 의자〉
아를, 1888년 12월
캔버스에 유채, 93×73.5cm
런던, 국립박물관

근대 회화 가운데 가장 많이 복제된 작품이 바로 이 빈센트의 의자라고 한다. 아주 거칠게 그려진 빈센트의 의자가 왜 그렇게 사람들의 마음을 강하게 끄는 걸까? 빈센트의 의자는 고갱의 의자와 나란히 놓고 보아야 한다. 빈센트와 고갱의 비어 있는 의자는 두 사람의 상징적인 초상이라 할 수 있다. 배경으로 하고 있는 낮과 밤이며, 빈 의자 위에 놓여 있는 담뱃대와 쌈지 그리고 소설책과 촛대가 두 사람의 서로 다른 개성을 분명하게 나타내고 있다. 너무나 다른 두 사람의 역학관계를 잘 보여 주는 것이다.

이 모든 상징 중에 의자가 비어 있다는 것 자체가 가장 큰 상징이다. 의자가 왜 비어 있을까? 빈센트가 어릴 때부터 배운 칼빈주의 전통에 의하면 하나님은 형상화할 수 없었다. 신교도들은 그리스도를 그릴 수 없었기 때문에 비어 있는 보좌만 그린 것이다. 비어 있는 보좌는 그리스도의 능력을 의미할 뿐만 아니라 심판을 상징했다. 칼빈주의자들에게 비어 있는 보좌는 경외를 불러일으켰다. 과연 빈 의자가 불러일으키는 경외는 어떤 것일까?

; 빈센트의 의자

빈센트는 자신의 의자를 단순하면서도 왠지 모르게 불편한 모습으로 그리고 있다. 밋밋한 버드나무 의자인 데다가 팔걸이마저 없다. 앉는 부분에는 자신이 그렇게 애호하던 담배 파이프와 담배쌈지가 초라하게 놓여 있다.

불편하게 보이는 빈센트의 의자가 현대인들에게 주는 의미가 크다는 생각이다. 골상학과 인체해부학에 근거한 현대 첨단기술이 가면 갈수록 더욱 편한 의자를 만들어 내고 있다. 우리는 “침대는 가구가 아닙니다. 과학입니다”라는 광고 카피에 현혹된 세대다. 의자와 소파와 침대가 현대인의 삶을 바꾸어 놓았다. 의자 덕분에 이제 현대인들은 바닥에 주저앉기를 주저하고 있다. 땅에서, 바닥에서 점점 멀어지게 되는 것이다. 네덜란드에 와서 흥미롭게 지켜보고 있는 것 중의 하나는 사람들이 맨발로 쉽게 나다니기도 하고, 아이들은 어디에나 퍼질러 앉아서 노는 것을 즐거워 한다는 사실이다.

우리에게는 앉을 의자도 필요하지만 퍼질러 앉을 마당도 필요하다. 맨땅에 앉기가 거북하다면 멍석이라도 펴 놓아야겠다. 신학생 시절, 신학기를 맞아 기도원에서 열린 부흥사경회에 참석한 기억이 난다. 예배를 마치고 각자 산기도를 하러 나갔다. 땅바닥에 주저앉아 고개를 땅에 처박고 기도하는데 어느 순간 땅과 내가 다르지 않다는 생각이 들었다. 나 자신도 흙으로 지음 받은 존재가 아닌가. 그 자리에서 평생 기도만 하고 살았으면 좋겠다는 생각을 했다. 온 세상이 하나라는 놀라운 인식을 하게 된 것이다.

빈센트의 빈 의자는 존재에 대한 깊은 성찰을 담고 있다. 빈센트는 어릴 때부터 빈 의자를 통해 죽음에 관해 예민하게 느꼈다. 빈 의자는 그에게 피할 수 없는 죽음, 어디든 있는 죽음을 연상시켰다. 특히 담배 파이프는 자신을 아버지와 연결해 주는 매개체라 할 수 있다. 그는 어릴 때부터 아버지가 잠시 비운 목사관 서재에 올라가서 비어 있는 의자를 바라보며 종종 불행함을 느꼈다고 한다. 아버지가 돌아와 그 자리에 앉을 것임에도 말이다. 현대 기술이 제공하는 안락함은 우리에게 죽음을 잊게 한다. 이런 상황에서 빈 의자가 죽음의 상징이라고 하면 다들 우습게 생각할 것이다.

빈센트는 동생 떼오에게 보내는 편지에서 소설가 찰스 디킨스Charles John Huffam Dickens, 1812-1870의 비어 있는 의자를 그린 삽화에 대해 언급한다. "비어 있는 의자, 수많은 비어 있는 의자들이 있단다. 그 수는 계속 늘어갈 거야. 곧 비어 있는 의자를 제외하고는 아무 것도 남지 않겠지." 실제로 빈센트는 1885년 부친이 작고하고 난 뒤 부친의 담뱃대를 정물화로 그린다. 언젠가 떠날 수밖에 없는 나의 자리에 무엇이 남겨지기를 원하는가? 내가 떠나고 난 자리에는 무엇이 남을까? 떠날 때를 생각하지 않는 인생은 제대로 살아갈 수가 없을 것이다. 용서는 짓밟힌 제비꽃이 구둣발에 남기는 향기라는 말이 있다. 나는 무엇을 남기고 있는가? 사람이 지나가고 난 다음에는 반드시 뭔가가 남는다. 사람이 지나고 난 자리만큼 많은 것을 남기는 자리가 없다. 사람이 있을 때는 잘 모른다. 사람의 됨됨이는 떠난 뒤에 비로소 드러난다.

; 고갱의 의자

고갱의 의자는 빈센트의 의자와 사뭇 대조적이다. 고갱의 의자 배경 벽을 녹색으로 처리한 것을 보면 빈센트는 고갱이 복잡하고 열정이 강한 인물임을 은근히 드러낸다. 게다가 가스등 조명을 받은 채 놓여 있는 고갱의 의자는 그의 꿈꾸는 것 같은 성격을 잘 드러낸다. 고갱은 실재의 드러난 외피가 아니라 꿈의 이미지를 그려야 한다고 늘 주장했으니까 말이다.

빈센트는 고갱이 열대지방으로 가서 화실을 꾸밀 계획이라는 것을 알면서 마음에 크게 상처를 받았다. 빈센트는 고갱이 떠나기 며칠 전부터 고갱의 의자를 그려 나갔다. 이것이야말로 그가 고갱과 계속 대화하고자 열망했다는 것을 잘 보여준다.

빈센트는 동생 떼오에게 보낸 편지에서 다음과 같이 말했다.

어쨌든 나는 최근의 두 화폭이 가장 뛰어나다고 할 수 있겠다. 나무로 만든 의자, 특히 노란 버드나무로 만든 의자가 붉은 타일(낮의 빛을 받아서) 바닥 위에 벽을 마주보고 서 있지. 그런데 붉고 푸른 고갱의 팔걸이의자는 저녁을 배경으로 하고 있단다. 벽과 바닥도 비슷하게 붉고 푸르며, 의자 위에는 두 권의 소설과 촛대가 놓여 있단다. 캔버스를 아주 두껍게 칠했지.(편지 563)

빈센트는 자기를 과대평가한 평론가 오리에에게 편지를 쓰면서 칭찬받을 대가는 자신이 아니라 고갱이라고 말하며 고갱의 의자를 언급한다.

헤어지기 며칠 전, 내가 병 때문에 입원해야 했을 때 나는 그의 '빈 의자'를 그리려고 했습니다. 그것은 그가 쓰던 어두운 적갈색 나무 안락의자로, 초록빛이 도는 짚으로 짠 방석이 붙은 것인데, 그의 자리에는 불 밝힌 촛불과 현대소설 몇 권이 남아 있었습니다. 기회가 닿는 대로 이 습작을 좀 더 주시해 보았으면 합니다. 초록과 빨강의 거친 색조로만 그린 것입니다. (편지 626a)

고갱의 의자 위에 촛대가 있다는 것이 이상하게 보이는가? 그리고 그 바로 옆에 두 권의 소설책을 배치한 것도 말이다. 빈센트는 고갱이 자신과 너무나 다르다는 것을 인식했음에도 그와 더불어 가난한 사람들에게 하나님의 사랑을 증거하고 싶었다. 빈센트는 당시의 산업화된 사회가 인간

고갱, 〈빈센트에게 헌정한 자화상〉(레미제라블)
퐁타방, 1888년
캔버스에 유채, 45×55cm
암스테르담, 고흐 박물관

* 고갱은 빈센트에게 헌정한 자화상의 배경으로 꽃들을 수놓았고, 자신이 가르쳤다고 자부하는 베르나르를 그려 넣었다. 오른쪽 아래로는 '레미제라블'이라는 글자를 적어 넣어 자신이 사회로부터 인정받지 못하는 영웅임을 암시하고 있다. 고갱은 자신의 재능을 알아주지 못하는 사회를 향해 늘 분노했다. 고갱은 늘 성이 나 있었고, 이에 반해 빈센트는 늘 슬퍼했다.

을 얼마나 비인간화하는지 절감했다. 그런 세상을 향해 화가들이 동지애로 뭉쳐서 하나님의 사랑의 빛을 한 줄기라도 비추기를 원했다. 빈센트에게는 고갱이 아버지와 같았고, 자신의 수도원장과 같았다.

빈센트는 자신을 낭만적이라고 평가한 고갱을 향해 끊임없이 대화를 시도한다. 결국 두 사람은 심하게 말다툼한 뒤 헤어지고 만다. 빈센트는 고갱과 헤어진 것을 자신의 삶에서 결정적인 패배로 인식한다. 자신의 아틀리에를 통해 수도원을 만들려 했던 것이, 고갱과 더불어 수도승의 길을 가고자 했던 것이 실패로 끝나 버렸기 때문이다. 처음부터 빈센트는 실패할 수밖에 없는 길을 가고자 했던 걸까?

; 상징과 상상

빈센트는 고갱과 끊임없이 대화하려고 했다. 수도승들이 하나님을 찾고 추구하듯이 자신의 화실이 화가들의 공동체가 되어 그림을 통해 하나님을 찾고 추구하는 장이 되기를 바랐다. 수도승들은 침묵 속에 하나님을 찾기만 하면 되었지만 빈센트의 화실은 그렇지 않았다. 빈센트는 고갱과 끊임없이 대화하면서 자신의 공동체를 세우고자 했다.

두 의자를 그리고 있다고 편지하면서 빈센트는 고갱이 자신이 그린 해바라기를 놀라운 작품이라고 칭찬하고 있다는 것을 언급한다. 또한 자신이 고갱을 얼마나 존경하고 있는지도 언급한다. 빈센트는 고갱과의 대화를 통해 자신의 관점을 바꾸어서 기억에 의존하여 그림 그리기를 시작했다고도 밝힌다.

서로에게 거는 기대가 너무 커서인지 빈센트와 고갱의 대화는 종종 아

〈고갱의 팔걸이 의자〉
아를, 1888년 12월
캔버스에 유채, 90.5×72.5cm
암스테르담, 고흐 박물관

무런 결론을 내리지 못하고 심하게 다투면서 끝나는 경우가 많았다. 심지어 밤늦도록 대화하고 난 뒤에는 더 이상 다른 작업을 하지 못할 정도가 되기까지 했다.

고갱과 빈센트는 사사건건 부딪쳤다. 그만큼 예술관이 달랐고, 인생관이 달랐기 때문이다. 고갱에게는 성공에 대한 조바심이 너무나 컸다. 이미 가정을 이루고 있었기에 아내와 자녀들을 위해서라도 하루 빨리 성공해야 했던 것이다. 고갱은 지금의 풍요를 생각했고, 현재적 유토피아를 바랬다. 고갱의 조바심은 어느 한 곳에 오래 머물 수 없었다. 성공을 위해 끝없이 옮겨 다녔다.

고갱이 빈센트에게 온 이유도 함께 지내기 위해서가 아니라 잠시 스쳐 지나가는 정거장쯤으로 생각해서였다. 열대로 떠날 여유와 돈을 마련하기 위해서였다. 빈센트의 동생 떼오가 그의 그림을 팔아주겠으니 빈센트와 같이 머물러 달라고 요청했기에 마지못해 아를로 간 것이다. 그는 자기 목적을 위해 잠시 빈센트에게 온 것뿐이었다. 그렇게 소통하기를 열망했건만 고갱이 떠나는 바람에 빈센트는 무너져 버리고 말았다.

빈센트와 고갱이 그림을 통해 표현하고자 했던 것은 너무나 달랐다. 빈센트는 실재를 묘사하면서도 그 실재를 사진 찍듯이 그리는 것이 아니라 상징적으로 그렸다. 그는 "실재는 동시에 상징적이다"라는 표현을 줄곧 사용한다.

고갱은 당시 상징주의 작가들이 상상에 의존하여 비실재적인 세계를 창조한 것에 반해서 실재 세계를 환상의 세계인 양 그렸다. 즉 그에게 예술은 궁극적으로 추상적인 것이었다. 그는 빈센트에게 본 그대로 그리지 말고 기억과 상상에 의존해서 그리라고 다그쳤다. 빈센트가 실재의 상징성에 주목했다면, 고갱은 실재의 추상성에 주목한 것이다.

; 기다리며 대화하기

대화를 하면 할수록 끝없이 평행선을 달리는 경우 어떻게 해야 하겠는가? 아무리 대화를 해도 편견이 치유되지 못하고 도리어 선입관이 강화되는 경우가 많지 않은가? 대화를 하는 것이 아니라 벽에 대고 소리 지르는 것 같은 느낌을 받을 때도 있다. 과연 진정한 대화는 어떤 것일까? '끝장토론'이라는 말이 등장했다. 대부분의 토론은 시간을 정해놓고 어떤 주제를 가지고 형식적으로 대화하는 경우가 대부분이기에 끝장이 날 때까지 토론해 보자는 것이다.

대화하면 할수록 오해가 가중된다면 어떻게 해야겠는가? 기다릴 수밖에 없다. 침묵이 더 많은 말을 한다. 묵비권 행사야말로 더 강한 주장이요, 더 잔인한 주장일 수 있다. 하지만 침묵하며 때를 기다리는 것이야말로 오해를 푸는 단초가 될 수 있다.

빈센트는 자해하기 바로 전날 동생 떼오에게 편지하기를, 고갱이 어떤 결정을 할 것인지 조용히 기다리겠다고 말한다.

고갱이 아를이라는 좋은 도시에 대해, 우리가 작업하는 작은 노란 집에 대해 특별히 내게 기분이 언짢은 것 같구나. 사실 나와 마찬가지로 그도 해결할 수 없는 심각한 문제에 부딪혔단다. 이 모든 어려움은 외부에 있는 것이 아니라 우리 자신들 안에 있지. 그가 확실히 떠나든지, 확실히 남든지 할 것이야. 결정하기 전에 깊이 생각해 보고, 이 모든 것에 대해

찬찬히 따져 보라고 그에게 말했단다. 고갱은 대단히 강력하고 창의적이지만 바로 그것 때문에 평화가 무엇보다 필요하단다. 여기서 그 평화를 발견하지 못한다면 어디서 그것을 찾을 수 있을까?(편지 565)

소통이 점점 중요한 시대가 되어가고 있다. 매일 인터넷에 접속하지만, 접속의 빈도가 늘어갈수록 소통보다는 불통이 더 많아진다. 쌍방향 소통의 장인 인터넷에서 오히려 일방적인 목소리만이 흘러넘친다. 이른바 도배하는 모습 말이다. 자신의 의견을 도배하듯이 모든 사이트에 퍼뜨리는 모습을 보면 기가 질린다. 무릇 소통의 기술을 배워야 하는 시대다. 아무리 똑똑한 사람도 소통 잘하는 사람을 이길 수 없다.

좋은 대화는 서로의 차이를 분명하게 인식하는 것이다. 이렇게 서로의 차이가 분명하게 드러났다면 더 이상 자기주장만을 고집할 수 없지 않겠는가? 타협해야 하지 않겠는가? 하나님을 믿기 때문에 절대 타협할 수 없다고 하는 이들이 많다. 하나님께서는 창조 이래로 이 세상 역사에 계속 적응(Accommodatio Dei)해 오셨다. 구약의 하나님이 신약의 하나님과 너무나 달라 보이는 것은 하나님께서 역사 속에 적응해 오셨기 때문이다. 구약의 하나님은 우리에게 걸림돌이 아니다. 하나님이야말로 공중에서 한 순간에 떨어진 분이 아니라 면면이 이어져 오는 역사 속에서 일해 오신 분이다. 하나님께서 계속 세상에 적응해 가고 계시는데 우리는 왜 무시간적인 진리만 앵무새처럼 반복하는 것일까?

선교에서도 대화의 중요성이 논의되고 있다. 일방적으로 선교하려고만 하지 말고 타종교인들과 대화하면서 서로 배워야 한다는 주장이다. 그런데 과연 우리는 진실한 대화를 할 수 있는가? 내가 진실하듯이 상대방도

고갱, 〈해바라기를 그리는 빈센트〉
아를, 1888년 12월
캔버스의 유채, 73×92cm
암스테르담, 고흐 박물관

* 고갱은 아를에 가서 빈센트가 그린 〈해바라기〉를 보고 내심 놀란다. 그러면서도 빈센트를 지도해 보겠다는 일념으로 해바라기를 그리고 있는 빈센트를 상상으로 재현했다. 빈센트의 얼굴과 눈이 일그러져 있는 것을 볼 수 있고, 왠지 모르게 멍하고 아둔해 보인다. 빈센트에 대한 경쟁심이 은연중 노출되어 있는 것이다. 고갱은 눈앞에 보이는 사실에 대해서는 눈감고 생각과 상상에 의존해서 그림을 그려야 한다고 줄곧 강변했다.

진실하리라고 믿는 것이 대화의 기본일 것이다. 상호신뢰 없이 대화란 이루어질 수 없는 법이다. 그런데 선교하는 사람이 타종교인과 정직하게 대화할 수 있는 것일까? 상대방이 변화되기를 바라는 것처럼 나도 변화될 수 있다는, 심지어 대화를 통해 내 믿음을 포기할 수도 있다는 열린 마음이 아니라면 거짓된 대화에 불과한 것일까? 과연 열린 대화란 어떤 것일까? 기독교인의 대화는 어떤 방식의 대화여야 할까?

; 우정

빈센트가 그린 두 의자는 자신과 고갱의 우정을 상징한다. 두 의자를 그리고 있다고 떼오에게 언급한 바로 그 편지에서 자신이 고갱과 친구로 남아 있기를 간절히 소원한다고 적었기 때문이다. 빈센트는 고갱이 열대 지방에 가서 작업실을 만들려는 계획이 성공한 뒤에도 그와 친구로 남아 있기를 바란다고 했다. 빈센트는 또 한 번 믿고 의지하던 사람을 떠나보낸다.

비어 있는 두 의자는 우리를 우정으로 초대하는 자리다. 빈센트가 고갱과의 관계에 너무 집착하여 고갱이 질려서 떠났다고도 볼 수 있다. 그런 측면이 있다. 빈센트는 결코 대중적이지 못했고 특정한 사람에게 집착하는 경향이 강했지만 자신의 아틀리에에 누구든지 초대하고 싶었다. 누구든지 오라고, 와서 공동체를 이루자고 초청했다. 마음을 나눌 수 있는 친구 한 사람이라도 얻으면 성공한 인생이라고 한다. 하지만 우리는 그때그때의 만남을 소중하게 가꾸어 가야겠다.

우정이라는 것이 패거리 집단을 이루는 것은 한 순간이다. 진정한 우정은 서로를 향해 열려 있어야 하고 동시에 외부를 향해서도 열려 있어야 한다. 타인에게 지나치게 관심을 보이고 끝없이 도와주려고 하는 것이야말로 건강하지 못하다는 증표다. 지나친 집착이야말로 지나친 의존에 다를 바 아니기 때문이다. 자신과 그 사람 사이에 다른 사람이 끼어들면 불같이 화를 내는 것이 그 방증이다. 자기와 특정인 사이에 누구도 개입하는 것을 싫어하는 것이야말로 폐쇄회로에 갇힌 꼴이다.

중국에서는 가장 아름다운 친구로 종종 백이와 숙제를 언급한다. 믿는 이들은 다윗과 요나단의 관계를 금방 떠올릴 것이다. 하지만 이들은 전형적인 친구 관계가 아니다. 요나단은 아버지 사울 왕의 아들로 차기 왕권을 이을 왕자였고, 다윗은 그의 왕위를 위태롭게 할 수 있는 인물이었다. 그런데도 요나단은 부친 사울처럼 하나님께서 다윗을 기름 부어 세우셨다는 것을 인정했다. 그렇다면 요나단의 우정은 하나님께서 세우신 직분자에 대한 인정임을 알 수 있다. 이렇듯 기독교인의 우정은 뜻이 맞는 사람들끼리의 의기투합이 아니라 하나님께서 세우신 그리스도를 중심으로 서로를 겸손히 섬기는 것임을 알 수 있다.

여러분에게는 빈 의자가 있는가? 누구든지 와서 앉으라고 할 수 있는 빈 의자가 있는가? 여러분의 빈 의자에 누구를 초대하겠는가? 과연 여러분은 누구에게 말을 걸고 있는가? 끊임없이 독백만 되풀이하는 우리에게 진정으로 말을 걸어오신 분이 계신다. 자신을 비워 이 땅으로 내려오셔서 우리를 영광의 자리로 초대하시는 분이 계신다. 자신의 자리를 비우려고 애쓰기 전에 자신을 온전히 비우신 그분의 초대에 응하는 것이 먼저일 것이다.

누님! 이번 주에는 빈 의자가 주는 상징적인 의미에 관해 생각해 보았습니다. 누님께도 빈 의자가 있지요? 그 빈 의자가 주는 비어 있음이 참으로 고통스러웠지요? 마땅히 앉아 있어야 할 이가 그 자리에 없으니 얼마나 비통한 일입니까? 그 의자를 붙들고 얼마나 울부짖었습니까? 지금까지도 그 의자 주위를 짐승처럼 서성거리고 있지는 않으신지요? 비어 있는 의자만큼 많은 기억을 떠올리게 하는 것도 많지 않을 것입니다. 도무지 참지 못해서 그 의자를 어디로 치워 버리셨습니까? 도대체 왜 비게 된 것입니까? 하나님께서 왜 비우셨습니까? 하나님은 우리가 풍성하게 채워진 가운데 만족해하는 것을 보기 싫어하는 분일까요? 하나님께서 자신의 빈 부분을 채우기 위해 우리 것을 빼앗아 가셨을 거라고 생각하는 게 차라리 속 편하겠습니다.

비어 있는 의자를 치우더라도 누님의 빈 마음이 치료되지는 않을 것입니다. 정작 빈 의자는 누님의 마음속에 들어 있을 것이니 말입니다. 아무리 지우려 해도 지워지지 않지요? 빈 의자가 보여 주는 우리 존재의 사라짐에 대해 인정할 수밖에 없음에도 누님의 빈 의자는 결코 치울 수 없을 것입니다. 주위에서 누님을 배려한다며 사랑하는 이를 연상시키는 모든 것을 최대한 없앴다 한들 누님의 빈 의자만큼은 결코 치울 수 없을 것입니다. 그렇다면 이제 그 비어 있는 의자와 대화하는 수밖에 없겠네요. 그 비어 있는 의자는 다른 사람이 아닌 누님 자신을 대화로 초대하는 의자입니다. 비어 있는 의자가 들려주는 소리에 귀 기울여 보십시오. 비어 있음은 없는 것이 아니라 있음의 부재를 말합니다. 제가 괜히 말장난하는 것처럼 느껴지실지 모르겠습니다. 슬슬 짜증이 날지 모르겠습니다. 누님의 고통을 가지고 장난치려는 것이 아닙니다. 지금이야말로 누님은 비어 있음이 한없이 가벼운 우리의 존재 자체에 대해 말하고 있음을 들을 수 있습니다. 그 소리는 아무에게나 들리는 소리가 아닙니다.

그 소리를 듣고 나면 누님은 빈 자리들이 새롭게 보이기 시작할 것입니다. 비어 있는 의자를 예로 들면 되겠지요. 사람들은 누구나 빈 자리에 얼른 앉으려고 하지요. 다른 사람이 앉기 전에 말입니다. 사람은 모름지기 비어 있는 것을 보지 못합니다. 한시라도 빨리 그 자리를 채워야 한다고 생각합니다. 사람들은 자리가 얼마나 찼느냐로 모든 것을 판단하지요. 비어 있음은 늘 결핍을 상징하니까요. 하지만 이제부터 누님은 그 비어 있는 자리를 쉽게 채우려 하지 않을 것입니다. 비워 놓은 자리는 쓸모없는 자리가 아니라 그 어떤 채워져 있는 자리보다 더 많은 것을 채울 수 있는 가능성이라는 것을 알게 되었으니까요. 무릇 비어 있는 자리는 우리 인생의 주인이 누구인지를 보여 줍니다. 비어 있는 자리를 갖게 된 것이 누님께는 얼마나 큰 복인지 모릅니다. 누님의 빈 자리가 많은 이들을 초대하고 있습니다. 저도 그 자리에 초대받았지요. 누님의 비어 있음이 얼마나 많은 이들에게 복이 되는지 정작 누님 자신은 모를 것입니다. 고개 숙여 감사드립니다.

별이 빛나는 밤,
하나님과의 신비한 합일

〈별이 빛나는 밤〉
생 레미, 1889년 6월
캔버스에 유채, 73.7×92.1cm
뉴욕, 현대미술 박물관

빈센트의 〈별이 빛나는 밤〉을 모르는 사람은 많지 않을 것이다. 빈센트의 그림 중에 가장 잘 알려진 그림의 하나다. 미국의 팝송 가수 돈 맥클린Donald Richard Mclean이 부른 '빈센트'란 노래로 이 작품은 더욱 유명해졌다. 'starry starry night……' 하며 시작하는, 너무도 서정적인 가사의 노래 말이다.

빈센트는 생 레미 요양원에서 내려다본 마을 풍경을 실재가 아닌 상상의 모습으로 그렸다. 실재에 그토록 집착했던 그에게 다소 의외라 할 수도 있겠다. 그림 왼쪽으로는 사이프러스가 하늘을 찌를 듯이 서 있고, 오른쪽으로는 올리브 과수원이 마을 뒤로 펼쳐진다. 마을 중간에 서 있는, 하늘에 닿아 있는 첨탑의 교회는 남부 프랑스의 풍경이라기보다는 북부, 즉 네덜란드의 모습임이 분명하다. 화면의 2/3 이상을 차지하는, 밤 하늘의 별들이 일렁이고 소용돌이치는 모습은 정신이 온전치 못한 상태에서 이 그림을 그렸을 것이라는 인상을 주는 게 사실이다.

이 그림만큼 많은 사람들이 분석한 그림도 그리 많지 않을 것이다. 별이 바닷물결처럼 소용돌이치는 모습은 신비함을 자아내기에 충분하기 때문이다. 근대 과학을 찬양하고 기독교를 버렸다는 해석부터 우주적인 존재, 즉 외계인과의 접촉을 시도하는 작품이라는 황당한 해석까지 있다. 아이러니하게도 이 그림을 통해 사람들은 자기들이 하고 싶은 이야기를 마음대로 할 수 있게 되어 버렸다. 우리는 이 그림이야말로 빈센트 자신의 영적인 순례가 절정으로 치닫고 있음을 보여 준다고 생각한다. 과연 일렁이는 밤하늘의 별들은 독일 철학자 칸트가 말했듯이 그에게 경외의 대상으로 다가온 것일까? 그는 마침내 자연종교를 향해 달려간 것일까?

; 찬란한 대낮에 발생한 죽음

빛의 왕국 아를로 내려간 빈센트는 낮의 풍경에 몰두한다. 찬란한 햇살을 머금은 만물이 뿜어내는 원색의 바다에 흠뻑 빠진 것이다. 그는 과수원 연작을 포함하여 씨 뿌리는 사람, 추수 연작을 그려나간다. 낮의 풍경을 가장 찬란하게 드러내는 것이 바로 추수하는 장면이다. 찬란한 노란색 밀밭에서 추수하는 사람의 손에 들려 있는 낫은 빈센트의 마음을 흥분시키기에 충분했을 것이다. 대부분의 추수 연작은 화폭 전체가 노란색으로 가득 채워져 있다. 추수하는 사람도 노란색에 파묻혀 그의 존재를 구분하기 힘들 정도이다.

눈부신 태양빛을 한껏 발산하고 있는 황금빛 밀밭은 빈센트에게 기쁨만 안겨준 것은 아니었다. 그는 추수를 통해 죽음의 기운을 느꼈다.

전체적으로 노란색을 띤 이 작품은 아주 두텁게 칠해졌는데, 소재는 아름답고 단순하다. 수확하느라 뙤약볕에서 온 힘을 다해 일하는 흐릿한 인물에서 나는 죽음의 이미지를 발견했단다. 그건 그가 베어들이는 밀이 바로 인류인지도 모른다는 의미에서란다. 그러므로 전에 그린 〈씨 뿌리는 사람〉과는 반대되는 작품이라 하겠다.(편지 604)

빈센트는 추수하는 장면을 바라보면서 인류의 추수 장면을 연상했다. 인류가 추수되는 장엄한 장면을 연상해 보라. 감히 상상조차 하기 힘들다. 빈센트의 생각처럼 죽음은 생명과 결코 다른 것이 아니다. 죽음은 새로운 생명의 시작이다. 죽음의 신비함은 생명의 마지막이 새로운 생명의 시작을 뜻하기 때문이다. 헌 옷을 벗고 새 옷을 입는 시간. 그렇다면 죽음이야말로 인생의 가장 찬란한 시간이라고 해도 되지 않겠는가? 죄로 인

〈추수하는 사람과 태양이 있는 밀밭〉
생 레미, 1889년 6월 하순
캔버스에 유채, 72×92cm
오테를로, 크뢸러-뮐러 박물관

* 빈센트는 생 레미 요양원에 입원한 후 발작을 일으키는데, 아프기 며칠 전부터 시작한 〈추수하는 사람〉을 완성하기 위해 전력을 다한다. 병실 창살을 통해 본 수확하는 모습은 그에게 묘한 감정을 불러일으켰다. 그는 수확하는 장면을 태양이 모든 것을 순수한 황금빛으로 물들이는 대낮에 발생한 죽음이라고 느꼈으면서도 동시에 막 미소 지으려는 순간이라고 말한다. 죽음은 갑자기 엄습하는 그 무엇이 아니라 미소 짓는 그 무엇이라는 생각이다.

해 죽음이 왔음을 부인하는 것이 아니다. 하지만 성도에게는 죽음이야말로 가장 찬란한 시간이라고 할 수 있지 않겠는가? 덧없는 삶에서 영원으로 들어가는 문턱을 넘는 순간이기 때문이다.

우리는 삶과 죽음을 별개로 취급한다. 둘은 이질적인 것이라고 생각한다. 삶은 죽음과 전혀 다른 세계의 문제인 양 취급하고, 죽음은 삶을 끝장내는 것이라고 생각한다. 무덤을 삶의 터전 바로 가까이 위치시키는 서양이나 멀리 몰아내는 동양이나 죽음에 대해 금기시하기는 마찬가지다. 죽음이라면 다들 쉬쉬 하는 것이다. 병상에서 죽어가는 이는 자신의 죽음에 대해 언급하지 않으려는 사람들에 둘러싸여 죽음을 진지하게 대하지 못한 채 갑작스럽게 공격해 오는 죽음을 맞이하게 된다.

사람을 포함한 모든 생물은 죽지 않고 삶을 완성할 수 없다. 죽음은 삶을 끝장내는 것이 아니라 삶을 완성하는 것이다. 죽음으로 말미암아 새로운 만남이 시작된다. 죽는 이들은 다른 삶으로의 여정에 벅찬 감격을 느껴야 한다고 하면 너무 낭만적인 주장일까? 빈센트는 추수하는 모습을 지켜보면서 죽음이 삶과 결코 다른 것이 아니라고 생각하게 된다.

그러나 이 죽음 속에 슬픔은 없단다. 태양이 모든 것을 순수한 황금빛으로 물들이는 환한 대낮에 발생한 죽음이기 때문이란다.(편지 604)

그의 말처럼 무릇 모든 죽음은 환한 대낮에 발생한 죽음이라고 부를 수 있겠다.

; 별에까지 이르는 기차

한동안 낮의 풍경에 몰두하던 빈센트는 어느덧 밤의 풍경에 주목하기 시

〈라마르틴 광장의 밤의 카페〉
아를, 1888년 9월
캔버스에 유채, 70×89cm
뉴 하펀, 예일대학 예술 갤러리

* 빈센트는 부드러운 분홍빛과 핏빛의 붉은색을 부드러운 녹색과 거친 청록색과 대비시키므로 평범한 선술집의 창백함을 용광로 지옥 같은 분위기로 묘사했다. 즉 그는 전반적으로 붉은 색과 푸른색의 대조를 통해 처절한 인간의 열정을 표현하려고 했다. 자신을 파괴할 수도 있고 미치게 할 수도 있는 어둠의 공간을 지독한 인간의 열정으로 희석시키려고 한 것이다.

작한다. 우선 빈센트는 아를의 '밤의 카페'를 그렸다.

아를의 '밤의 카페'는 밤에 본 '포럼 광장의 카페 테라스'로 장면을 바꾼다. 이때 빈센트는 아를에 찾아왔던 벨기에 시인 외젠 보슈Eugène Boch, 1855-1941의 초상화를 그린다. 그 초상화의 배경은 푸른 하늘인데 역시 별이 점점이 그려져 있다. 빈센트는 이 초상화를 '이상적인 인물'의 상징으로 생각했다. 어두운 밤하늘의 별을 배경으로 그린 한 시인의 초상화를 통해 이상적인 인물을 상상했다는 것이 얼마나 상징적인가!

밤하늘의 별들을 못 박힌 듯 바라보던 빈센트는 아를을 가로질러 흐르는 '론 강 너머 별이 빛나는 밤'을 그린다. 빈센트는 떼오에게 이 그림을 보내면서 독립협회에 출품해 줄 것을 요청하며, 누군가가 그 그림을 보면서 밤의 효과를 더 잘 표현해 낼 수 있기를 바란다고 말했다.

이 모든 밤하늘의 최종판이 생 레미에서 그린 〈별이 빛나는 밤〉이다. 생 레미 요양원에 들어간 지 한 달 뒤에 그린 그림이다. 빈센트는 자발적으로 요양원에 들어갔지만 언제 발작이 다시 자기를 습격할지 모르는 불안한 나날을 보냈을 것임에 틀림없다. 잠 못 이루는 밤이 하루 이틀이었겠는가? 이날도 밤새 잠을 이루지 못하고 이리저리 뒤척이다가 창문으로 희부염하게 밝아오는 새벽녘의 하늘을 바라보았다.

오늘 아침 나는 태양이 뜨기 전에 계명성만 떠 있는 하늘을 창문으로 오랫동안 바라보았단다. 그 계명성은 대단히 커 보였어. 도비니와 루소가 그렸듯이 그것은 광활한 평화와 장엄미를 간직한 친밀감을 느끼게 했단다. 동시에 지극히 개인적이고, 감정을 고조시키는 느낌을 주기도 했지. 나는 이런 감정에 아무런 반감을 갖지 않는단다.(편지 593)

잠 못 이루고 뒤척일 수밖에 없던 요양원에서 빈센트는 별에까지 이르기를 바랐다. 주기적으로 엄습하는 발작은 밤하늘에 대한 더욱 신비한 느낌과 그 별에까지 이르고 싶은 마음을 부채질했음이 분명하다. 빈센트는 죽기만을 바란 것이 아니라 죽음을 통해 하늘에 이르기를 바랐다. 석양을 통해 영혼의 갈망을, 밤하늘의 별을 통해 소망을 표현하고자 했다.

빈센트는 하늘에 이르려는 소망을 가졌다. 그는 밤하늘의 별을 바라볼 때마다 그것들이 지도 위에 있는 마을들을 나타내는 검은 점처럼 보인다고 말했다.

참으로 이상한 것은 모든 예술가들, 시인들, 음악가들, 화가들이 물질적인 면에서 너무나 불행하다는 사실이야. 모파상에 대해 네가 최근 한 말이 바로 그것을 증명한단다. '우리가 삶의 모든 측면을 다 볼 수 있는 것일까? 죽음은 삶의 한 면밖에 더 되지 않는가?' 무덤에 들어간 화가들은 이후의 모든 세대들에게 그들의 작품을 통해 여전히 말하고 있지. 죽음 자체가 화가의 삶에서 곤혹스러운 문제는 아니란다. 내가 아무 것도 모른다고 해야겠지. 하지만 별을 쳐다볼 때마다 나는 꿈을 꾼단다. 지도 위에 점점이 박혀 있는 도시와 마을들의 검은 점들에 대해 꿈꾸는 것같이 말이야.

나는 나 자신에게 묻곤 하지. '왜 하늘의 빛나는 점들이 프랑스 지도 위의 검은 점들처럼 도달할 수 없단 말인가?' 기차를 타고 타르스콩Tarascon이나 루앙Rouen에 이르는 것처럼 우리는 별에 도착하기 위해 죽음이라는 기차를 탄단다. 이런 논리에 의하면 한 가지 사실이 분명해지는데, 그것은 우리가 살아 있는 한 별에 이를 수 없다는 것이지. 증기선

〈포럼 광장의 카페 테라스〉
아를, 1888년 9월
캔버스에 유채, 81×65.5cm
오테를로, 크뢸러-뮐러 박물관

* 후광처럼 일렁이는 카페의 등이 커다란 가스등 불빛으로 바뀐다. 한편 그 가스등 옆으로 푸른 하늘에 별이 반짝인다. 별 하나가 빈센트의 마음속에 들어왔다.

이나 버스나 기차가 교통수단이듯이 콜레라, 결핵, 암이 천체에 이르는 교통수단인 셈이지. 노년에 조용히 죽는 것은 걸어서 저 하늘로 가는 것이지.(편지 506)

하늘의 밝은 점들이 지도상의 검은 점처럼 보인다는 표현이야말로 빈센트가 정신병에 시달리고 있다는 증거로 보아야 하는 것일까? 죽음에 이르는 질병이 하늘에 이르는 고속열차라는 생각이야말로 어떤 사상가도 생각하지 못한 발상이다. '은하철도 999'야말로 빈센트의 이런 생각을 영상으로 재현한 것은 아닐까? 질병을, 그것도 죽음에 이르는 몹쓸 질병을 천체에 이르는 교통수단으로 보았다는 것이 빈센트의 어린아이 같은 순진한 마음을 보여준다. 별들이 쏟아질 것 같은 밤하늘을 바라보면 별에 이르는 기차를 타고 가는 빈센트의 모습이 보이는 것 같기도 하다.

; 신과의 신비한 합일

밤하늘에 대한 빈센트의 생각은 오래 전으로 거슬러 올라간다. 빈센트는 암스테르담에서 신학 공부를 하면서 주일 예배에 참석하여 설교 듣는 것을 좋아했다. 어떤 설교는 그에게 그림을 그리는 듯한 느낌을 주었다. 설교가 고상한 예술처럼 보인 것이다. 빈센트는 갑자기 한 시구가 떠올랐다. "매일 밤 달이 뜨고 하늘 가장 높은 관측소에서부터 조용한, 참으로 조용한 밤 속에서 본 것을 나에게 속삭여 준다네……" 빈센트는 설교의 언어를 역사와 인생의 격랑을 지켜본 밤하늘의 달과 별들이 속삭이는 소리처럼 느낀 것이다.

그는 밤하늘에 빛나는 별을 보면서 하나님께서 그를 향해 사랑의 음성으로 속삭이는 것을 들었다. "보라. 세상 끝날까지 내가 항상 너와 함께 있을 것이다." 빈센트는 하나님께서 자기와 함께하고 계신다는 사실을 깊이 느꼈다. 밤하늘에 빛나는 별이 그것을 말해주고 있었다. 빈센트는 밤하늘의 별들이 들려주는 소리에 귀를 기울였을 뿐만 아니라 그 별에까지, 그 하나님에게까지 이르기를 원했다. 빈센트는 하나님과의 신비한 합일을 꿈꾼 것이다.

사회가 갈수록 다원화되고 상대주의가 판을 치지만 일원론에 대한 회귀 열풍이 불고 있다. 세상은 결코 다원이 아니라 일원이라는 생각이다. 이런 일원론은 범신론의 형태로 표출되기도 하고, 물질주의의 형태로 표출되기도 한다. 모든 것은 정신 하나뿐이라는 생각과 모든 것은 물질 하나뿐이라는 생각 말이다. 어느 쪽의 일원론이든 우리는 자신을 잃어버리게 된다는 것에 주목해야겠다.

성경은 일원론을 말하지 않는다. 성경은 오히려 이원론을 말한다. 하나님과 세상의 절대적인 구별을 말한다. 빈센트가 신과의 합일을 꿈꾸었다 해서 이교적인 사상에 물들었다고 볼 필요는 없을 것이다. 실은 동방정교회에서 가장 중요한 신학사상이 바로 신과의 합일사상이기 때문이다. 다른 말로 표현하면 '신성화', '신격화'다. 우리는 '신격화' 하면 당장 범신론을 떠올리며 가장 이교적인 사상이라고 생각한다. 하지만 우리는 동방정교회에서 주장하는 신격화가 "하나님이 사람이 되신 것은 사람으로 하여금 하나님이 되게 하기 위함이다"라는 한 마디에 요약되어 있다는 사실을 깊이 새겨야 할 것이다.

; 하나님처럼 되는 사람들

사람이 어떻게 하나님이 되겠는가? 아무리 하나님의 백성이 되고 하늘나라에 가더라도 사람이 하나님이 되는 것은 아니다. 하나님과 사람의 구분은 영원히 남아 있을 것이다. 예전에 한국에서 유행한 '성자가 된 청소부'와 같은 범신론 사상을 우리는 지양한다. 하지만 우리는 성경에서 하나님의 백성이 되고, 하나님의 자녀가 된다고 하는 것의 의미를 깊이 이해해야 할 줄로 안다. 그렇지 않으면 기독교는 한갓 도덕종교로 남을 수밖에 없다. 성자께서 인간이 되신 것은 인간으로 하여금 신성에 참여하게 하기 위함이었다. 말씀이 육신이 되었다는 표현이 얼마나 놀라운 말씀인지 우리는 아직까지 잘 모르고 있다.

성자가 인간이 되셨다는 것은 영원히 인성을 벗을 수 없는 상태를 입었다는 말이다. 성자가 인간이 되셔도 하나님이기를 포기한 것이 아니다. 성자가 인간이 되신 것은 인간으로 하여금 하나님의 신성에 동참하게 하기 위함이다. 세상의 어떤 신보다도 나은 자가 되게 하기 위함이다. 우리 인생은 원래 하나님의 형상대로 지음 받았다. 우리는 하나님을 닮은 존재다. 좀더 직설적으로 말하면 우리는 이미 하나님적인 존재다.

마귀가 하와를 유혹할 때 "선악과를 먹으면 하나님처럼 된다"고 한 말은 거짓말에 불과한 것이 아니다. 마귀의 그 말은 너무나 본질적인 요소를 왜곡한 발언이다. 사람은 원래 하나님적인 존재다. 하나님과 같은 존재다. 하나님을 닮은 존재다. 이미 하나님을 닮은 존재이기 때문에 다른 어떤 모습이 될 수 없다. 그런데 마귀는 하나님처럼 되라고 말한다. 하나님적인 존재인데 다른 그 어떤 하나님처럼 되라는 말인가?

신격화라는 표현은 아예 사용하지 말아야 하는 것일까? 우리가 구원받았다는 것은 단순히 죄 씻음 받은 정도가 아니라, 죽어서 천국에 가게 되었다는 것 정도가 아니라 하나님처럼 되어야 하는 것이라고 말하면 잘못된 걸까? 예수님이 스스로를 하나님과 동등한 분으로 주장하자 바리새인들은 신성모독이라며 발끈했다. 이때 예수님은 시편 82편 6절 말씀을 인용하신다. 하나님을 믿는 성도들을 신이라고 했는데 하물며 하나님의 아들이 스스로를 신이라고 하는 게 뭐가 잘못되었느냐고 논박하셨다. 이것을 변증적인 측면에서 과장된 표현이라고만 치부할 것인가?

동방교회의 전통을 너무나 모르는 우리로서는 신학의 한 중요한 맥을 놓치고 있는 것이 아닌가? 우리는 신학적인 측면에서가 아니라 지성적인 측면에서만 하나님을 이해하려고 하지 않는가? 하나님을 닮고 신의 성품에 참여하는 것에 대한 깊은 이해가 부족하지 않은가? 우리는 세상에 하나님을 대신하여 나타나는 자들이다. 성도의 삶에서 하나님이 나타나야 하지 않겠는가? 어떤 꼬마가 교회의 어떤 분을 보고 "엄마, 저기 예수님이 지나가셔요"라고 했다는 말을 어린아이의 착각이라고만 치부할 것인가?

빈센트는 하나님과 합일되기를 소원했다. 우리 인류가 품어야 할 가장 고상한 소원이 바로 이것이어야 하지 않겠는가? 그의 소원이 얼마나 정통적이냐, 비정통적인 것이냐를 가리는 것은 우리의 관심이 아니다. 빈센트의 〈별이 빛나는 밤〉에 동서양 구별 없이 전 세계 사람들이 열광하는 이유는 서양의 영성과 동양의 영성을 아우르는 것이 직감적으로 느껴지지 때문은 아닐까? 이 그림을 수없이 카피하여 붙여놓는 이들이야말로 자신도 모르게 '일자'라고 표현할 수도 있고 '신'이라고 표현할 수도 있는 그 무

〈론강 너머 별이 빛나는 밤〉
아를, 1888년 9월
캔버스에 유채, 72.5×92cm
파리, 오르세 박물관

* 물 위에 투영된 가로등의 긴 꼬리가 하늘의 별이 남긴 별똥이라는 인상마저 주는 작품이다. 론 강 모래사장을 산책하던 빈센트는 하늘의 별을 바라보면서 참으로 아름답다는 생각에 사로잡혔다. 상쾌하다는 느낌과 서글프다는 느낌을 넘어서 밤하늘의 아름다움에 흠뻑 젖은 것이다.

엇과 합일하려는 열망을 드러내는 것이 아닐까? 우리가 그들의 깊은 열망을 읽어낼 수 있겠는가?

누님! 요즘만큼 영성이라는 말이 많이 쓰이는 때도 드물 것입니다. 그만큼 영성의 대혼란기에 접어들었다고 해야 할 것입니다. 모든 종교의 영성을 한데 모아 종합하려는 시도가 다른 곳이 아닌 기독교 내에서 이루어지고 있는 실정입니다. 기독교의 본고장이라 할 수 있는 유럽에서 기독교는 이제 더 이상 매력적인 종교도, 영적인 종교도 아닙니다. 기독교는 너무나 현세적이고 도덕적인 종교라는 인상밖에 주지 못합니다. 그래서 저 세상적인 불교가 아주 매력적이고 신비하게 다가옵니다. 부처상을 어디서나 심심찮게 볼 수 있습니다. 광고에도 종종 등장할 정도입니다. 치열하게 수도하는 가장 인간적인 종교가 하나님과 교통하는 기독교보다 더 신비하고 영적으로 보인다니 얼마나 아이러니합니까? 종교는 이 세상적인 것뿐만 아니라 저 세상적인 것임에 분명한데 서양의 기독교가 철저하게 이승적인 한계에 갇혀 버렸다는 느낌입니다. 서양의 기독교는 너무나 현실적이어서 저승에 관해서는 아무 말도 할 수 없는 상황에 이르렀습니다.

요즘 한국의 기독교인과 교회가 세상으로부터 부당한 모욕과 질시를 받고 있다지요? 믿는 젊은이들이 너무나 기가 죽어 있다고요? 자신이 기독교인이라는 것을 발설하기를 꺼릴 정도라고요? 기독교는 최소한의 합리성도, 도덕성도 갖추지 못했다고 매도당하고 있다고요? 그렇다면 우리는 현실에서 도피하지 말되 현실에 매몰되지도 않는 길을 찾아야겠습니다. 그 비결은 현실에서 하나님의 형상을 닮는 것이겠지요. 기독교가 하나님과 교통하는 신비를 증거할 수 없다면 더 이상 기독교는 세상에 아무런 매력을 줄 수 없을 뿐만 아니라 스스로의 정체성도 잃게 될 것입니다. 신비주의는 경계해야겠지만 신비마저 잃어서는 안 되지요. 하나님은 신비 속에 감추어져 있는 분은 아니지만 하나님이 행하시는 일은 너무나 신비롭습니다. 우리는 하나님의 존재를 합리적인 측면으로만 이해하려고 하지 않습니까? 게다가 한국의 기독교는 너무나 내면화된 기독교가 아닙니까? 저 자신만 해도 설교할 때면 역사적인 사건을 해석하면서도 적용할 때는 결국 개인적인 적용으로만, 그것도 내면적인 심성의 문제로만 적용하는 경우가 대부분입니다.

누님, 누님은 하나님과 같은 분입니다. 웃기려고 하는 말이 아닙니다. 신격화라는 말을 사용하면 오해하기 쉽겠지만 결코 포기할 수 없는 교리라는 생각이 듭니다. 우리는 이미 하나님의 성품에 동참한 자들입니다. 신격화된 자들입니다. 기독교인들이야말로 동양에서 말하는 위대한 영적 스승들인 구루들보다 나은 자들이 아닙니까? 성도들은 하나님과 합일된 자들이 아닙니까? 성찬은 그런 신격화의 가장 중요한 표상이지요. 성찬을 하나의 의식이라고만 생각하고 무시하는 기독교회에서 신격화가 무시되는 것은 당연하다고 봅니다. 성찬을 통해 그리스도와 한 몸 된 자신을 늘 확인해야겠고, 모든 성도들과 더불어 연합된 자신을 발견해야겠습니다. 그리스도의 몸 된 교회가 온 세상을 향해 하나된 모습으로 우뚝 설 수 있기를 소원합니다. 교회가 그리스도의 몸입니다. 그리스도의 몸이 나타나야 하겠습니다. "세상과 나는 간 곳 없고 구속한 주만 보이도다"라는 찬송가 가사처럼 믿음의 신비를 누리기를 소원합니다. 누님의 신비를 보여 주세요.

해바라기와 자장가,
감사와 위로

〈화병에 꽂힌 열두 송이 해바라기〉
아를, 1888년 8월
캔버스에 유채, 91×72cm
뮌헨, 바이에른 주 박물관

기회가 되는 대로 아를의 남부 화실에 합류하겠다는 고갱의 편지를 받은 빈센트는 들뜬 기분으로 고갱을 맞이할 준비를 한다. 그 준비의 하나로 빈센트는 〈해바라기〉를 그리기 시작했다.

나는 세 개의 캔버스를 동시에 진행시키고 있단다. 첫 번째는 사이즈 15 캔버스인데, 밝은 배경 아래 푸른 화병에 꽂혀 있는 세 송이의 커다란 해바라기다. 두 번째는 사이즈 25 캔버스인데, 선명한 보라색 배경의 세 송이 해바라기다. 한 송이는 씨가 떨어졌고, 또 한 송이는 잎이 졌고, 다른 한 송이는 싹이 졌단다.

세 번째는 사이즈 30 캔버스인데, 노란 화병에 열두 송이 꽃과 싹이 있는 해바라기란다. 마지막 작품은 빛 위의 빛이지. 최고라고 자부한다. 이 작업을 멈출 수 없단다. 고갱과 화실에 살게 될 때 이 해바라기 그림으로 화실을 장식하고 싶단다. 큰 꽃으로만 말이야. 네 가게 옆집 레스토랑에도 사랑스런 해바라기 장식이 있지 않니? 나는 그 창문가에 있던 큰 해바라기를 늘 기억하지. 해바라기를 계속 그려서 열두 점을 완성하고 싶단다. 전체가 푸른색과 노란색의 교향곡이 될 것이야. 매일 아침 태양이 뜨자마자 작업에 들어간단다. 해바라기는 곧 시들기 때문이지. 전체를 단숨에 그려 가야 한단다.(편지 526)

빈센트는 파리에서 해바라기를 그리기 시작했지만 아를에서의 해바라기는 더 독특할 수밖에 없었다. 아를의 해바라기는 햇볕이 속속들이 스며들어 황금색을 토해내는 것처럼 보였다. 그는 음악처럼 마음을 끄는 '파란색과 노란색의 심포니'를 이루는 작품으로 〈해바라기〉 연작을 제작하기로 마음먹었다. 그는 아침 일찍부터 저녁 늦게까지 해바라기를 그렸다.

〈화병에 꽂힌 열네 송이 해바라기〉
아를, 1888년 8월
캔버스에 유채, 93×73cm
런던, 국립박물관

해바라기가 시들기 전에 그림을 완성하기 위해서였다. 그는 해바라기 그림으로 고갱이 머물 방을 장식했다.

; 태양을 머금은 해바라기

많은 사람들이 빈센트 하면 가장 먼저 해바라기 그림을 연상한다. 그만큼 빈센트의 해바라기 그림은 유명하다. 빈센트의 장례식 때 아마추어 화가이자 그의 주치의였던 친구 가셰Paul Gachet, 1828-1909 박사는 빈센트의 관 위에 해바라기 다발을 올려놓았다. 빈센트의 친구 베르나르도 해바라기야말로 빈센트가 마음으로부터 꿈꾼 빛을 상징한다고 말했다.

과연 빈센트는 어떤 마음에서 해바라기를 그렸을까? 한편 빈센트는 〈자장가〉 그림을 가운데 위치시키고 〈해바라기〉 그림을 양편으로 배치하여 세 폭의 제단화처럼 구상한 스케치까지 그려서 동생 테오에게 보냈다. 〈해바라기〉를 제단화처럼 구상한 것이야말로 빈센트의 마음을 분명하게 드러내 보인 것이다. 태양빛을 한껏 머금은 해바라기는 빈센트의 열정을 무엇보다 강렬하게 드러낸다. 빈센트에게 해바라기는 태양빛을 훔친 그 무엇이었다.

빈센트는 해바라기를 그리기 전에 자신을 과도하게 자극했다. 진한 블랙커피를 여러 잔 마신 후 해바라기를 그렸다. 황색의 고조된 경지에 도달하기 위해서였다. 해바라기의 황색은 꽃잎뿐만 아니라 씨앗마저도 황색으로 느껴지게 할 정도였다. 빈센트는 악마와 같은 북서풍이 불어오면서 황색 꽃잎이 갈색으로 시들고, 광택이 나던 씨앗이 땅에 흩어 뿌려지는 장면을 평온하게 받아들일 수 없었다. 그것은 평온한 죽음이 아니었던 것

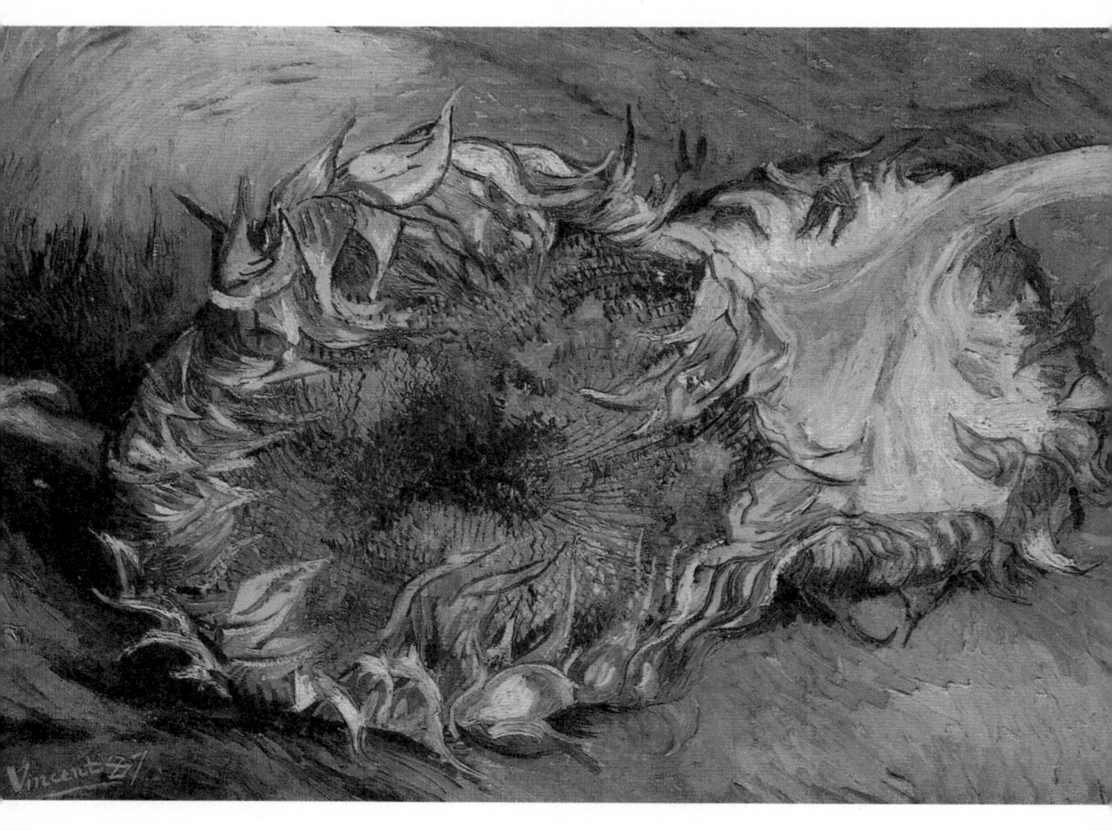

〈두 송이의 잘린 해바라기〉
파리: 1887년 8~9월
캔버스에 유채, 43.2×61cm
뉴욕, 메트로폴리탄 박물관

* 빈센트는 파리에서 모델을 구할 돈이 없어 꽃을 가지고 꾸준히 색채 연습을 한다. 그 중에 이 해바라기도 들어간다. 그는 꽃을 그리면서 강렬한 색채를 얻으려고 노력했을 뿐만 아니라 대립적인 색조들이 이루어내는 조화를 추구하기도 했다.

이다. 그것은 그가 그림을 그리기 시작할 때 표현했던 고난 받는 종의 죽음같이 보였다. 자기를 희생해서 죽음에 내어줌으로 많은 이들에게 생명을 주는 역할 말이다. 아를의 해바라기는 삶과 죽음의 불가사의한 변증법을 보여 주고 있었다.

아를에 내려온 고갱은 빈센트의 그림에 대해 그다지 기대하지 않았다. 그런데 자기 방에 장식되어 있는 해바라기 그림을 보고 빈센트의 그림 실력이 상당하다는 데 내심 놀랐다. 고갱이 떠나간 후 빈센트는 해바라기를 계속 그렸는데, 동생 떼오에게 해바라기와 자장가 그림을 보낸다. 해바라기와 자장가로 세 폭의 제단화를 구상한다는 편지와 더불어 그 그림들을 부치면서 고갱이 원하면 자장가 그림을 주라고 한다. 하지만 자기가 볼 때는 고갱이 해바라기 그림을 더 좋아할 터인데 해바라기를 원한다면 고갱이 그린 마음에 드는 그림과 바꾸라는 말까지 한다.

1892년 암스테르담에서 빈센트 추모전이 열렸을 때 미술사가이자 석판화가인 롤란드 홀스트R. N. Roland Holst, 1868-1938는 전시회 도록 표지를 흑백의 해바라기로 장식했다. 빈센트를 땅에 뿌리를 박고 있지만 황혼에 고개를 숙이는 해바라기에 비유한 것이다. 이후부터 빈센트는 해바라기라는 공적인 페르소나를 얻게 되었다. 빈센트는 태양처럼, 해바라기처럼 불꽃처럼 타오르다 스러지기를 원했는지 모르겠다.

해바라기는 브레이크 없이 질주하는 열정과 욕망을 상징하는 것은 아니다. 서양에서 해바라기는 늘 신성한 해를 향하고 있기 때문에 충성을 상징했다. 나중에 빈센트는 해바라기 그림을 자장가 그림과 같이 세 폭의 제단화로 구상하면서 해바라기를 자장가와 같이 걸어놓으면 감사를 상징하는 것이 된다고 말했다.

왜 해바라기가 감사를 상징하는 것이겠는가? 생명에 대한 감사, 또 그 생명과 결코 분리되는 것이 아닌 죽음에 대한 감사, 이 모든 감사에 대한 상징이 빈센트로 하여금 해바라기를 그리게 한 것이다. 해바라기는 태양만을 머금고 있는 것이 아니라 감사를 머금고 있었던 것이다.

빈센트의 입에서 감사라는 표현이 나온 것이 이상하게 생각될지 모르겠다. 빈센트는 늘 우울하고 슬픔에 사로잡혀 있었으니 말이다. 빈센트의 삶에서 기쁨과 감사라는 것은 너무나 어울리지 않는 것으로 보일지 모르겠다.

빈센트에게 슬픔은 기쁨과 다른 것이 아니었다. 그가 가장 자주 인용한 성경 구절이 그러했듯이 근심하는 자 같으나 항상 기뻐한 사람이 바로 빈센트였다. 그는 해바라기를 통해 삶과 죽음의 변증법적인 관계뿐만 아니라 기쁨과 슬픔의 변증법적인 관계도 본 것이다. 빈센트의 마음속에는 불만과 원망 덩어리가 아니라 삶에 대한 기쁨과 감사가 가득 자리잡고 있었다. 슬픈 눈동자 속에 감추어진 생에 대한 궁극적인 긍정의 흔적을 볼 수 있는 자가 누구인가?

; 감사하는 마음

기독교의 제일 중요한 덕목은 무엇보다 감사라고 해야 할 것이다. 첫째도 감사, 둘째도 감사, 셋째도 감사다. 돌부리에 걸려 넘어져 코가 깨져도 "아이구, 하나님 감사합니다"라는 말이 튀어나온다. 뒤로 넘어져도 뇌진탕을 입지 않은 것이 감사하다고 말한다. 그 정도로 기독교인은 감사에 익숙하다. 감사를 입에 달고 산다. 범사에 감사하라는 성경말씀이 있기 때문에 더 그럴 것이다. 감사하지 않는 사람은 기독교인이라고 불리기 힘들 것이다. 기독교인은 감사하기로 작정한 사람이라 해도 좋을 것이다.

기도라는 것도 실은 감사의 한 표현이다. 기도에 감사라는 요소가 반드시 들어가야 하는 것은 두말할 것도 없거니와 기도 자체가 감사다. 감사는 기도로 표현될 수밖에 없고, 기도하는 성도는 감사할 수밖에 없다. 기도하고 난 뒤 현실에 대해 불만을 늘어놓는다면 도대체 무엇을 위해 기도했다는 말인가?

기독교인이라면 무조건 감사해야 한다는 강박관념마저 느낀다. 사소한 일에 감사하지 못하는 자신에 대해 죄책감을 느낄 때도 많다. 어떤 일을 만나도 무조건 감사하다고 하지 않으면 믿음 없다는 말을 들을 수밖에 없는 분위기도 있다. 성경공부 한다고 둘러앉았는데 인도자가 지난 주간에 감사했던 일을 나누어 보자고 한다. 왜 굳이 감사했던 일만을 나누자는 걸까? 불평할 수밖에 없는 고통스러운 현실에 대해 언급하면 안 되는 것인가?

감사하다고 말하는 분위기야말로 얼마나 넉넉한 분위기인가? 하지만 감사하다고 말해야만 하는 자리라면 얼마나 살벌한가? "모든 일에 감사해야 하는 것 아닌가요?"라는 말 한 마디가 모든 말을 차단해 버리는 경우가 많다. 그 말 한 마디로 싸늘한 분위기가 되고 모두들 마음 문을 닫아 버리는 경우가 많다. 그 다음부터는 다들 감사하다는 말을 하지만 그런 감사는 진정한 감사일 수 없다. 감사가 외식이 되는 것이다. 감사하다는 말을 입에 달고 살지만 마음속 깊은 곳에서 우러나오는 영혼의 감사가 점점 메말라가고 있지는 않은가.

불평하는 것 자체가 무조건 잘못된 것은 아니다. 하나님께 조금이라고 불평하면 큰 죄를 짓는 것처럼 생각하는 것이야말로 잘못된 생각이다. 불평하는 것이 감사로 나아가는 징검다리가 될 수 있다. 사사건건 불평하고 원망하는 것을 말하는 게 아니다. 하나님께 불편한 감정을 솔직히 드러내어 놓는 것을 말한다. 이해하기 힘든 부분들을 아는 체하는 것이 아니라 솔직히 모르겠다고 하는 것을 말한다. 도무지 용서할 수 없는 사람에 대해 용서가 안 된다고 솔직하게 고백하는 것을 말한다. 하나님께 솔직히 감정을 드러내어 놓는 것이 억지 감사보다 낫다. 사람에게 보이기 위해 앵무새처럼 뱉아 내는 입발린 감사야말로 큰 불평덩어리를 배태하는 것이 아니겠는가?

; 선실에 걸릴 〈자장가〉

빈센트는 해바라기를 그린 몇 달 후 친구처럼 지내던 우체부 룰랭Roulin의 부인을 모델로 〈자장가〉를 그리기 시작한다. 고갱이 아를을 떠나기 며칠 전부터 시작된 작업이다. 이것 역시 연작이다. 다섯 점이나 그렸다. 빈센트는 자해하기 며칠 전부터 시작하여 정신착란으로 생 레미 요양원에 입원해 있던 시기까지 계속 〈자장가〉를 그려 갔다. 〈자장가〉는 빈센트가 그동안 그린 초상화와는 다른 중요한 의미를 전하려는 작품이었던 것이다.

이 초상화의 제목을 빈센트는 'La Berceuse'라고 붙인다. 이 말은 '아이를 흔들어 재우는 사람'을 의미할 수도, '자장가'를 의미할 수도 있다. 빈센트는 채색 석판화에 만족하고, 핸들을 돌려서 타는 풍금에 마음이 순

〈자장가〉(어거스틴 룰랭)
아를, 1888년 12월
캔버스에 유채, 92×73cm
오테를로, 크뢸러-뮐러 박물관

* 빈센트는 〈자장가〉의 색을 신중하게 고려했다. 요람을 흔드는 여인의 푸른 드레스는 올리브색과 공작석색의 중간으로 하고, 머리는 노란색으로, 얼굴은 크롬옐로로 하고, 바닥은 주홍색으로, 벽지는 푸른색으로 아주 엄격하게 그리는 동시에 음악적인 요소를 고려했다. 벽지의 꽃들은 북유럽 회화에서 흔히 보이는 성모 마리아 뒤에 걸린 화려한 천을 연상시킨다. 그럼에도 〈자장가〉는 시장에서 파는 싸구려 채색 석판화처럼 아주 투박하고 저급하다고 할 정도로 통속적으로 묘사했다. 빈센트는 〈자장가〉가 색으로 자장가를 부른 것인지는 평론가의 몫으로 남기겠다고 여운을 남긴다.

화되는, 그런 평범한 사람들을 염두에 두고 그렸다고 말한다. 멋진 옷을 차려입고 살롱에 드나드는 사람들을 염두에 둔 것이 아니라는 말이다.

다섯 점 모두 의자에 앉아 있는 여인이 갓 태어난 아기 마르셀의 요람에 연결된 끈을 쥔 채 두 손을 포개고 있다. 요람에 연결된 끈만 보이고 요람은 그림에 포착되지 않는다. 빈센트는 이 〈자장가〉 중 하나를 제단화처럼 구상했다. 양쪽으로는 〈해바라기〉 그림이 놓인다. 그렇다면 세 폭의 제단화가 되는 셈이다. 가운데 〈자장가〉는 성모 마리아를 상징하는 것임에 틀림없고, 양쪽의 해바라기는 촛대 역할을 하는 셈이다. 태양을 머금은 해바라기가 촛대 역할을 하고 있다는 생각에 싱긋 미소를 짓게 된다. 빈센트는 황금색과 오렌지색의 해바라기 머리가 황금색 날개처럼 빛난다는 말까지 한다. 요람을 끄는 여인이 황금색 날개를 단 천사처럼 보이기를 바란 것일까?

〈해바라기〉가 그렇듯이 〈자장가〉는 고갱과 관련된다. 고갱이 아를의 남부 화실로 내려왔을 때 빈센트는 흥분해서 동생 떼오에게 "그를 대단히 존경하게 되었고 사나이로서 절대적으로 신뢰하게 되었다"라고 썼다. 그 이유 중 하나는 고갱이 선원 생활한 것을 자랑스럽게 늘어놓았기 때문이다. 마침 빈센트는 피에르 로티Pierre Loti, 1850-1923의 소설 '아이슬란드의 어부'(1886)를 읽고 있었는데, 고갱이 로티가 말한 아이슬란드 어부들과도 친하다는 것을 알고 몹시도 신기해했다. 그 어부들은 로티에게는 가장 영웅적인 인물들이었다. 그 브르타뉴 사람들은 집과 가족을 떠나 북쪽 바다로 나가 고기잡이를 했다.

빈센트는 로티가 소설에서 뱃전을 요람 삼아 선원들을 잠재우는 바다를 아이 보는 여자처럼 묘사한 것에 큰 감동을 받았다. 로티의 책에 관해 고갱과 토론하던 중 빈센트는 바로 이 '자장가'에 대한 구상을 하게 된다. "아이이면서 동시에 순교자인 뱃사람들은 흔들리는 아이슬란드 고깃배의 선실에서 그들 자신의 옛 자장가를 떠올리지."(편지 574) 빈센트는 해바라기 그림과 자장가 그림이 제단화처럼 선실에 걸려 있을 때 뱃사람들이 크게 위로를 받을 거라고 생각했다. 사랑하는 아내와 자녀들에 대한 그리움이 마음에 켜켜이 쌓여갈 때 무엇이 이들을 위로할 수 있겠는가? 아기였을 때 요람을 흔들어 주던 엄마에 대한 생각이 큰 위로가 될 것이다.

; 통속적임

빈센트는 고갱이 떠난 뒤로 병이 깊어지면서 자신에게 바로 그 '자장가'의 위로가 필요하다는 사실을 깨닫는다. 자신이야말로 아이슬란드로 나간 브르타뉴 뱃사람들과 마찬가지로 바닷물결에 흔들리는 아이이자 순교자와 같다고 생각했다. 빈센트는 자기 곁을 떠난 고갱에게 편지한다. 그는 자신에게 무엇보다 위로가 필요하다는 사실을 솔직하게 털어놓는다.

내 생각은 험한 바다를 항해했다네. 병이 들기 전에 색채의 배열로 내가 표현하고자 했던 그 요람을 흔드는 여인이 선원들을 흔들어 주며 불러 주는 옛 자장가가 생각난다네.

빈센트가 이 그림을 가장 저급하다고 할 정도로 통속적으로 그린 이유는 평범한 사람들에게 위로를 주기 위함이었다. 어떤 분이 이 그림을 보면서 화투짝같이 보인다는 말을 했는데 진짜 그런 것 같다. 빈센트는 생 레미 요양원에서 마지막으로 〈자장가〉를 그리면서 다음과 같이 말한다.

* 빈센트는 동생 테오에게 편지하면서 해바라기와 자장가를 세 폭의 제단화로 구성해서 뱃사람들의 선실에 걸어 놓으면 그들에게 감사와 위안이 될 거라고 말했다.

이제 나는 다섯 번째로 〈자장가〉를 그리는 자리로 돌아왔단다. 네가 그 그림을 보면 싸구려 가게의 채색 석판화와 다를 바 없다는 것에 나처럼 동의할 것이다. 게다가 부분이나 전체 그 어디에도 사진처럼 정확하게 그려내는 장점마저 없단다. 바다에 나가 그림을 그릴 수 없는 어부들이 해변에 나와 있을 아내를 상상하는 것과 같은 그림이 되기를 원한단다. 병원 사람들이 요즘 나에게 세심하게 배려해 주는데, 다른 많은 것들과 더불어 이것이 나를 당황케 하고 더 혼란스럽게 한단다.(편지 582)

기독교야말로 가장 통속적인 종교다. 통속적이라는 말이 부정적으로 느껴진다면 가장 평범한 종교가 바로 기독교라고 해야 할 것이다. 기독교가 점점 고급스러운 취향으로 바뀌어 가는 것이 문제다. 기독교가 진정한 위안을 주는 종교가 되려면 더 평범해야 하지 않겠는가? 기독교는 누구나 찾아가는 진정한 위안의 종교가 되어야 하지 않겠는가?

위로가 필요한 이들이 너무나 많다. 따뜻한 말 한 마디로 위로받는 이들이 얼마나 많은가? 따뜻한 시선 한 번 주는 것으로 감격해 하는 이들이 얼마나 많은가? 조금도 곁눈 팔지 못하게 하는 자본주의의 과도한 경쟁 시스템이야말로 가장 비인간적인 것이라 해야 할 것이다. 상대방을 배려하며 더불어 살자는 말은 눈 가리고 아웅하는 말에 불과하다. 교육을 경쟁의 장이라고 생각하는 한 한국의 교육 문제는 결코 해결될 수 없을 것이다. 모든 학생을 일등부터 꼴찌까지 일렬종대로 줄 세우겠다는 생각이야말로 얼마나 야만적인가?

경쟁에서 낙오한 사람들의 문제를 개인적인 문제로만 돌려서는 안 된다. 가난한 사람들은 게을러서 가난해졌다고 생각한다. 그런데 곰곰이 생각해 보자. 게으르기 때문에 가난해진 것인가, 아니면 가난하기 때문에 게을러진 것인가? 현대 자본주의 사회는 양극화를 심화시킬 수밖에 없다. 빈익빈 부익부 현상이 가중되는 것이야말로 앞으로의 성장을 가장 크게 발목 잡는 요소가 될 것이다. 그렇다면 이제부터라도 모든 국민들이 제대로 인간다운 교육을 받게 해주어야 하지 않겠는가? 왜 교육 문제조차 시장에 넘겨 주려는 것인가? 왜 국가가 책임지려 하지 않는 것인가?

네덜란드에 살면 살수록 이 나라가 철저하게 계산적인 나라라는 생각을 하게 된다. 이들은 유럽의 어떤 나라들보다 이방인들에게 관대한 나라라는 자부심이 있다. 왜 이방인들에게 그렇게 관대할까? 이들은 이방인들이 자기들 사회에 제대로 정착하지 못할 때 치러야 할 비용이 얼마나 큰 것인지를 알았던 것이다. 무조건 이타적인 사람은 없다. 결국에는 자기들 이익을 위해 이타적으로 행동하는 것이다. 이렇게 멀리 내다보면서 이익이 되는 방향을 잡아야 하지 않겠는가?

; 위로하는 사람

과연 우리는 서로를 위안하고 있는가? 나는 다른 이들의 위안이 전혀 필요하지 않다는 인상을 주기 위해 얼마나 긴장하고 있는가? 위안이 필요하다는 것은 자신이 약하다는 증거요, 자신이 실패했다는 증거라고 생각한다. 하지만 우리 모두에게는 위안이 필요하지 않은가? 사업에 실패하고, 사랑에 실패하고, 건강을 잃었을 경우에만 위안이 필요한 것이 아니다. 근본적으로 우리는 위안 없이는 살아갈 수 없는 존재다. 홀로 살아갈 수 없는 존재일진대 위안은 누구에게나 필요하다. 우리는 다른 사람을 위로하려 하기 전에 먼저 나 자신이 위안 받아야 한다는 사실을 인정해야 할 것이다.

꼴찌에게만 위로가 필요하겠는가? 일등에게는 위로가 필요 없겠는가? 일등이 다른 이들을 얼마나 위로할 수 있겠는가? 일등이 받은 상처는 얼마나 크겠는가? 꼴찌가 받는 상처보다 결코 못하지 않을 것이다. 일등이야말로 가장 위로받아야 할 자리가 아니겠는가? 일등이 되기 위해 사람들에게 입힌 상처와, 자신이 받은 상처가 얼마나 크겠는가?

세상 사람들은 기독교인들만큼은 최소한 자기들과 달라야 하는 게 아닌가 하고 생각한다. 그런데 기독교 때문에 스트레스 받는다는 사람들이 늘고 있다. 세상 사람들이 기독교야말로 세상을 의인과 죄인으로 편 가르기 한다고 말하는 데에는 할 말이 없다. 기독교는 하나님 안에서 온 세상이 하나 될 수 있다는 소망을 결코 포기하지 않는다. 현재 하나님을 믿지 않는 것이 왜 문제가 된다는 말인가? 처음부터 믿는 사람이 어디에 있었는가? 우리는 모두 타락한 존재들이 아닌가? 예수님을 믿어도 타락한 본성은 평생 짊어지고 가야 하는 것이 아닌가?

세상은 결코 하나 될 수 없다. 하나 되자는 운동 이면에 또 다른 편 가르기와 짝짓기가 계속되고 있다. 교회도 이런 풍조에서 벗어나기가 힘들다. 교회 문턱이 점점 높아진다는 말은 그냥 해보는 말이 아닐 것이다. 교회야말로 어느 누구도 소외되지 않는 곳이어야 한다. 교회가 부자를 욕하는 곳이어서는 안 되고, 그렇다고 가난한 사람들을 따돌리는 곳이어서도 안 된다. 교회에서는 누구나 주목받고, 누구나 사랑받는 곳이 되어야 한다. 한 교회에서 부유한 사람과 가난한 사람이 같이 신앙생활할 수 있으며, 한 설교를 듣고 이 두 사람이 동일하게 "나는 복음을 들었다"라고 말할 수 있는가? 진정한 위로는 어느 한쪽만이 받는 위로가 아니라 모두가 같이 받는 위로다. 누구나 받을 수 있는 위로가 진정한 위로다.

세상 사람들이 교회를 통해 받을 수 있는 최소한의 위로가 있다면, 교회야말로 사람을 차별하지 않는다는 데 있을 것이다. 물론 세상 모든 사람들이 죄인이라는 복음의 내용은 그들에게 걸림돌일 수밖에 없다. 하지만 그런 걸림돌에 걸려 넘어지기 전에 우리가 인위적으로 의인과 죄인으로 구분하는 것으로 인해 걸려 넘어지지 않는가? 걸려 넘어지더라도 복음 때문에 제대로 걸려 넘어져야 하는데 교회의 행태로 인해 걸려 넘어진다면 하나님 앞에서 우리가 받을 책망이 얼마나 크겠는가? 이제는 교회가 넉넉해져서 세상에 베풀 수 있는 입장이 되었는데 교회가 베푸는 구제조차 선교의 수단에 불과하다는 인상을 준다면 사람들에게 위로를 주기는커녕 하나님마저 민망해 하시지 않겠는가?

누님! 올여름 모든 것을 집어삼킬 듯이 내리쬐던 따가운 태양빛이 이제는 순하게 미소짓고 있습니다. 저희는 이런 가을이 너무나 풍성한 계절이라고 생각하는데 네덜란드 사람들은 여름이 지나가는 것을 그렇게도 아쉬워합니다. 가을부터 다음 해 봄이 올 때까지 비 오고 바람 부는 날씨가 계속되기에 해가 나는 날이 손꼽을 정도이기 때문입니다. 어쨌든 여름의 그 뜨거운 태양을 원망스럽게 바라보았던 만물들에 대한 미안함을 표현하고 있는 것일까요? 찬란한 여름 햇빛은 들판의 오곡을 여물게 하고, 잔잔한 가을 햇살은 들판의 곡식을 고개 숙이게 만듭니다. 햇볕은 계절별로 만물을 보듬어 안으면서 성숙시키고 있습니다. 여름 없이는 가을이 있을 수 없다는 생각에 이 세상에 필요없는 것은 하나도 없다는 생각을 하게 됩니다. 필요없다고 생각했던 그것이, 빨리 제거하고자 노력했던 그것이 나에게 가장 필요한 것이었다는 생각이 문득 들 때 모골이 송연해지는 것을 느낍니다.

누님은 어떤 꽃을 좋아하시나요? 아직까지 누님이 좋아하는 꽃도 모르네요. 네덜란드 사람들은 해바라기를 좋아하는데요. 빈센트를 그리는 마음과 계속해서 태양빛을 받고자 하는 마음이 뒤범벅된 것이 아닌가 합니다. 빈센트는 해바라기의 노란색을 자기가 꿈에도 그리던 색깔이라고 말했습니다. 상처받은 누님이 꿈에도 그리던 색깔은 무엇인가요? 우리 사회가 꿈꾸어야 할 색깔은 무엇인가요? 빈센트가 꿈꾸었던, 근심하는 자 같지만 늘 기뻐하는 삶, 늘 상처받고 살지만 위로가 넘치는 삶을 우리도 꿈꾸어야 하지 않겠습니까? 충직함이나 신실함을 찾아보기 힘든 사회, 감사와 위로가 없는 사회야말로 참으로 비정한 사회겠지요. 경제가 모든 것을 재단하는 사회, 시장이 모든 것을 장악한 사회야말로 참으로 야만적이라 해야 하겠지요. 다들 신기루를 좇고 있고, 한여름 밤의 꿈처럼 헛된 꿈을 꾸고 있는 듯하여 답답합니다. 언제쯤 우리는 소박한 꿈을 꿀 수 있을른지요.

누님, 그동안 크게 달라지신 것이 없겠지요? 왜 이런 질문을 하느냐 하면요, 기독교인으로서 유독 달라져야 한다는 생각에 사로잡힌 자신을 문득 보게 되었기 때문입니다. 복음은 온 세상을 위한 것이기에, 모든 죄인을 위한 것이기에 기독교는 보편적이고 평범해야 한다는 생각을 미처 하지 못했습니다. 예수님을 믿기에 뭔가 달라야 한다는 강박관념에 사로잡혀 있었지요. 하지만 자신은 다른 사람과 결코 다르지 않다는 생각이야말로 복음의 핵심이 아닌가 합니다. 감사라는 것도 결국 이런 생각에서 우러나올 수 있는 것이겠지요. 자신이 다른 사람과 다르다는 것을 강조하면 할수록 불평불만이 나올 수밖에 없겠지요. 자신은 다른 대접을 받아야 하는데 어떻게 감사할 수 있겠습니까? 내가 다른 사람과 하나도 다를 바가 없다는 생각이야말로 누님의 상처를 위한 치료약일 것입니다. 빈센트가 꿈에도 그리던 빛이 바로 이것이었다는 생각입니다. 태양을 향해 활짝 펼쳐진 해바라기를 보면 빈센트가 마음으로 꿈꾸던 빛이 무엇이었을지 조금은 짐작됩니다. 항상 상처받은 그의 마음은 늘 세상을 위로하기를 원했습니다. 찬란한 황금빛은 영광의 상처를 통해서만 빛납니다. 이래저래 가을은 감사와 위안의 계절이라는 생각이 듭니다. 동생이 누님의 상처에 주의 크신 위안을 전합니다.

올리브나무 연작,
감람산은 어디에나 있다

〈노란 하늘과 태양이 있는 올리브 나무들〉
생 레미, 1889년 11월
캔버스에 유채, 73.7×92.7cm
미니애폴리스, 미니애폴리스 예술 연구소

여러 번 발작을 일으킨 빈센트는 동생 떼오와 상의한 뒤 생 레미 요양원에 자발적으로 입원한다. 이곳에 있는 동안 베르나르가 브르타뉴에서 그렸다는 종교화의 사진을 여러 장 보내왔다. 빈센트는 그 사진을 보고는 크게 충격을 받았다. 그 중에 '올리브 정원의 그리스도'라고 부른 그림이 있었는데, 그 그림을 보고는 소름끼칠 뿐만 아니라 악몽이라며 한탄했다. 격분한 빈센트는 야외로 나가 직접 올리브나무를 그리기 시작했다. 이것이 올리브나무 연작의 시작이다.

시간이 흐를수록 이 연작 그림에서 올리브의 색조가 눈에 띄게 짙어진다. 이것은 그의 격한 감정이 점차 누그러들고 있음을 보여 준다. 빈센트는 이렇게 어두워진 색조야말로 자기 마음에 평화가 찾아온 결과라고 느꼈다. 잎의 색조가 점점 짙어지면서 올리브 열매들이 열리고, 그것을 따는 아낙네들의 모습이 그렇게 친근할 수가 없다. 올리브나무를 그려 가면서 빈센트의 마음속에는 알 수 없는 마음의 평안이 찾아 든 것이다. 올리브나무가 과연 무엇을 상징하기에 격분과 희열을 동시에 느낀 것일까? 격분한 마음으로 시작했다가 마침내 평안 가운데 올리브나무 그리기를 마무리한 빈센트의 마음결을 따라가 보자.

; 상상과 현실

빈센트는 베르나르와 고갱이 그린 종교화가 현실에 근거한 것이 아니라 철저하게 상상에 의해 그린 거라고 판단했다. 이것이 그를 격분케 한 계기였다. 그림의 유일한 기반은 상상과 위조가 아니라 현실이어야 한다는 생각 때문이었다. 신앙이 없으면서 있는 체하는 모습에 역겨움을 느꼈을 수

고갱, 〈올리브 정원의 그리스도〉
1889년
캔버스에 유채, 73×92cm
플로리다 노튼 미술관

도 있다. 빈센트의 주장을 들어보자.

오, 하나님. 맙소사! 악몽과 같은 〈올리브 동산의 그리스도〉를 나는 애도할 수밖에 없다네. 지금 편지하면서 다시금 크게 울부짖는다네. 내 폐가 내지를 수 있는 가장 큰 힘으로 자네 이름을 부르면서 요청하고 싶다네. 제발 자네 자신이 되기를 간청하이. 〈십자가를 지신 그리스도〉는 끔찍하다네. 그 그림의 색조가 조화롭다고 할 수 있겠는가? 나는 그럴듯하게 보이지만 위조에 불과한 이런 그림을 결코 용서할 수 없다네.(B 21)

사진과 달리 현실과 실재를 있는 그대로 재현해 낼 수 없을진대 그림은 어느 정도 상상에 의존할 수밖에 없다. 사진조차 있는 그대로의 현실과 실재를 재현할 수 없는 바에는 말이다. 고갱과 베르나르는 실재를 과학적으로 재현하려고 한 신인상파와 거리를 두고는 실재와 상상, 사실과 자유가 종합된 길을 찾았다. 하지만 종합과 평형을 유지하려는 이런 노력은 결국 한쪽으로 기울 수밖에 없었다. 완전한 자유, 완전한 상상, 완전한 원시성으로 기울 수밖에 없었다.

빈센트는 이와 달리 자신의 감정에 충실하면서도 실재에서 유리되기를 결코 원치 않았다. 그는 그림에서 상상의 요소를 배제할 수 없다 하더라도 실재를 희생하면서까지 상상에 자신을 맡기기를 원치 않았다. 그는 실제로 실재가 있음을 믿었는데, 그에게 그림은 곧 실재의 성육신, 곧 실재의 상징화였다.

신앙에서 상상이란 무조건 죄악된 것이요 마귀적인 것일까? 청교도적인 신앙을 성경적인 신앙이라고 믿는 이들은 성경 속 이야기를 회화로 표현하는 것마저 죄악된 것으로 여기기까지 한다. 더 나아가 성경 기록을 있는 그대로 믿어야지 거기에 상상의 요소를 가미하면 죄를 짓는 것이라고 말한다.

상상이라고 다 같은 것이 아니다. 긍정적이고 신앙적인 상상이 있고, 부정적이고 죄악된 상상이 있다. 인간은 온갖 종류의 상상을 하며 살아간다. 상상은 생각의 한 요소다. 상상을 통해 우리는 우주를 드나들 수 있다. 상상을 통해 우리는 지구상 어디든 갈 수 있다. 상상이라 하면 가상의 세계라고 생각하는 것은 잘못이다. 상상의 세계는 결코 가상의 세계가 아니다. 역사와 조우할 수 있는 능력이 바로 상상에 있다. 과거와 현재가 만나는 지점이 바로 상상인 것이다.

; 동화의 세계

상상력을 자극하는 것으로 동화를 예로 들 수 있을 것이다. 동화 속에서는 나무가 말을 하고, 짐승들도 말을 한다. 동화가 현실과 가상을 구분하지 않기 때문에 아이들에게 동화를 들려주면 안 된다고 할 것인가? 동화야말로 어린이들에게 자연 만물과 접촉하는 가교 역할을 하지 않는가?

동화의 기본 줄거리가 상황, 위기, 반전, 해피엔딩이라고 한다면 동화야말로 하나님의 역사를 간접적으로 보여주는 것이 아닌가? 더 나아가 모든 우주 만물이 구속의 때를 기다리며 신음하고 있다는 말씀이야말로 동화의 역할을 분명하게 보여주는 것이 아닌가? 성경이야말로 가장 위대한 동화라고 할 수 있을 것이다.

상상력 없이는 성경을 제대로 이해할 수도 없을 것이다. 상상력 없이 우리가 어떻게 과거의 사건이 기록된 성경을 제대로 이해할 수 있겠는가?

〈알프스 산맥을 배경으로 한 올리브나무들〉
생 레미, 1889년 6월
캔버스에 유채, 72.5×92cm
뉴욕, 존 휘트니 여사 컬렉션

* 올리브 나무가 바람에 물결치고 있다. 심어진 땅조차 바다에 떠 있는 듯, 구름처럼 둥둥 떠다니는 듯하다. 배경의 바위산들도 기괴하기 짝이 없다. 그럼에도 빈센트는 격렬한 보색을 피하면서 차분한 색조로 상쾌한 분위기를 드러내려 했다.

성경 기록을 읽을 때 우리는 상상력을 동원하여 당시로 돌아가 보아야 한다. 내가 바로 그 역사적인 현장에 서 있는 것 같은 상상을 하는 것이 잘못된 것이 아니다. 그런 상상 없이 어떻게 예수 그리스도와 인격적으로 만날 수 있겠는가? 그런 상상을 '환생을 믿는 것과 다를 바 없다'고 치부할 것인가? 어릴 때부터 상상력을 마음껏 키우는 것이야말로 신앙생활에서 중요할 뿐만 아니라 필수적이기까지 하다.

우리 자녀들이 《해리 포터》 시리즈를 비롯하여 최근 부활한 환타지 소설을 절대로 보면 안 되는 것일까? 톨킨John Ronald Reuel Tolkien, 1892-1973의 그 유명한 환타지 소설 《반지의 제왕》 덕분에 C. S. 루이스Clive Staples Lewis, 1898-1963가 기독교의 실재에 비로소 눈뜨게 되었다는 사실을 어떻게 설명할 것인가? 그 결과 그는 《나니아 이야기》라는 멋진 기독교 작품을 탄생시키지 않았는가? 해리 포터 시리즈로 최고의 인기를 누리고 있는 롤링Joanne Kathleen Rowling 여사도 자녀의 침대 머리맡에서 루이스의 《나니아 이야기》를 읽어 주었다지 않은가?

어릴 때는 어쩔 수 없이 환상과 현실의 세계를 넘나든다. 우리는 이런 아이들의 모습을 현실감각이 떨어진다고 책망하지 않는다. 환상 속에 살아보지 못한 아이들이야말로 불행한 아이들이다. 늘 현실적인 생각만을 강요당하는 아이들의 삶이야말로 가장 피폐한 삶이다. 어른이 되어서까지 잘못된 환상에 사로잡혀 있는 것이야말로 치명적이다. 하지만 어릴 때 환상을 제대로 갖지 못한 채 자란 아이가 성인이 되어서 잘못된 환상에 사로잡히기 쉽다는 사실을 알아야겠다.

; 종교화란?

기독교인이 되었다는 것은 주일에 교회 가는 것 정도를 의미하는 것이 아니다. 특정한 종교 교의를 암송하고, 특정한 종교 의식에 참여하는 것을 의미하는 것도 아니다. 기독교인이 되었다는 것은 모든 것을 보는 관점, 즉 세계관이 새롭게 형성되었다는 말이다. 쉽게 말하면 하나님의 관점으로 모든 것을 바라보게 되었다는 말이다. 그러면 기독교인은 이 세상에서 어떻게 살아야 하는가? 기독교인이 된 철학자는 기독교 철학을 해야 하는가? 기독교인이 된 예술가는 기독교 예술을 해야 하는가?

기독교 예술이란 것이 과연 존재할까? 기독교 문화라는 말만 해도 그렇다. 예술을 기독교적으로 해야 한다는 의미로 받아들이면 문제가 없을 것이다. 하지만 세속 예술과 대비되는 기독교 예술이라는 영역이 따로 존재하지는 않을 것이다. 기독교 예술은 기독교인이 하는 예술을 의미하는 것이 아니다. 기독교 예술은 기독교적으로 하는 예술이다. 어떤 주제를 선택하느냐의 문제가 아니다. 주제에 의해 기독교 예술과 세속 예술이 나뉘는 것이 아니다. 얼마나 기독교적인 관점을 가지고 예술을 하느냐의 문제다. 기독교적인 주제가 아닐 때에는 얼마든지 중립적인 관점에서 자연을 있는 그대로 묘사할 수 있다는 생각이야말로 착각이다.

종교적인 주제로 그림을 그리면 종교화가 되는가? 종교적인 주제가 아닌 평범하고 일상적인 모습을 그리면 세속적인 그림이 되는가? 주제가 종교화와 세속화를 가르는 기준이 될 수 없다. 종교적인 주제로 그렸지만 반기독교적인 메시지를 던지는 그림이 우리 주위에는 수없이 많다. 그런 그림이 성경공부 교재나 경건서적들에 버젓이 삽화로 등장하는 것을 종종

〈올리브 숲〉
생 레미, 1889년 6월 중순
캔버스에 유채, 72×92cm
오테를로, 크뢸러-뮐러 박물관

* 빈센트는 프로방스의 진정한 토양을 제대로 묘사하려면 각고의 노력이 필요하다고 생각했다. 게다가 오렌지 나무의 은색을 제대로 표현해 내는 것이 큰 과제라고 생각했다. 그는 올리브 나무라는 주제 자체에 스스로 어떤 정당성도 부여하지 않은 채 계속 이 주제로 돌아가곤 했다.

볼 수 있다. 예수 그리스도의 얼굴 뒤로 후광을 두른들 그것이 저절로 기독교 그림이 되는 것이 아니다. 기독교적인 주제로 제작한 영화가 작품성이 너무 떨어지기에 정작 기독교인에게마저 외면당하는 경우도 흔하다.

성경 사건 기록의 배경을 그럴듯하게 재구성하려는 노력 자체를 무시할 필요는 없을 것이다. 그런 노력을 성경을 부인하려는 노력이라고 치부할 필요도 없을 것이다. 하지만 성경에 기록된 이야기를 상세하게 재현하는 것이 기독교 문학의 소명은 아니다.

설교자도 마찬가지다. 설교자는 성경 기록을 설교해야지, 성경 기록 배후에 있었을 사건을 찾아내어 설교하는 자가 아니다. 우리에게는 성경 기록이 곧 사건이다. 아니, 성경 기록이야말로 역사적인 사건에 대한 신적인 해석을 담고 있는 기록이다. 사복음서를 잘 대조해 보면 예수님의 일생에 대한 완벽한 모습을 구성할 수 있을 것이라는 생각은 착각에 불과하다. 사복음서 대조성경은 아무리 생각해도 복음의 다채로운 설명을 칙칙한 단색조로 칠한 싸구려 그림으로 만든 것에 불과하다.

빈센트는 렘브란트가 그린 수많은 성경 이야기에 매료되었다. 그는 렘브란트가 그린 성경 이야기를 모사하기를 즐겼지만 성경 이야기를 직접 그림으로 표현하기는 꺼렸다. 성경 이야기를 그림으로 표현한다고 해서 그것이 사실적으로 사람들에게 다가간다고 생각하지 않았기 때문이다. 빈센트는 일상적인 삶의 주제로 신적 임재를 경험할 수 있는 길을 보이려고 했다. 그는 일상의 언어가, 일상의 상징이 신적 임재를 불러일으키는 길을 찾았다.

빈센트는 올리브 나무를 그리면서 감람산은 어디에나 있다고 말한다.

우리는 어디서든 그리스도께서 하나님의 뜻을 묻기 위해 땀이 핏방울이 되기까지 기도하셨던 그 자리를 생각할 수 있다. 그 자리는 다름 아닌 일상의 자리다. 우리는 어디서 무엇을 하든지 하나님을 연상할 수 있고, 그리스도께서 하신 일을 연상할 수 있다. 하나님을 아는 길은 우리에게 얼마든지 열려 있다.

; 연상 능력

문학가들은 종종 말장난을 통해 많은 의미들을 던져주려 한다. 성경에도 수많은 말장난, 즉 언어유희가 있음을 볼 수 있다. 하나님께서도 언어유희를 통해 진리를 분명하게 이해할 수 있게 하셨다. 말장난은 말 그대로 말장난을 위해 하는 것이 아니다. 요즘 세대들이 하듯이 말꼬리를 잡기 위해, 말을 노리갯감으로 삼기 위해 하는 것이 아니다.

예수님께서 하신 비유가 천국의 진리를 선포하기 위한 도구였듯이 언어유희야말로 천국의 진리를 지상의 수준으로 끌어내려서 이해하게 하기 위한 수단이다. 언어유희는 하늘과 땅을 연결하는 고리다. 하나님의 말씀은 공중에서 한번 울려 퍼지고는 사라져 버리는 신기루와 같은 것이 아니다. 하나님의 말씀은 친근하게 우리의 수준으로 다가오는 말씀이다. 언어유희는 엄숙한 하나님의 진리를 친근한 인간의 언어로 표현하는 수단인 것이다.

말이 새로운 말을 불러낸다. 부름 받은 말이 또 다른 말을 불러낸다. 이렇게 말의 연결고리가 생겨나서 우리의 삶 전체를 그 말 앞으로 불러낸다. 진정한 연상 작용을 불러 일으키는 말장난이야말로 가장 힘 있는 말이라

〈올리브 열매 따기〉
생 레미, 1889년 12월
캔버스에 유채, 73×92cm
오테를로, 크뢸러-뮐러 박물관

고 하지 않을 수 없다. 어릴 때부터 우리는 이런 말장난을 가지고 얼마나 재미있게 놀았던가. "원숭이 엉덩이는 빨게, 빨간 건 사과, 사과는 맛있어, 맛있는 건 바나나……" 하는 놀이 말이다. 이런 말장난을 통해 우리는 세상 만물들이 아무 관련 없이 떨어져 있는 것들이 아니라 얼마나 밀접하게 연관을 맺고 있는 것인지를 몸으로 느낀 것이다.

심리적으로 긴밀한 연결고리를 지닌 연상을 통해 우리는 자유의 길로 나아갈 수 있다. 이후 초현실주의자들이 가장 관심을 가진 것이 바로 이 연상 작용이었다는 사실은 우연이 아니다. 그들은 연상 작용을 통해 의식의 세계 배후에 잠자고 있는 잠재의식을 일깨우기를 원했다. 그들은 연상을 통해 논리의 기반이 되는 자아를 무력화시킴으로 사람의 근원에 놓인 잠재의식을 해방시키려고 했다. 하지만 연상이 논리를 파괴하는 것은 아니라고 본다. 연상이야말로 논리를 대체하는 것이 아니라 논리와 어깨동무하고 가야 할 그 무엇이다.

; 올리브 동산

빈센트는 연상 작용의 중요성을 알고 있었다. 말의 연상 작용뿐만 아니라 그림이 불러 일으키는 연상 작용을 알고 있었다. 올리브 나무가 무엇을 연상시키는가? 당연히 올리브 기름이 연상될 것이다. 올리브 기름이 건강에 좋다는 것이 입증되었기 때문일 것이다. 올리브 기름 하면 연상되는 것이 무엇인가? 프라이팬. 프라이팬 하면 연상되는 것이 무엇인가? 계란. 계란 하면 연상되는 것이 무엇인가? 이렇게 끝없이 연상 작용을 해갈 수 있을 것이다.

〈언덕 비탈에 서 있는 올리브 나무들〉
생 레미, 1889년 11–12월
캔버스에 유채, 33.5×40cm
암스테르담, 고흐 박물관

기독교인에게는 또 다른 연상 작용이 있다. 빈센트의 올리브 나무가 무엇을 연상시키는가? 감람산을 연상시키지 않는가? 예수님이 십자가를 지시기 직전에 고통스럽게 하나님께 기도하시던 장면이 자연스럽게 연상되지 않는가? 빈센트의 말을 들어보자.

이번 달에는 올리브 숲을 작업하고 있어. 그들의 '동산에서의 그리스도'가 내 신경을 자극했기 때문이지. 물론 성경에서 어떤 주제를 이끌어내는 것을 걸고넘어지고 싶지는 않아. 나는 베르나르와 고갱에게 우리의 의무는 생각하는 것이지 꿈꾸는 것이 아니라고 편지했지. 나는 그들의 작품을 보면서 그들이 그런 방식으로 작업한다는 데 놀라지 않을 수 없었어. 베르나르가 나에게 자기 캔버스를 사진 찍어 보냈지. 그들과 계속 다투게 되는 것은 그것들이 일종의 꿈이나 악몽이기 때문이야. 그들은 충분히 박학다식하지만 네가 보더라도 그들이 원시성에 홀딱 빠졌다는 것을 알게 될 거야.(편지 615)

올리브 동산에서 기도하는 예수님의 모습을 직설적으로 묘사한 그림을 본다고 해서 예수님의 고통을 깊이 이해하게 되는 것은 아니다. 그런 그림은 너무 직설적이어서 아무런 상징을 담지 못하기에 효과가 반감되기 쉽다. 그림 자체가 너무 직설적이면 깊이 스며들기 힘들다. 빈센트는 상징의 세계 속으로 깊이 스며들 수 있는 그림을 그리기를 원했다.

올리브 동산에서 기도하는 예수님의 모습을 그림으로 그리지 않고도 예수님을 연상할 수 있는 길은 얼마든지 있는 법이다. 올리브 나무만 그려 놓아도 예수님을 연상할 수 있고 예수님의 고통을 환기시킬 수 있다. 연상의 능력이 신앙생활에서도 중요한 법이다.

누님! 벌써 아침저녁으로 찬바람이 불어와 옷깃을 여미게 되네요. 또 한 해가 지나가고 있다는 소슬한 느낌에 왠지 모르게 서글퍼지기도 합니다. 네덜란드로 이사 올 때 큰 욕심을 하나 부린 적이 있지요. 동화책을 할인하는 어떤 도매서점에 들러 이 책, 저 책 욕심껏 집어왔지요. 외국에서 아이들에게 한글을 가르칠 수 있는 제일 좋은 방법이 동화책을 읽게 하는 것이라는 생각 때문이었지요. 그것도 욕심뿐이었지 책을 읽어주기는커녕 그 책들에 먼지만 수북이 쌓여가고 있네요. 이곳에서 네덜란드어며 영어를 배우며 자라는 우리 아이들은 한글을 읽고 말하는 시간이 턱없이 부족합니다. 토요일에 겨우 네 시간 한글학교에 가는 것뿐이니까요. 외국어가 그들의 입과 생각을 사로잡는 만큼 한글은 밀려나고 있습니다. 요즘 자라나는 아이들에게는 언어가 경쟁력이라는 말을 하지만, 모국어에 익숙하지 않은 아이들이 다른 언어를 배워본들 얼마나 도움이 될지 모르겠네요.

한국에서 자라는 아이들은 상상의 세계를 너무 빨리 벗어나 현실 속에서 주눅 들어 생활하고 있지요. 한국에 있을 때도 이 사실을 모르지 않았지만 외국에서 살다 보니 더 절실하게 느끼게 되네요. 출판사들이 앞 다투어 외국 동화를 번역해서 내 놓는 등 동화책이 끊임없이 쏟아져 나오는데 무슨 걱정이냐고 할지 모르겠습니다. 요즘 부모들의 눈이 높아져서 시시한 동화책이나 위인전 전집 같은 것은 눈에 차지도 않아 하는데 말입니다. 하지만 한국에서는 아이들 학습지 시장이 가장 큰 출판시장이라는 사실이 무엇을 의미하겠습니까? 우리 아이들은 동화책을 보면서도 동화의 세계에 빠져들기는커녕 논술시험 등을 의식한 또 다른 공부를 하고 있지요.

누님이 어릴 때는 어떠셨어요? 골목길이나 들판에서 해 질 무렵까지 친구들과 어울러 다니면서 놀다가 엄마 아빠가 온 동네를 찾아다닐 때가 되어야 겨우 집에 들어가지 않았습니까? 이제 이런 모습은 어디에서도 볼 수 없지요. 신기한 것이, 선진국이라는 이곳에서 저희 아이들이 그러고 있으니 한국 분들이 보면 혀를 끌끌 찰 것입니다. 도대체 저 아이들이 커서 무엇이 될지 걱정이겠지요. 이렇게 느슨하게 자란 이곳 아이들이 사람 구실 하지 못하는 것을 본 적이 없습니다. 어릴 때부터 끊임없이 어른들과 더불어 말장난을 하고, 자연 만물을 통해 수많은 연상 속에서 자라난 아이들이야말로 가장 건강하게 자라는 것이니까요. 아이들의 장래를 그렇게 염려하는 한국의 부모들과 기성세대들이 교육 문제마저도 최고의 장삿거리로 만들고 있다는 사실 앞에 할 말을 잃습니다. 외국에서 자녀를 키우는 사람이 배부른 소리를 하고 있지요? 누님이야말로 한국의 아이들이나 청소년들이 자라는 모습에 누구보다 더 상처를 입으셨을 텐데 말입니다. 그럼에도 새로운 자녀들까지 계속 낳아 가시는(?) 누님의 모습이 신기하기만 할 따름입니다. 누님의 투쟁에 격려를 보냅니다.

사이프러스 연작,
도무지 어떻게 해볼 수 없을 때

〈사이프러스와 별이 있는 길〉
오베르, 189년 5월
캔버스에 유채, 92×73cm
오테를로, 크뢸러-뮐러 박물관

빈센트는 생 레미 요양원에서 예고 없이 엄습해 오는 발작과 싸워야 했다. 발작을 일으키는 것이 너무 고통스러워 물감을 삼키기도 했다. 병원 측이 이것을 알고 그림 도구를 다 빼앗아 버려 그림을 그리지 못할 때도 있었다. 이때 그는 도무지 어떻게 해볼 수 없는 발작에 대한 외형적인 투영의 대상을 하나 설정했는데, 그것이 바로 사이프러스다. 지중해 연안 국가들에서는 사이프러스를 죽음의 상징으로 해석하기 때문에 공동묘지에 사이프러스가 종종 등장한다. 빈센트는 사이프러스를 보면서 죽음의 기운을 느낀 것이 아니라 살아 있지만 도저히 공략할 수 없는 신비한 그 무엇으로 느꼈다. 도무지 어떻게 해볼 수 없지만 살아야겠다는 강렬한 욕망이 사이프러스에 투영된 것이다. 모세가 광야에서 양 치면서 본 그 떨기나무가 연상되었는지 모르겠다.

사이프러스는 빈센트에게 황홀한 느낌을 주었을 뿐만 아니라 어떻게 표현해야 할지 도무지 감을 잡을 수 없는 그 무엇이었다. 본질이 명확하게 드러나지 않는, 아니 그 본질을 명확하게 표현하기 힘든 신비한 대상이었다. 빈센트는 〈별이 빛나는 밤에〉라는 그림을 통해서도 사이프러스를 전면에 배치하여 화폭 대부분을 차지하게 했다. 앞의 그림은 사이프러스 연작의 마지막 작품인데, 오베르 쉬르 와즈Auvers sur Oise에서 그린 그림이다. 밤의 풍경이지만 전혀 다른 느낌을 준다. 파도처럼 일렁이는 하늘을 배경으로 불타는 사이프러스가 하늘을 찌르고 서 있다. 하루 일을 마친 농부들이 집으로 돌아가는 길과 먼 곳으로 길을 떠난 이들이 돌아오는 길을 사이프러스가 비춰주고 있는 느낌마저 든다.

사이프러스 연작,
도무지 어떻게 해 볼 수 없을 때

; 완벽하게 이해하지 않아도 된다

빈센트는 사이프러스를 불타는 것처럼 그리면서도 그 나무를 구체적으로 표현해 낼 수 없는, 본질이 명확하게 드러나지 않는 신비한 그 무엇으로 보았다. 그가 동생 떼오에게 보낸 편지로 직접 확인해 보자.

아직도 사이프러스에 매달려 있어. 그것들을 해바라기와 마찬가지로 그리고 싶어. 왜냐하면 여태 내가 보던 방식으로 그리지 못했다는 것이 놀랍거든. 그 선과 비례는 마치 이집트 오벨리스크처럼 아름다워. 그 푸름이 아주 독특해. 해질 녘의 풍경 속에서 그것은 '검은' 점이지만 내가 생각할 수 있는 가장 흥미로운 검은 색조인데 정확히 공략하기가 어렵지.(편지 596)

빈센트는 베르나르에게 편지하면서도 "아무튼 사이프러스는 그리기 쉽지 않아"라고 토로한다. 그는 평론가 오리에에게 편지하면서도 사이프러스에 관해 다시 언급한다.

다음번에 동생에게 그림을 보낼 때 당신을 위해 사이프러스 그림을 함께 부치겠습니다. 당신의 글에 대한 추억으로 그 그림을 기꺼이 받아주면 좋겠습니다. 사이프러스는 프로방스 풍경의 전형이지요. 당신이 "심지어 검은색에서도"라고 했을 때 그것을 감지했겠지요. 지금껏 나는 그것을 내가 느끼는 대로 제대로 그려내지 못했습니다. 그 결과 작업하지 못한 채로 거의 2주일을 보내곤 하지요. 하여튼 이곳을 떠나기 전에 나는 이 주제로 다시 돌아가 사이프러스에 도전할 생각입니다.(편지 626a)

현대는 무엇이든 정확하게 표현하는 능력을 강조한다. 어떤 문제든지 그 문제를 명확하게 정의하기를 원한다. 하지만 성경에는 어떤 개념에 대한

〈두 여인이 있는 사이프러스〉
생 레미, 1889년 6월
캔버스에 유채, 92×73cm
오테를로, 크뢸러-뮐러 박물관

* 화폭 전체를 뒤덮고 있는 사이프러스. 두 여인이 사이프러스 앞을 지나고 있다. 빈센트는 물감이 마르기 전에 덧칠을 계속해 가면서 사이프러스를 가장 두텁게 묘사했다. 빈센트는 자신의 방에 해바라기와 더불어 이 사이프러스를 같이 걸어 놓으므로 찬란한 황금빛과 격렬한 어두운 색이 조화를 이루게 했다.

명확한 정의가 드물다. 단순화하긴 힘들지만 히브리적 사고와 헬라적 사고의 차이가 이런 부분을 통해 드러난다고 지적하는 이들이 있다. '그리스인들은 논리학자이고, 히브리인들은 심리학자'라는 구분 말이다.

헬라적 사고는 어떤 개념이든지 명료하게 정의 내리기를 원한다. 물론 그 정의를 이끌어 내기 위한 가장 좋은 방법은 대화라고 생각했다. 대화를 통해 한 사람의 생각만이 아니라 다른 사람의 생각이 드러나고, 그래서 두 생각이 부딪쳐 보편적인 진리에 이를 가능성이 크다고 생각한 것이다. 하지만 히브리적 사고는 눈으로 보는 것의 이면을 더듬어 듣고 느끼면서 삶을 경험했다. 믿음의 경우만 해도 그렇다. 헬라인들은 믿음의 정의를 내리기를 애썼지만 성경은 믿음이 무엇이라고 정의하지 않는다. 단지 믿음의 예를 통해 믿음의 실체를 재구성한다.

설명할 수 없는 것을 굳이 설명하려고 애쓸 필요가 있을까? 정의 내리거나 설명하기 전에는 아무것도 할 수 없는 것이 아니다. 설명할 수 없는 것들에 대해서도 우리는 이미 충분히 알고 있고 그 속에서 살아가고 있다. 이미 잘 알고 있음에도 막상 질문을 받으면 뭐라고 설명해야 할지 몰라서 당황할 때가 많지 않은가? 설명할 수 없다고 모르는 것이 아니다. 우리 삶에 본질적인 것들은 실은 설명할 수 없는 것들이다. 삶의 근원적인 것들은 논리적으로 설명하려는 순간 그냥 흩어져서 사라져 버린다.

어떻게 하면 사람을 설득할 수 있을까? 사람들을 잘 설득하기만 하면 얼마든지 믿음을 갖게 할 수 있다고 생각하기도 한다. 다른 사람을 설득해 보겠다는 것은 내가 모든 것을 다 알고 있다는 태도이다. 아니, 하나님께서 모든 것을 다 밝혀 놓으셨기 때문에 복잡한 세상사에 대한 답을 알 수 있다는 태도이다. 그런데 성경을 아무리 많이 읽어 보아도 우리의 삶에 대한 구체적인 답을 얻을 수는 없다. 성경에서조차 설명하려 하지 않고, 알려주지도 않는 것을 다 아는 듯이 설명해 낼 수는 없는 노릇이다. 우리에게 필요한 확신은 다 알고 있다는 확신이 아니라 잘 몰라도 순종할 수 있다는 확신이다.

우리는 완벽하게 이해하지 않아도 된다. 완벽하게 설명할 수 없어도 된다. 인생의 신비는 논리와 설명으로 다 풀어낼 수 없다. 우리 인생사와 세상사는 논리적으로 완벽하게 설명해 낼 수 없는 신비한 존재요, 신비한 세상이다. 하나님의 신비가 이 세상에 가득 차 있다. 우리가 하나님의 신비를 완벽하게 이해했다고 말할 수 없을진대 이 세상사에 대해서도 너무 아는 체하지 말 일이다. 이 세상이 어떻게 될 거라고 구체적인 일람표를 제시하지도 말 일이다.

하나님을 믿음에도 이 세상은 신비로 가득 차 있다. 아니, 하나님을 믿기 때문에 우리는 이 세상을 더 신비롭게 바라볼 수밖에 없다. 성도들은 다 아는 체하는 자들이 아니라 삶을 있는 그대로 바라보고 시인할 수 있는 사람들이다. 내가 장악할 수 없는 것을 굳이 장악하려고 애쓸 필요가 없다. 삶은 너무나 신비로운 것이어서 우리 손으로 꽉 움켜쥘 수 없다. 성도들은 아프게 꽉 쥐고 있는 사람이 아니라 느슨하게 쥐고 있는 사람이다.

; 깊은 고뇌

빈센트는 자신의 표현 능력을 향상시키고자 불철주야 노력했다. 야외에

사이프러스 연작,
도무지 어떻게 해 볼 수 없을 때

서 밤 풍경을 그릴 때는 밀짚모자에 사방으로 초를 켜 놓고는 그림을 그렸다. 이젤과 화구를 들고 나가 하루 종일 그림을 그릴 때도 허다했다. 하지만 빈센트가 이르고 싶어 한 경지는 남들이 결코 표현해 낼 수 없는 새로운 표현 방법을 개발하는 것에 있지 않았다. 그는 새로운 주제를 그림으로 표현하려고 하지 않았다. 당시 인상파의 그림 주제가 너무나 평범한 것이었기에 일반인들에게 센세이션을 불러 일으켰다. 빈센트는 너무나 평범한 주제를 그림으로 표현하면서도 인물이나 풍경에 대한 자신의 인상 정도가 아니라 깊은 고뇌가 전달되기를 원했다.

내가 인물화나 풍경화에서 표현하기를 바라는 것은 감성적이며 우울한 요소가 아니라 뿌리 깊은 고뇌란다. 내 작품을 본 사람이 이 화가는 심히 고뇌하고 있다고, 정녕 격렬하게 고뇌하고 있다고 말할 정도의 경지에 이르고 싶구나. 흔히들 말하는 내 작품의 거친 특성에도 불구하고, 아니 어쩌면 바로 그 거친 특성 때문에 더욱 절실하게 감정을 전달할 수 있을지도 모르겠다. 이렇게 말하면 자만하는 듯 보이겠지만 말이다. 내 모든 걸 바쳐 그런 경지에 이르고 싶구나.(편지 218)

빈센트가 자기 작품을 사람들이 인정해주고 값을 톡톡히 쳐 주기를 기대하지 않은 것은 아니다. 그는 대중의 갈채를 받을 수 있는 작품을 만들 수 있기를 간절히 기대했다. 그는 누구보다 사람의 인정을 받고 싶었다. 하지만 자신에게는 그런 대단한 재능이 없다고 생각하여 끝없이 절망하였다. 놀라운 사실은 성공해야겠다는 생각이 그에게 흥분을 안겨 주기보다는 자신을 냉정하게 만든다고 적고 있다는 점이다. 성공하기를 소망하는 마음이 없다면 무기력한 자라고 부를 수밖에 없을 것이다. 수단

〈사이프러스가 있는 밀밭〉
생 레미, 1889년 9월 초
캔버스에 유채, 72.5×91.5cm
런던, 내셔널 갤러리

* 빈센트는 사이프러스와 밀밭과 하늘을 조화롭게 그려 넣으므로 삶과 죽음, 기쁨과 슬픔, 고난과 성취가 서로 대립하지 않고 같이 손잡고 가는 역설을 표현하고 있다. 공간과 색채에 깊이를 부여하는 이런 작품이 가장 극심한 고통의 시간을 보내고 있을 때 제작되었다는 사실 또한 역설이라 하지 않을 수 없다.

과 방법을 가리지 않고 성공만 하면 된다고 생각하는 사람은 사람이기를 포기한 것이나 다를 바 없다. 사람의 인정을 받고 싶어 하는 마음이 도리어 자신을 냉정하게 만든다고 했던 빈센트야말로 부단히 자신과 싸운 사람임에 틀림없다.

현대인들은 갈수록 참을성을 잃어간다. 어떤 이의 말처럼 현대인들은 컴퓨터를 업그레이드함과 동시에 참을성을 폐기처분한다. 컴퓨터가 부팅되기까지의 1, 2초를 참지 못한다. 계속 자판을 두드려댄다. 이놈의 컴퓨터가 구식이라고 하면서 말이다. 현대인들이 타인에 대해 참지 못하는 모습이 한계를 넘어서고 있다. 자신에 대해서도 마찬가지다. 자신을 있는 그대로 받아들일 줄을 모른다. 자신이 아닌 다른 사람이 되려 한다. 정말 성공하고 싶으면 자신의 장점뿐만 아니라 단점마저도 그럴듯하게 자랑할 수 있어야 한다.

경건의 능력이 무엇이겠는가? 문제를 해결하는 능력이 아니다. 아무리 경건하다고 한들 문제가 없어지지 않는다. 아무리 믿음이 깊다고 한들 살아서 별별 추한 꼴들을 다 보고 살아가지 않을 수 없다. 진정한 경건은 문제가 없기를 바라는 것이 아니라 문제를 회피하지 않고 짊어지고 가는 능력에 있다. 당면한 문제를 빨리 해치워 버리겠다는 생각이야말로 문제를 회피하는 것과 다를 바 없다. 진정한 경건은 남의 눈에 형편없이 보여도, 너무나 무기력하게 보여도 자기 내부에서 일어나는 의심의 문제와 계속 싸워 가면서 끝까지 소망을 놓지 않고 하나님을 붙드는 것이다.

나 자신의 능력으로 도무지 해결할 수 없는 문제에 직면했을 때 어떻게 해야 할까? 질문 자체가 모순이다. 자신의 능력으로 도무지 어떻게 해볼 수 없는 문제에 직면했는데 무엇을 할 수 있다는 말인가? 아무것도 할 수 없다. 사람이란 존재는 아무것도 할 수 없는 그때 가장 인간다운 모습이 드러난다. 우리가 뭔가를 할 때 나의 본래 모습이 드러나는 것이 아니다. 내가 아무것도 할 수 없을 때 비로소 나의 본 모습이 드러난다. 나도 몰랐던 나의 모습이 드러난다. 내 능력으로 아무것도 할 수 없을 때 나의 본 모습이 드러난다는 사실이야말로 인생의 신비 가운데 하나다.

무엇이든 할 능력이 있는데 아무 일도 주어지지 않는 상황이야말로 얼마나 고통스러운 것일까? 나만큼 잘 준비된 사람이 없다고 생각하는데 아무도 알아주지 않을 때 얼마나 절망스러울까? 대학을 졸업했는데도 자기를 써주겠다고 불러 주는 직장이 없을 때 얼마나 절망스럽겠는가?

현대 사회는 눈이 핑핑 돌 정도로 빠르게 돌아가고 있기에 현기증을 느낄 정도이다. 능력을 갖추는 일에 엄청난 시간을 소비하게 해놓고는 정작 그 능력과 기술을 사용하려 하면 이미 한물간 것이 되어 있다. 이렇게 빠른 변화를 어떻게 따라잡을 수 있겠는가? 잡다한 정보 배후에 깔려 있는 지식을 얻는 방법을 개발해야겠다. 거꾸로 치고 나가는 것도 방법일 수 있겠다. 창조성이 부족하다면 옛날 것을 제대로 베끼는 것으로도 주가를 올릴 수 있다. 공자도 평생 옛 것을 부지런히 배우고 익히면서 "전술傳述하되 창작하지 않는다"라고 했다지 않는가?

아무것도 할 수 없을 때 할 수 있는 것이 있다. 견디는 것이다. 기다리는 것이다. 견디고 기다리는 것은 아무 것도 하지 않는 것이 아니라 가장 많은 것을 하는 것이다. 견디는 것은, 기다리는 것은 시간과 정면승부를 벌이는 것이기 때문이다. 시간을 버텨낼 장사가 없을 뿐만 아니라 시간을 이길 문제가 없다. 어떤 문제든지 시간 앞에서 눈 녹듯이 사라진다. 그렇다면 정작 중요한 것은 시간을 어떻게 대하느냐 하는 것이다.

시간을 죽인다는 말이 있다. 정작 중요한 일을 위해서는 시간을 뺄 수 없으면서 사소한 일들로 시간을 죽이는 경우가 많다. 주 5일제 근무가 삶의 패턴을 바꾸어 가고 있다. 처음에 그렇게 좋아하던 한국의 주부들이 이제는 주 6일제 근무로 돌아가야 한다고 소리친다. 외출이나 여행도 한두 번이지 않은가? 남편이 집에 있으니 너무 힘들다. 아이들도 아빠가 집에 있으니까 너무 힘들어 한다. 평상시에 같이 있는 훈련을 해 보지 않았으니 같이 있는 시간이 너무나도 힘든 것이다. 시간을 제대로 죽이는 것이 이렇게도 힘든 것인가?

; 모자란 사람들

세상 일에 초연한 것처럼 보이는 이들이 있다. 도통한 것같이 보이는 이들이 있다. 도가사상에서는 만물을 생성하게 하는 도를 가장 중요하게 생각한다. 도는 실체가 무無다. 그래서 '도상무위 이무불위'道常無爲 而無不爲라고 말한다. 도는 언제나 무위하지만 하지 않는 일이란 없다는 뜻이다. 이렇게 도를 온전하게 터득한 사람을 도가에서는 성인이라고 부른다. 도사인 것이다. 성인은 무위無爲, 무욕無慾을 넘어서 무사無思, 무심無心을 거쳐 무사無私, 무아無我의 경지에까지 이른 사람이다.

성인은 아무 욕심이 없고, 아무것도 하지 않고, 아무 생각이 없는 사람이 아니다. 성인은 세상 일에 아무런 관심이 없다는 듯이 도사연하는 사람이 아니다. 성인은 세상 일에 초연하면서도 현실에 가장 깊이 개입하는 사람들이다.

성도들은 세상을 떠나는 사람들이 아니다. 성도들은 구름 위의 도사가 아니다. 손가락으로 저 하늘만을 가리키는 사람이 아니다. 성도들은 세상 일이 자신과 아무 상관이 없다는 태도를 취할 수 없다. 아무리 타락한 세상이라도 하나님께서 너무나 큰 관심을 갖고 계신 세상을 우습게 아는 것은 하나님을 바르게 믿는 것이 아니다. 독생자마저 세상에 보내실 정도로 이 세상을 중요하게 생각하셨는데 그 세상이 우습다는 말인가?

성도는 세상으로부터 나온 자들이다. 하나님께서 성도를 세상에서 불러내신 이유가 어디에 있겠는가? 저 세상으로 데려가시기 위해서가 아니다. 세상으로 다시금 보내시기 위해 세상에서 불러내셨다. 세상 속에서 살 때는 세상을 제대로 볼 수 없었기 때문에 세상에서 불러내셨다. 이제 세상을 새롭게 볼 수 있는 눈이 생겼으니 다시금 세상으로 들어가야 한다. 성도는 세상에 살지만 세상에 속하지 않은 자다. 무릇 성도는 세상 속의 성도가 되어야 한다. 교회 안의 성도로 만족해서는 안 된다. 교회 안의 성도는 목사로 족하다.

과거에 그리스도인들이 '세속적'이란 말을 '영원한'에 대조되는 '일시적'이란 말과 동의어로 사용한 것이 발단이 되어 시간과 영원, 거룩한 영역과 속된 영역을 나누어 버렸다. 하지만 거룩하고 속된 것, 이 세상적인 것과 저 세상적인 것을 세밀하게 구분해 보려는 것이야말로 세속적인(?)

사이프러스 연작.
도무지 어떻게 해 볼 수 없을 때

〈사이프러스들〉
생 레미, 1889년 6월
캔버스에 유채, 93.3×74cm
뉴욕, 메트로폴리탄 박물관

* 빈센트는 사이프러스를 쏟아지는 햇빛에서 튀어나온 검은 얼룩이라고 생각했다. 파란색을 배경으로 해서 보아야 가장 흥미로운 검은 점이 분명하게 드러난다고 생각했다. 빈센트는 생 레미에서 사이프러스를 집중적으로 그리면서 통제할 수 없고 감을 잡기 힘든 자신의 육체와 정신이 어떤 방식으로 드러날 것인지를 지켜보았다.

발상이다. 거룩한 영역에 발을 들여놓기만 하면 안전하다고 생각하는 것, 저 세상이야말로 우리의 진정한 고향이라고 생각하는 것, 이런 생각들이야말로 기독교적 현실주의가 아니라 불교적인 피안주의, 도피주의라고 해야 할 것이다.

세상이 전부가 아니다. 성도는 자신이 가진 것을 다 쓰지 않는 사람들이다. 배운 지식을 노골적으로 과시할 수 있는데 과시하지 않는다. 수고하여 얻은 권세를 마음껏 누릴 수 있는데 다 누리지 않는다. 다 누리지 않고, 다 쓰지 않는 것이 하나님을 가리키는 길이다. 없는 것마저 있는 체, 모르는 것마저 아는 체하는 것이 세상이다. 있는 것도 없는 체, 아는 것도 모르는 체할 수 있는 것이 하나님을 증거하는 방식이다.

하나님의 능력은 다 쓰지 않고, 다 누리지 않는 모자람 속에 나타난다. 내 모자란 것을 채우려고 동분서주하는 사람을 통해서는 하나님의 능력이 나타날 수 없다. 성도는 아무 것도 할 수 없다고 무기력하게 주저앉는 사람은 아니지만 아무런 방어 없이 무력하게 노출되는 것을 두려워하지 않는 사람이다. 성도는 가면 갈수록 강해지는 사람이 아니라 약해지는 사람이다. 성도는 갈수록 약해진다.

누님! 누님이 당하신 고통은 결코 기억에서 사라지지 않을 것입니다. 사라지기는 커녕 가면 갈수록 더 생생해지지요. 상처가 아무는 것이 아니라 더 깊이 생채기가 나지요. 누가 건드리는 것이 아닌데도 말입니다. 고통이 어디서 시작되고 끝나는지조차 알 수 없지요. 잊으려 하면 더 생생해지니 오히려 그냥 자연스럽게 받아들이는 것이 더 현실적이라고 해야겠군요. 그 고통은 누님의 능력으로 결코 잠재울 수 없는 것입니다. 우리는 우리의 능력에 관계없이 어떤 문제 앞에 망연자실할 수밖에 없는 때가 있습니다. 그때는 인간적인 몸부림조차 아무런 의미가 없지요. 그냥 가만히 있는 법을 배워야 합니다. 무집과 무아의 상태에 들어가라는 말이 아닙니다. 속된 말로 표현하면 시간이 해결해 주기를 기다려야 한다고 해야 할지 모르겠습니다.

어떤 때는 내 마음을 있는 그대로 표현해 보는 것도 필요하지요. 도대체 지금 내 마음은 어떤 상태에 있는지 말입니다. 누님은 이제 어린아이가 되신 것입니다. 무엇을 어떻게 표현해야 할지 하나씩 배워 가야 하니까요. 어린아이가 따지는 것에 무슨 이유가 있습니까? 무슨 논리가 있습니까? 알고 싶은 것이 있으니까 무조건 묻고 따지는 것이지요. 하나님을 향해 치열하게 따지고 묻는 것도 필요하겠지요. 제발 한 말씀이라도 해 보시라고요. 하지만 하나님은 누님이 기대하시는 답을 하지 않으실 것입니다. 하나님은 우리에게 구차한 설명을 하지 않으십니다. 이런 경우에는 예수님 쪽으로 방향을 돌려야겠습니다. 하나님은 예수님을 보내주신 하나님이십니다. 예수님을 보내주신 하나님이시라면 우리의 고통에 대해 어떤 마음을 갖고 계실지 조금은 느낌이 오지요. 도무지 이해할 수 없는 일을 당할 때 우리는 아무런 방어가 필요 없는 어린아이의 자리에 설 수밖에 없습니다.

누님, 너무 분노하거나 낙심하지 마십시오. 내가 저지른 일이 아닐진대 크게 마음

둘 필요가 없습니다. 내가 당한 불행이 내가 불러들인 것이 아니라면 우리는 그것에 크게 괘념할 필요가 없습니다. 그 정도는 기대도 하지 않는다고 생각하시겠지요? 죄책감이 커지지만 않는다면 다행이라고요. 억지로 믿으려 하지 마십시오. 누님의 믿음이 누님 속에서 나온 것이 아닐진대 누님은 시간이 가면 갈수록 약해질 것입니다. 가면 갈수록 약해지면서 동시에 끝까지 견뎌내는 사람이 될 것입니다. 그때 비로소 누님은 믿음의 본질에 관해, 믿음의 초자연적인 성격에 관해 깨닫고 놀라게 될 것입니다. 성도는 가면 갈수록 약해질 뿐만 아니라 가면 갈수록 많이 놀랍니다. 자신 속에는 전혀 존재할 수 없다고 생각했던 것이 어느 순간에 자신 속에 있다는 것을 발견하면서 놀라는 것이지요. 누님도 누님 속에 전혀 없었다고 생각한 것들이 있는 것을 보면서 놀랄 것입니다. 예전에 사소한 일에도 깜짝깜짝 놀라던 것과 정반대의 기쁨의 놀람이 있을 것입니다. 누님의 놀람에 복이 있기를 바랍니다.

꽃 핀 아몬드 가지,
아기의 눈동자 속에 하나님이 계신다

〈꽃 핀 아몬드 나무〉
생 레미, 1890년 2월
캔버스에 유채, 73.5×92cm
암스테르담, 고흐 박물관

빈센트는 동생 떼오의 결혼 소식에 기뻐하면서도 한편으로는 걱정이 앞섰다. 동생이 결혼하면 가계에 대한 부담이 클 텐데 자신은 동생에게 전적으로 의존한 몸이기 때문이다. 그럼에도 빈센트는 생 레미 요양원에 있는 동안 동생 떼오가 아들을 낳았다는 소식을 듣고 뛸 듯이 기뻐한다. 가정을 갖지 못한 자신과 달리 동생 가정에서 태어난 새 생명이 그렇게 반가울 수 없었던 것이다. 그는 꽃 핀 아몬드 가지를 그리고는 방금 태어난 아기의 방에 이 그림을 붙여 달라고 부탁한다. 파란 하늘을 배경으로 겨우내 추위에 떨던 아몬드 가지가 꽃봉오리를 피워내고 있다. 빈센트는 봄을 알리는 전령사와 같은 아몬드 나무가 새 생명에 대한 찬가를 부르고 있는 것처럼 느꼈다.

빈센트는 자신이 풍경화가라기보다는 인물화가라고 생각했다. 그가 풍경을 그릴 때에도 그의 풍경에는 사람의 흔적이 늘 어른거렸다. 그의 풍경화에는 사람의 흔적뿐만 아니라 하나님의 흔적도 있다. 우리는 빈센트의 풍경화, 특히 꽃잎 하나, 풀잎 하나에 깃들어 있는 하나님의 손길을 보게 된다. 빈센트는 자신이 그리는 나무들과 식물들이 살아서 움직이는 것 같은 느낌을 종종 받곤 했다. 빈센트는 하나님이 어디에나 계신다고 느낀 것이다.

; 하나님은 어디에 계실까?

전통적으로 신학자들은 하나님의 신성을 묘사할 때 '전지전능'과 더불어 '무소부재'라는 개념을 많이 사용했다. 하나님은 안 계신 곳이 없이 모든 곳에 계신다는 말이다. 하나님은 어디에나 계신가? 하나님이 어디에나 계

꽃 핀 아몬드 가지,
아기의 눈동자 속에 하나님이 계신다

〈아이리스〉
생 레미, 1889년 5월
캔버스에 유채, 71×93cm
페르쓰, 알란 본드 컬렉션

* 빈센트는 생 레미 요양원에 자발적으로 입원한 직후 정원에 피어 있는 아이리스를 그렸다. 수도원이었다가 당시는 정신병원으로 운영되고 있는 그곳 생활은 빈센트에게 의외로 편안함을 주었다. 하지만 왼쪽에 홀로 피어 있는 흰색 아이리스가 상징하듯이 그는 깊은 고독을 느끼기도 한다.

신다면 하나님은 계속 존재를 확장해 가신다는 말인가?

성경에서는 하나님의 존재를 설명하기 위해 하나님이 계시는 특정한 장소를 지칭한다. 하늘이 하나님이 계시는 곳으로 지칭된다. 하늘에 계시는 하나님께서 이 세상에 존재를 나타내시는데, 그곳이 바로 하나님의 지상보좌가 된다. 성전이 그곳임을 알 수 있다. 그런데 솔로몬은 성전을 지어서 봉헌식을 할 때 "하늘의 하늘이라도 하나님을 감당할 수 없다면 하물며 이 성전이겠습니까?"라고 말한다. 하나님께서 특정한 공간에 갇혀 있지 않은 분임을 고백한 것이다. 하나님의 무소부재는 하나님께서 모든 공간에 퍼져 계신다는 의미가 아니다. 하나님의 무소부재는 하나님께서 공간을 초월해 계신다는 의미로 받아들여야 할 것이다. 하나님은 공간의 주인이시다.

하나님께서 공간을 초월해 계시다면 하나님께서 특정 장소에 계신다는 생각을 버려야겠다. 유대인들은 하나님께서 성전에 계신다고 생각했다. 성전이 하나님의 지상보좌였기 때문이다. 하지만 하나님께서 성전에 계시기 때문에 자기들은 안전하며, 원수들이 쳐들어와도 안전하다고 생각한 것이야말로 착각이었다. 하나님의 언약 백성답게 살지 못할 때 그들 가운데 성전이 있다는 것은 아무런 소용이 없었다.

특정 장소에 하나님이, 성모 마리아가, 천사가 나타났다는 주장들이 있다. 하나님이 사람을 놀래키는 것인가? 성모가 발현했다는 곳을 찾아 신도들이 구름 떼같이 몰려가는 모습을 볼 수 있다. 신유의 기적이 나타나는 기도원을 찾아서 병든 사람들이 몰려가는 모습도 볼 수 있다. 사람은 참으로 연약할 수밖에 없다. 하나님의 특별한 은혜를 받기 위해 찾아가야 할 장소가 과연 어디일까?

하나님께서 특정 장소와 시간에 나타나신다고 해야 한다면 우리는 예수 그리스도의 성육신에 주목할 수밖에 없다. 구약시대에 하나님께서 종종 구름에 싸인 채 현현하셨던 모든 사건들의 최종 성취가 바로 그리스도의 성육신이기 때문이다. 말씀이 육신이 되어 우리 가운데 자리를 펴셨다. 하나님께서 우리 가운데 텐트를 치셨다. 성육신을 통해 하나님이 영구히 육신을 입으셨다. 하나님은 그리스도를 통해 잉태하시고 자라시는 과정을 겪으셨다. 성육신은 우리 인류사에 가장 위대한 사건이었으며 동시에 하나님께도 참으로 놀라운 경험(?)이었음에 분명하다.

하나님은 전지전능의 관점에서만 세상을 바라보시는 것이 아니다. 성육신을 통해 하나님은 이제 그리스도의 육신의 관점을 통해서도 세상을 바라보신다. 하나님께서는 그리스도의 성육신을 통해 새로운(?) 눈을 가지셨다. 이제 하나님은 육체를 가진 우리 인생의 관점을 통해서도 모든 것을 바라보신다. 이처럼 빈센트가 하나님은 어디에나 계신다고 생각했을 때 그는 예수 그리스도를 생각한 것이다.

성경은 "하나님이 영이시다"라고 말한다. 하나님은 우리 인생과 달리 육체를 가지고 계시지 않고 영으로만 이루어져 있으시기에 육신의 눈으로 볼 수 없다. 하지만 성경에서 하나님을 영으로 언급할 때는 눈에 보이지 않는 분이라는 의미가 아니다. 하나님은 영, 즉 생명을 주시는 분이라는 말이다. 하나님이 우리 모든 인생에게 생명을 부여하신다. 하나님만이 우리를 살려주실 수 있다. 하나님 없이는 우리가 존재할 수 없다. 살아 있다 해도 죽은 것이나 다를 바 없다.

절화折花를 보라. 그 얼마나 싱싱하고 아름다운가! 땅에 심어져 있는 꽃보다 더 생생해 보인다. 그 절화는 살아 있는 것 같지만 죽어가고 있다. 이미 뿌리에서 잘렸기 때문이다. 이처럼 하나님을 떠난 인생은 죽어가는, 아니 이미 죽은 인생이라 해야 할 것이다.

; 눈동자 속에 계신 하나님

영적으로 죽은 인생이 이 세상 자연만물을 통해 하나님을 발견할 수 있을까? 기독교 철학자들이 지금까지 신의 존재 증명에 몰두해 왔다. 그 증명 가운데 하나가 바로 자연만물의 아름다움을 통한 증명이다. 이렇게 아름다운 세상이 우연히 존재하게 되었다고 믿을 수 없다는 것이다. 모든 움직이는 것을 움직이게 한 존재가 있을 테니까 말이다. 그 존재는 만물을 생성시키고 움직이게 하지만 자신은 움직이지 않기에 '부동의 원동자原動者'라고 부른다. 그런데 이런 개념이야말로 살아 계신 하나님을 얼마나 초라한 분으로 만드는 것인가?

빈센트는 하나님을 아는 방법은 세상에 있는 것을 사랑하는 데 있다고 보았다. 세상에 있는 모든 것을 사랑하는 것이 하나님의 사랑을 알게 되는 길이라고 보았다. 하나님이 어디 계시냐고 물으면 어린아이의 눈동자 속에 하나님이 계신다고 말하겠다는 것이다.

침울해질 때면 메마른 해변을 걷는 것이 도움이 될 것이다. 길게 흰 포말을 일으키는 회색 바다 물결을 바라보는 것이 큰 도움이 될 것이다. 하지만 뭔가 장엄하고, 뭔가 무한하고, 뭔가 하나님을 만난 것 같은 느낌이 들려면 그렇게 멀리 나갈 필요가 없지. 아침에 태양빛이 요람을 비추면

꽃 핀 아몬드 가지.
아기의 눈동자 속에 하나님이 계신다

〈요람 앞에 무릎 꿇고 있는 소녀〉
헤이그, 1883년 가을
종이에 검은 초크와 연필,
18×12cm
암스테르담, 고흐 박물관

* 빈센트가 헤이그에서 드로잉을 배우던 시절 같이 살던 시엔이라는 여인이 낳은 아기다. 그녀의 딸이 갓 태어난 아기의 요람 앞에 무릎 꿇고 있는 장면을 그렸다. 빈센트는 자신을 결코 방어할 수 없는 아기의 모습을 통해 하나님을 보았다. 사랑이 하나님을 알아본다. 빈센트는 연민이라는 거울에 비친 하나님의 모습을 볼 수 있었다.

아기가 그것을 느끼고 깨어나 목을 울리며 웃음을 터뜨리지. 이때 그 작은 아기의 눈동자 속에서 대양보다 더 깊고, 더 무한하고, 더 영원한 무언가를 느낄 수 있어. 만약 '지고한 곳으로부터 오는 빛'이 있다면 바로 그 아기의 눈동자 속에서 그것을 발견할 수 있을 것이야.(편지 242)

예수님도 어린이와 같지 않으면 하나님 나라에 들어갈 수 없다고 말씀하셨다. 심지어 "이 모든 것을 어린이들에게는 나타내시고 지혜 있는 자들에게는 숨기심을 감사합니다"라고 말씀하셨다. 어린이들은 우리에게 하나님을 보여주는 천사들인가? 유아들의 그 죄 없어 보이는 눈동자 때문에 로마 가톨릭에서는 유아 때 죽은 이들이 가는 유아 림보를 만들지 않았는가?

가정을 갖지 못했던 빈센트, 자기 아이를 갖지 못했던 빈센트는 아이의 눈동자 속에 하나님이 계신다고 말했다. 아마도 그가 평생 잊지 못한 눈동자가 있었을 것이다. 요람에 누워 있던 그 아기의 눈동자 말이다. 그가 평생 가장 후회한 것은 헤이그에서 잠시 동거했던 거리의 여인과 그녀의 아이들을 버리고 떠난 것이다. 빈센트는 가정을 갖기를 그렇게 소망했으면서도 가정을 갖지 못할 운명을 타고 난 것이다.

빈센트에게 방금 태어난 아기는 동경의 존재였을 뿐만 아니라 하나님께서 지금 여기 계신다는 것을 보여주는 가장 확실한 증거였다. 빈센트가 어린이들의 초상을 많이 그린 것도 이런 맥락에서였다. 하나님이 어디 계시냐고 물으면 우리 가정에 계신다고 할 수 있겠다.

하나님께서 가정을 주신 이유는 보이지 않는 하나님을 보여 주시기 위한 방편이었다. 십계명의 두 돌판을 연결해 주는 계명이 부모를 공경하라는 계명이다. 자녀들은 부모를 통해 유추적으로 하나님의 아버지 되심을 배운다. 부모는 자녀에게 하나님을 대신해서 나타난다. 가장 그럴듯하지 않은 모습으로 나타나는 하나님인 것이다.

해비타트Habitat for Humanity라는 기독교건축자원봉사단체가 있다. 한국에서는 '사랑의 집짓기 운동'이란 이름으로 활동하고 있다. 자원봉사자들의 손으로 집을 지어준다는 발상이 놀랍지 않은가? 미국에서 밀라드 퓰러Millard Fuller라는 분이 시작한 운동이다. 미국에서는 대단한 인기를 누리고 있다. 자원봉사자들이 한 흑인 가정을 위해 집을 지어 주었다. 입주식을 하면서 집 열쇠와 성경을 전해 주었다. 자원봉사자가 그 가정의 어린 꼬마에게 물었다. "누가 저 집을 지어 주었니?" 그 아이의 입에서 무슨 말이 나왔는지 아는가? "예수님이 지어 주셨어요"라는 대답이었다. 그 흑인 아이는 기독교인들이 자신들을 위해 땀 흘리며 집을 지은 것을 바라보고는 예수님이 집을 지어 주었다고 생각한 것이다. 이런 것이야말로 하나님께서 이 땅에 계신다는 것을 보여 주는 예가 아니겠는가?

하나님은 하늘에만 계신 분이 아니다. 하나님은 우리 손이 닿지 않는 머나먼 곳에 계신 분이 아니다. 하나님은 이 땅의 문제에 초연해 계시는 분이 아니다. 하나님은 지금 바로 이곳에 계신다.

; 하나님은 사랑이시다

하나님을 머릿속에 떠올리면 가장 먼저 연상되는 것이 무엇일까? 성도들 말고 세상 사람들 머릿속에 말이다. 아마도 사랑일 것이다. 지금까지 교회가 하나님을 소개할 때 "하나님은 사랑이시다"라는 문구만큼 많이 소개한 것이 없을 것이다. 로테르담 길거리 대형 간판에도 "하나님은 사랑이시다"라는 문구가 크게 내걸려 있는 것을 보았다. 교회는 지금까지 하나님을 사랑이시라고 대대적으로 선전한 셈이다.

세상 사람들은 하나님이 사랑이라는 문구를 자기들 나름대로 해석해 왔을 것이다. 하나님은 따뜻한 기분 그 이상도, 이하도 아니라고 생각하는 경우가 얼마나 많을 것인가? 심지어 사랑이 하나님이라고 생각할 것이 아닌가? 그렇다면 하나님이 사랑이라고 외치기 전에 사랑에 대한 오해부터 불식시켜야겠다.

하나님의 성품 가운데 근본적인 성품이 무엇인지에 대해 신학자들은 저마다의 견해를 말해 왔다. 중세의 최고 신학자 토마스 아퀴나스는 하나님을 존재Being라고 정의했다. 그에게는 하나님의 본질이 하나님의 존재와 동일했다. 무한, 신실, 이성 등이 하나님의 근본적인 성품이라 하기도 한다.

하나님이 사랑이라는 명제는 하나님이 빛이라는 명제, 하나님은 영이라는 명제보다 근본적인 명제라고 할 수 있는가? 그것은 하나님의 사랑을 어떻게 이해하느냐에 따라 달라진다. 개혁신학에서 하나님의 성품을 언급할 때 공유적 속성, 비공유적 속성이라는 구분을 종종 사용해 왔다. 하나님만의 속성과, 사람과 어느 정도 공유할 수 있는 속성의 구분이다. 하지만 하나님의 속성은 예외 없이 다 비공유적이라 해야 할 것이다. 하나님이 사랑이라고 할 때 그 사랑은 인간의 그 어떤 사랑과도 다른 독특한 사랑이다. 사람이 흉내 내는 사랑은 하나님의 사랑을 결코 따라갈 수 없다.

〈오렌지 든 아이〉
오베르, 1890년 6월
캔버스에 유채, 50×51cm
개인 소장

* 빈센트가 오베르에서 마지막으로 행복한 시간을 보낼 때 그린 그림이다. 금발의 천진난만한 아이가 오렌지를 들고 꽃밭에 앉아 있다. 두 뺨이 빨갛게 상기되어 있는 모습이 인상적이다. 빈센트는 오베르의 한 목수집의 두 살 난 아이를 실제 모델로 했는데, 그가 자살한 후 그의 시신이 뉘어져 있는 방에 이 그림이 걸렸다. 모델이었던 이 아이의 아빠가 빈센트의 관을 짜준 것이다.

; 사랑은 신이기를 멈추어야

우리는 얼마만큼 하나님의 사랑을 흉내 낼 수 있을까? 역설적이게도 인간의 사랑은 하나님의 사랑을 흉내 내어서는 안 된다. "사랑은 신이기를 그만 둘 때 악마이기를 그만 둔다"는 말이 있지 않은가? 인간의 사랑은 하나님의 사랑 없이는 아예 불가능하다. 인간은 하나님의 사랑에서 가장 멀어져 있다는 것을 알게 될 때 비로소 하나님의 사랑 가장 가까이 있게 된다. 하나님의 사랑을 닮는 길은 하나님의 사랑에서 가장 멀리 있다는 깨달음에서 출발한다. 인간의 사랑은 스스로 신이기를 멈추어야 한다.

우리는 사랑의 모범으로 그리스도의 십자가를 생각한다. 십자가가 무엇을 말하는가? 십자가야말로 하나님의 사랑을 말한다. 하지만 십자가는 우리가 하나님의 사랑을 받을 수 없는 자들임을 보여준다. 십자가야말로 우리가 사랑과 아무런 관계가 없는 자임을 보여준다. 십자가의 사랑을 깨닫는 사람은 자신의 인간적인 사랑을 자랑할 수 없고, 그 어떤 수고와 열심과 희생도 자랑할 수 없다.

하나님은 사랑이기에 무엇이든 용서해 주신다고 생각하지 않는가? 이런 생각이 서양 문화에까지 뿌리 깊이 내려져 있는 것을 한 속담을 통해 발견할 수 있다. "사람이 하는 일은 죄 짓는 것이고, 하나님이 하는 일은 용서하는 것이다"라는 속담이다. 사람은 죄 지을 수밖에 없고 하나님은 용서하실 수밖에 없다는 생각이다. 사람이 죄 짓는 것이 당연한 것처럼 하나님이 용서하시는 것도 당연한 것이라는 생각이다. 하나님의 용서가 자발적이고 무조건적인 것이라는 정도의 생각이라면 문제가 없겠다. 하지만 하나님은 용서하는 것 외에 다른 방법이 없다는 식의 생각이라

〈세 개의 새 집이 있는 정물〉
뉘넌, 1885년 9-10월
캔버스에 유채, 33×42cm
오테를로, 크뢸러-뮐러 박물관

* 빈센트는 어릴 때부터 동생들과 놀기보다는 자연 속에서 홀로 놀기를 좋아했다. 특히 새 집 같은 것을 집에 들고 와서 보관하곤 했다. 이런 추억을 생각하며 빈센트가 그린 그림이다. 그는 어릴 때부터 자연에 내재한 하나님의 놀라우신 능력에 흠뻑 빠져든 것이다.

면 문제다.

불교에서는 자비를 말한다. 불교에서 말하는 자비는 신이 베푸는 것이 아니라 모든 인생이 세상 만물을 향해, 다른 인생들을 향해 갖는 마음이다. 측은지심이라는 말도 쓴다. 사람이 다른 사람에게 갖는 자비의 개념이 하나님께도 그대로 적용될까? 하나님이 무슨 책임이 있어서 사람의 죄를 용서해 주셔야 하는 것일까? 사람을 지은 죄 때문에? 아니면, 죄를 짓도록 방관한 죄 때문에? 그것도 아니라면 죄를 짓도록 부추긴 죄 때문에?

하나님의 사랑의 본질은 무조건 용서해 주시는 것에 있지 않다. 무조건 꾹꾹 참는 것에 있지 않다. 하나님께서는 사람을 자유로운 인생으로 지어 놓으시고는 그 모든 책임을 스스로 뒤집어쓰신다. 하나님께서 사람의 마음을 완악하게 하셨다는 표현이 무엇을 말하는가? 하나님께서 인생의 모든 죄를 뒤집어쓰시겠다는 것이 아니겠는가? "그래, 내가 했다고 말해라. 내가 했다고 말해라"라고 말이다. 하나님의 이런 사랑을 알고도 "그래요, 모든 것이 당신 책임이에요"라고 말하겠는가?

; 상처받은 하나님

하나님의 사랑은 측량할 수 없다. 하나님의 사랑은 우리의 예상을 항상 뒤엎는다. 성도라고 하는 자들이 냉혹한 말을 쉽게 내뱉는 경우가 많다. 믿지 않는 자들을, 사악한 자들을 향해 지옥의 불쏘시개라고 말한다. 예정교리로 사람들을 편가르기 하는 경우도 많다. 하나님이 세상을 이처럼 사랑하셨다고 하는 말씀에서의 '세상'조차 '믿는 자들의 세상'이라고 보기도 한다. 믿지 않는 자들의 세상을 하나님이 사랑하셨다는 말을 도무지 믿을 수 없다는 말인가?

하나님은 참으로 온 세상을 사랑하신다. 햇빛과 비를 선인과 악인에게 골고루 주신다. 사도 바울은 헬라의 시인을 인용해 "우리가 다 그를 힘입어 살고 기동한다"고 말했다. 믿는 사람은 물론이거니와 믿지 않는 사람들도, 아니 택함 받지 못한 이들까지도 하나님께서 사랑하신다는 말이 거북한가? 어느 누가 하나님의 사랑을 측량할 수 있겠는가? 예정이라는 단어는 모든 단어나 사건을 해석하는 만능키가 아니다.

빈센트의 하나님은 의지가 굳세어서 감정적인 미동도 없는 독야청청한 하나님이 아니었다. 빈센트의 하나님은 세상 일에서 적당한 거리를 두고 기적이라는 방식을 통해서만 개입하는 그런 하나님이 아니었다. 빈센트의 하나님은 어린아이와 같은 하나님이었다. 어린아이처럼 자신을 방어할 수 없는 상처받은 하나님이었다. 모든 상처받은 자들과 같이 상처받는 하나님이었다.

하나님은 세상의 죄악 때문에 상처받으셨다. 빈센트는 어디서든 하나님을 볼 수 있었다. 그 하나님은 특별히 자신이 계실 한 곳을 지정하셨다. 사랑이시기에, 고통받는 사랑이시기에 상처받은 이들의 지극히 낮고 낮은 바로 그 자리에 계신다. 빈센트는 저 높은 곳이 아니라 지극히 낮은 곳에, 자신을 전혀 보호할 수 없는 상처받은 이들 가운데 자리를 펴신 하나님을 보았다.

우리에게는 왜 하나님이 보이지 않는 것일까? 예수님은 산상보훈을 통해 마음이 청결한 자는 하나님을 볼 것이라고 말씀하셨다. 고요한 연못에 달빛이 비치듯이 그리스도를 품은 마음속에 하나님의 모습이 비쳐 올

것이다. 빈센트는 쉽게 분노하고 쉽게 우울증에 사로잡혔지만 세상의 모든 것이 그의 눈에 밟혔기 때문에 그것을 통해 하나님을 볼 수 있었다. 무릇 하나님을 보고자 하는 사람은 하늘을 멍하니 쳐다볼 것이 아니라 지극히 낮은 곳을 주목해야 할 것이다. 하나님은 낮은 곳, 상처받은 자리에 계시니 말이다.

누님! 하나님이 어디에 계시냐고 울부짖는 이들이 늘어가고 있습니다. 하나님이 하늘에 계시다면 그곳에만 계시지 말고 이 땅으로 내려와 보라고 손가락질해 댑니다. 하나님을 믿지 않는 이들조차 하나님을 향해 어떻게 좀 해보라고 소리치고 있습니다. 평상시에는 하나님 없이 사는 것에 아무런 불편을 느끼지 못하다가 막상 인생의 힘든 고비를 겪을 때는 이 세상이 하나님께서 지으신 세상이라면 이 세상에서 손을 떼면 안 되는 것이 아니냐고 소리칩니다. 그들을 향해 우리가 무슨 말을 할 수 있겠습니까? 하나님께서 이미 이 땅에 내려와 계시기 때문에 하늘을 향해 아무리 울부짖어도 소용없다고 말하면 될까요?

누님의 하나님은 어떤 하나님입니까? 누님도 그날 이후로 하나님이 어디 계시냐고 수없이 외치셨겠지요? "그날 하나님은 뭘 하고 계셨나요?"라고 수없이 물으셨겠지요? 어떤 대답도 있을 수 없는 '왜?'라는 질문을 수없이 던지셨겠지요? 하나님은 어디에나 계시지요. 그런데 누님은 왜 하나님이 어디 계시냐고 부르짖으셨나요? 빈센트는 하나님께서 어린 아이의 눈동자 속에 계신다고 했습니다. 그렇다면 누님은 다 큰 아이의 눈동자를 한 번이라도 주목해 본 적이 있냐고 하시겠지요? 저는 더 이상 누님께 하나님의 사랑에 대해 피상적인 말을 늘어놓을 수 없다는 것을 압니다. 하나님은 독생자를 보내 주심으로 우리를 향한 사랑을 확증하셨으니 더 이상 어떤 의심도 해서는 안 된다는 말이 도리어 누님의 염장을 지르는 말이 되겠지요? 하나님은 사랑이라는 말이 누님의 고통을 한꺼번에 덮을 수는 없으니까요.

유대인들이 아우슈비츠를 경험하고 나서 하나님에 대한 생각이 달라졌다고 하는데요. 아우슈비츠 이후의 하나님은 항상 늦는 하나님일 수밖에 없다는 것이지요. 누님의 하나님도 항상 늦는 하나님입니까? 하나님은 항상 한발 늦다고 생각하십니까? 이제 누님은 시간의 의미를 본격적으로 묵상할 수 있는 자리에 섰습니다. 우리의 시간 개념으로 하나님의 빠르고 늦음을 평가할 수 없지요. 하나님의 늦음은, 하나님의 대답 없음은 하나님의 응답의 한 모습일 테니까요. 혹 그 순간 하나님도 할 말을 잃어버리신 것은 아닐까요? 하나님도 너무 당황하셔서 손에 잡히는 것이 없으셨던 것은 아닐까요? 그날 이후 누님께 하나님은 결코 예전의 하나님이 아니겠지요? 누님께 예고도 없이 불쑥 나타나신 그 하나님께서 어떤 모습으로 저에게도 불쑥 나타나실지 모르겠습니다. 누님께서 그러셨듯이 저도 결코 예상하지 못할 모습으로 나타나실 하나님을 맞이할 준비를 해야겠습니다.

까마귀 나는 밀밭,
길은 어디에 있을까?

〈까마귀 나는 밀밭〉
오베르, 1890년 7월
캔버스에 유채, 50.5×103cm
암스테르담, 고흐 박물관

곧 태풍이 몰아칠 것 같은 어두컴컴한 하늘 아래 괴이한 까마귀들이 밀밭 위를 날고 있다. 밀은 심하게 부는 바람결에 이리저리 출렁인다. 밀밭을 가로질러 길이 나 있는데, 길은 밀 사이로 파묻혀 사라진다. 빈센트가 마지막으로 머물던 오베르에서 그린 그림 중에 가장 어두운 색조와 침울한 분위기의 그림이 바로 이 〈까마귀 나는 밀밭〉이다. 빈센트가 자살하기 직전에 그린 것이라고도 알려져 있다. 확인된 바는 없지만 말이다. 분명한 것은 빈센트가 권총으로 자살한 바로 그 장소에서 그린 그림이라는 점이다.

빈센트의 자살을 어떻게 보아야 할 것인가? 빈센트가 무엇 때문에 스스로 죽음의 길을 택한 것인가? 빈센트가 스스로 목숨을 끊은 것은 충동적인 것이었을까? 아니면 다분히 계산된 것이었을까? 충동적인 것이든, 계산적인 것이든 가난한 자들에게 복음을 전하고자 하는 열망으로 그림을 그려 온 삶이 이 마지막 죽음의 방식으로 인해 허무하게 무너져 버린 것은 아닐까? 과연 이 그림은 빈센트가 죽는 순간까지 그리고 있었던 그림일까? 이 그림이 빈센트가 마지막으로 그린 그림인지 아닌지와는 별개로 과연 빈센트가 이 그림에 죽음에 대한 충동을 드러낸 것일까 하는 질문을 던질 수밖에 없다. 빈센트의 죽음은 가면 갈수록 신비에 싸여간다.

; 수수께끼 같은 죽음

오베르로 거처를 옮긴 빈센트는 동생 테오의 가정에 여러 가지 문제가 누적되는 것을 지켜보면서 몹시 괴로워했다. 테오의 아기가 건강이 좋지 않은 것, 테오의 아내 요Johanna Bonger의 건강도 좋지 않은 것, 아울러 테오가 화랑과의 갈등으로 회사를 그만두려고 고민하고 있는 것 등의 문제를 지켜보면서 자신이 그들에게 얼마나 큰 짐이 되고 있는지를 절감한다. 자신의 존재가 다른 이들에게 짐만 되는 상황일 때 얼마나 곤란하겠는가? 자신의 존재가 사랑하는 이들에게 고통만 준다고 느낄 때 어떻게 해야 하겠는가? 어떤 고통이 이런 고통에 견줄 수 있겠는가?

빈센트는 겉으로 보기에는 오베르에서 건강을 되찾아 가고 있었다. 하지만 그의 예민한 촉수는 육신의 변화에 더욱 민감해져 갔다. 빈센트는 얼마 있지 않아 다시금 자신을 덮칠 발작으로 더 이상 그림을 그릴 수 없는 상황이 올 수 있음을 예감한다. 발작이 주기적으로 계속되고, 갈수록 그 발작은 더 오래 지속된다는 것을 알아챘기 때문이다.

많은 사람들은 그의 자살이야말로 가장 빈센트다운 방식이라고 생각할 것이다. 빈센트를 영웅시하는 배경에는 이런 극적인 죽음의 영향도 클 것이다. 게다가 현대인들이 빈센트를 영웅시하는 것은 살아 생전 그를 냉대한 것에 대한 사람들의 보상심리라고 생각하기까지 한다. 천재였던 그를 알아주지 않은 데 대한 미안함이 '빈센트 효과'를 일으키고 있다는 것이다. 그의 고독한 죽음에 대한 미안함을 사후에 보상해 주려는 것이 빈센트의 인기 비결이라는 말이다.

신앙인의 관점에서 물어보자. 빈센트가 스스로 목숨을 끊은 것이야말로 지금까지 쌓아 온 모든 노력과 치열함을 한 순간에 무너뜨리는 것이 아니었을까? 왜 빈센트는 자살이라는 방식으로 자신의 생을 마무리하려 했던 것일까? 겉으로 보기에 평안을 찾아가고 있던 바로 그때 그의 마음에는 통제 불가능한 자신의 삶에 대한 절망이 자리잡아가고 있었다. 세상

사를 자기 뜻대로 통제할 수 없을 뿐만 아니라 자신마저도 도무지 통제할 수 없다고 느낀 것이다. 이렇게 긍정적으로 해석해도 빈센트의 죽음은 풀리지 않는 수수께끼임이 분명하다. 빈센트의 죽음에 아우라를 두를 필요가 없겠다. 모든 죽음이야말로 개별적인 죽음일 뿐만 아니라 풀리지 않는 수수께끼일 것이기 때문이다.

빈센트가 자살했다는 것이 기독교인들에겐 걸림돌이다. 사람의 마지막 가는 모습으로 그의 평생을 저울질하는 가혹함을 우리가 지니고 있기 때문이다. 무릇 믿는 이라면 마지막을 아름답게 장식하려는 마음이 크다. 신앙인들은 자신의 마지막 가는 모습이 주위 사람들에게 가장 은혜로운 모습이 되게 해 달라고 기도한다. 남에게 의문과 불신을 주는 방식의 죽음만은 피하고자 한다. 죽는 순간마저 우리는 하나님 앞에 벌거벗은 모습으로 서려는 것이 아니라 사람들에게 뭔가를 보여 주기 위해 덕지덕지 치장하고 있는 모습을 버리지 못한다. 왜 우리는 특정한 모습으로 죽기를 바라는 걸까? 그것이야말로 신앙에 대한 환상이 아니겠는가? 하나님께서 주시는 것은 다 받아야 한다면 우리는 어떤 형태의 죽음을 맞든지 겸손히 받아들여야 하지 않겠는가?

; 나는 과연 누구인가?

〈까마귀 나는 밀밭〉과 더불어 빈센트의 마지막 작품이라고 알려져 있는 작품이 있다. 〈나무뿌리와 줄기들〉이다. 빈센트는 수많은 나무들을 그렸을 뿐만 아니라 나무 밑둥을 계속 그렸다. 내면에 대한 깊은 성찰을 나무 밑둥을 그리는 것으로 표출했을 것이다. 그 중에서도 마지막 작품이

〈나무뿌리와 줄기들〉
오베르, 1890년 7월
캔버스에 유채, 50×100cm
암스테르담, 고흐 박물관

라고 알려져 있는 이 그림은 땅 위에 드러난 나무 밑둥이 아니라 땅 속에 있는 뿌리를 생생하게 그렸다는 점에서 더욱 특이하다. 빈센트는 통제할 수 없는 발작에 시달리면서 자신이 어떤 존재인지 계속 질문을 던지고 있었던 것이다.

빈센트는 나무 밑동을 통해 내면의 복잡성을 드러냈을 뿐만 아니라 이 세상의 복잡성까지도 깊이 묵상한다. 복잡한 문제를 단순화할 수 있는 능력이야말로 천재의 능력이라는 말이 있다. 하지만 과도한 단순화야말로 문제를 얼마나 복잡하게 만드는지 모른다. 무릇 문제와 인생의 복잡성을 솔직하게 인정하는 것이야말로 새로운 출발점이 될 것이다. 자신의 문제를 단순화하기 위해 거쳐야 하는 복잡한 과정 하나하나를 인내하면서 겪지 않은 사람들의 단순함이야말로 사람들에게 얼마나 큰 상처를 주는 것인지 모른다.

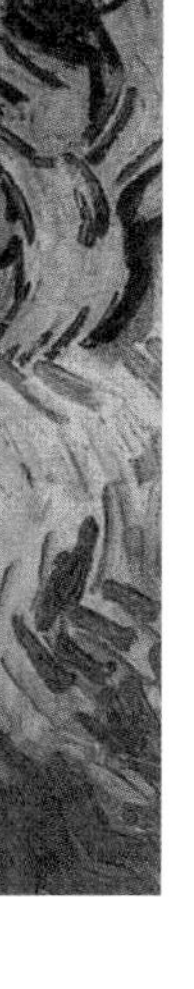

무릇 우리는 "나는 누구인가?"라는 질문을 정직하게 던질 수 있어야 한다. 인생이라면 누구나 스스로를 향해 물어야 할 질문이 바로 이것이다. 사람으로 태어났다는 것은 자신을 향해 질문을 던질 수 있다는 말이다. 사람은 질문하는 인간이다. 질문하는 것은 철학자만의 소관이 아니다. 종교인들만의 소관도 아니다. 질문하는 것은 인생 모두의 소관이다. 자신을 향해 정직하게 질문을 던지는 사람이 과연 얼마나 될까? 우리는 자신을 너무나 잘 알고 있다고 생각한다. 자신을 잘 알고 있기 때문에 질문이 필요없다고 생각한다. '내가 나를 모르면 누가 나를 알겠는가?'라는 생각이다.

'나는 누구인가?' 라는 질문은 자신을 타자화한다는 의미이다. 자신을

까마귀 나는 밀밭,
길은 어디에 있을까?

〈덤불〉
파리, 1887년 여름
캔버스에 유채, 46×38cm
암스테르담, 고흐 박물관

*파리에서부터 빈센트는 위와 같은 나무 밑동을 계속 그렸다. 나무가 베이더라도 그루터기가 남아서 새로운 싹을 틔운다는 말씀을 빈센트가 몰랐을 리 없다. 빈센트의 자연은 자신의 내면을 응시하는 것과 다를 바 없었다.

사물이나 타인을 보듯이 객관화해서 본다는 말이다. 이때 우리는 비로소 자신의 타자성에 대해 깊이 생각하게 된다. 자신을 향해 정직하게 질문을 던지기 전에는 우리 모두가 자신이 중심이라고 생각한다. 그렇게 생각하기 때문에 다른 이들이 보이지 않을 뿐만 아니라 자신마저 볼 수 없다. 중심과 주변이 만나는 곳에는 차별과 갈등이 있을 수밖에 없다. 서양의 인식론은 자신을 타자화하지 못했고, 동양의 인식론은 자신과 타인의 구별을 아예 지워버렸다는 의혹을 받고 있다. 동양에서 범신론이 유행하고, 서양에서 배타적인 단일신론이 유행했다는 것이 결코 우연이 아닐 것이다.

빈센트는 삶의 복잡성을 인정하면서 동시에 삶이 여러 부분으로 나뉠 수 없다는 것을 깨달았다. 동양적인 영성을 수용하여 삶과 죽음이 다르지 않다는 것을 깊이 느낀 그가 아닌가! 삶에 대한 빈센트의 이런 깨달음은 미래에 대한 그의 생각에 영향을 미쳤을 것임에 틀림없다. 이런 관점에서 그의 〈까마귀 나는 밀밭〉을 해석해 보자.

; 생명을 회복시키는 폭풍우

빈센트는 모든 그림이야말로 실재를 상징적으로 묘사해야 한다고 말했다. 빈센트의 그림은 수많은 상징으로 가득 차 있다. 까마귀 나는 밀밭은 무슨 상징으로 가득 차 있을까? 우선 전체 분위기를 주도하는 하늘의 폭풍우를 생각해 보자. 빈센트는 떼오의 아내 요가 자신을 위로하는 편지를 보내오자 그 편지가 자신에게 복음과 같이 들린다고 털어놓았다. 그러면서 "붓이 내 손에서 미끄러져 나가는 것을 느끼지만 사명감에 불타서 세 개의 큰 캔버스에 그림을 그렸지요. 그것들은 거친 하늘 아래 펼쳐진 광대한 밀밭이지요. 나는 슬픔과 극도의 외로움을 표출하려고 발광할 필요가 없었어요."(편지 649)라고 말한다.

빈센트가 〈까마귀 나는 밀밭〉을 그렸을 때 극도의 슬픔과 외로움을 느꼈다는 사실을 부인하기 힘들다. 하지만 광대하게 펼쳐진 밀밭은, 특히 추수를 앞두고 있어서 폭풍우에 이리저리 흔들리고 있는 밀밭은 빈센트에게 죽음의 기운만을 보여 주는 것이 아니었다. 빈센트는 바다처럼 출렁거리는 밀밭이 생명의 찬가를 노래하고 있다고 느꼈다. 빈센트는 이 그림을 가지고 떼오에게 가겠다고 하며 "들판에서 본 건강과 회복하는 힘을 말해 주고 있지"(편지 649)라고 말한다.

빈센트에게 폭풍우는 생명을 회복시켜 주는 힘이었다. 폭풍우가 몰려오면 만물들이 잔뜩 긴장하지만 폭풍우는 대기를 새롭게 할 뿐만 아니라 만물에게 새로운 생명을 공급한다. 빈센트는 폭풍우를 통해 갈수록 깊어지는 자신의 고뇌를 상징하고자 했음에 틀림없다. 고난받는 종의 길을 걷고자 한 자신은 동생과 같은 따뜻한 가정을 갖지 못했다. 그것을 자신의 운명이라고 생각했다. 그는 동생에게 함께 화가의 길을 걷자고 여러 번 재촉했지만 홀로 외로운 길을 갈 수밖에 없었다. 그는 자신의 슬픔과 고독을 통해 사회를 회복시키는 데 조금이나마 기여하기를 원했다. 더 나아가 그는 자신의 고독과 슬픔을 통해 가난한 이들에게 하나님의 사랑이 전달되기를 원했다.

현대인이라면 누구나 고독한 사람이다. 현대인의 고독은 다른 이들과 교류하지 못하는 외로움에 기인한다. 다른 이들과 소통하지 못하는 인생은 고독한 길을 걸을 수밖에 없다. 이런 고독이 무의미하지 않으려면 고뇌로 나아가야 한다. 하이테크 시대를 살아가고 있기에 더더욱 하이터치가 필요한데, 이것을 충족시켜 줄 수 있는 것이 없다. 종교도 현대인들의 깊은 공허와 고독을 터치해주지 못하고 있다. 종교가 개인주의를 더 부추기는 데에는 할 말을 잃는다. 사람의 깊어지는 고뇌야말로 자신을 새롭게 할 뿐만 아니라 사회를 새롭게 하는 청량제가 될 것이다. 고독은 자신의 인간성을 황폐화시키기 쉽지만 정직한 고뇌는 사회 전체를 품을 수 있는 힘이 된다.

; 기분 나쁜 까마귀?

폭풍이 불어오는 하늘에 까마귀가 기분 나쁘게 날고 있다. 곧 폭우가 쏟아질 것 같은 하늘과 기분 나쁘게 날고 있는 까마귀야말로 죽음의 그림자를 드리우고 있다고 하기 쉽다. 과연 빈센트는 곧 폭우가 쏟아질 것 같은 하늘 아래를 나는 까마귀를 그려 넣으므로 불길한 기운을 강조한 것일까? 유럽에서는 까마귀가 흉조가 아니다. 우리는 까치를 길조로, 까마귀를 흉조로 여기지만 서양 사람들은 그렇게 생각하지 않는다. 그들은 도리어 까마귀를 길조라고 생각한다.

빈센트의 동생들의 기억에 의하면 빈센트는 어릴 때부터 새와 새 둥지에 매혹되었다. 빈센트는 〈감자 먹는 사람들〉을 혹평한 화가 라파르트와 심히 다투었음에도 자신이 그린 새 둥지를 보내면서 그도 이 그림만큼은 자신처럼 좋아하게 될 거라고 말하기까지 한다. 빈센트는 어릴 때부터 자연 속에서 생명력의 충일함을 느낀 것이다.

빈센트는 일본 판화의 영향을 받으면서 더더욱 새를 사랑하게 된다. 그

〈구름 낀 하늘 아래 밀밭〉
오베르, 1890년 7월
캔버스에 유채, 50×100.5cm
암스테르담, 고흐 박물관

* 빈센트가 그린 〈까마귀 나는 밀밭〉과 같은 밀밭이다. 푸른 하늘 아래 펼쳐진 밀밭이 시간이 지남에 따라 황금빛으로 변해가는 장면을 그렸다. 그는 오베르에서의 두 달 남짓한 시간이 자신의 추수 기간이 될 것을 직감하고 있었다.

가 본 수천 점의 일본 판화에는 강력한 이미지의 까마귀들이 수없이 그려져 있었기 때문이다. 일본 판화에는 꽃이 금방이라도 사라질 듯, 새가 금방이라도 날아갈 듯이 그려져 있는데, 작가들은 이렇게 꽃과 새를 등장시키면서 인생무상을 노래한다. 사람이 꽃과 새보다 결코 나을 것이 없다는 생각이다. 일본 사무라이들이 벚꽃처럼 피었다가 지는 것을 동경한 것도 바로 이런 정신에서 비롯된 것이다. 빈센트는 일본 판화에 매료되면서 흉측하게 생긴 까마귀조차도 얼마나 아름다운지 느낄 수 있었다.

여담이지만, 우리는 성경 역사를 통해 까마귀가 하나님의 백성들을 부끄럽게 만든 사건을 알고 있다. 엘리야 사건이다. 하나님의 백성들이 말씀을 가지고 있는 선지야 엘리야를 먹여야 하는데 도리어 까마귀가 그릿 시냇가에 숨어 있는 엘리야를 먹인다. 이스라엘 백성들이 부정하다고 여기는 까마귀가 선지자를 먹인다.

이 사건은 하나님께서 까마귀를 통해서까지 선지자를 먹이신다는 것이 아니라, 정작 선지자를 먹여 살려야 하는 하나님의 백성들이 까마귀보다 못하다는 점을 지적하고 있다. 당시 하나님의 백성들은 부정한 까마귀보다 못한 존재들이 되었다. 까마귀를 기분 나쁘게 보지 말 일이다.

; 엎어질 듯한 밀밭

사람들이 〈까마귀 나는 밀밭〉에서 밀밭에 그리 주목지 않는다는 사실은 의외다. 화폭의 2/3가 밀밭으로 뒤덮여 있음에도 말이다. 게다가 폭풍우이는 하늘과 까마귀를 통해서는 죽음의 기운을 느낀다면서도 밀밭을 통해 죽음의 기운을 느낀다는 이들은 적다. 빈센트에게 곧 추수하게 될 엎

〈밀 이삭〉
오베르, 1890년 6월
캔버스에 유채, 64.5×48.5cm
암스테르담, 고흐 박물관

* 빈센트는 죽기 직전에 오베르의 밀밭을 다양한 시각으로 그렸다. 그 중에서도 이 그림은 독특한데, 밀 이삭을 세부적으로 묘사하면서도 아련한 느낌이 들게 한다. 한 알의 밀이 땅에 떨어져 썩어서 맺은 많은 열매들이다. 이제 그 자신도 한 알의 썩어지는 밀알이 될 것이다.

어질 듯한 밀밭이야말로 그 무엇보다 강하게 죽음의 기운을 느끼게 하는 것이었다. 해바라기를 황색의 자살로 비유한 바 있는 빈센트는 곧 추수하게 될 밀밭이야말로 아무런 고독도, 외로움도 없는 죽음을 상징한다고 말했다.

빈센트는 오베르에서 계속해서 밀밭을 그려 갔다. 배경인 하늘이 어두웠다 밝았다 하는 차이가 있기는 하지만 〈까마귀 나는 밀밭〉의 주제도 결국 추수할 밀밭이다. 빈센트는 곧 추수하게 될 밀밭에 주목하고 있다. 그에게는 추수할 밀밭이 추수할 인생을 상징했던 것이다. 인생뿐만 아니라 만물이 추수할 때가 온다. 빈센트는 곧 추수할 밀밭을 통해, 폭풍우가 불어서 이리저리 날리고 있을 뿐만 아니라 엎어질 듯한 밀밭을 통해 죽음의 기운을 생생하게 느꼈다.

밀을 추수하면 맷돌로 갈고 빻아서 가루로 만든다. 이렇게 빻아진 밀가루는 모든 사람들의 일용할 양식이 된다. 어떤 밀은 빻아지지 않고 다음 해에 뿌릴 씨앗이 되기도 한다. "한 알의 밀알이 썩지 않으면 많은 열매를 맺을 수 없다"는 예수님의 말씀이야말로 빈센트의 마음속 깊이 자리 잡고 있었던 말씀이다. 빈센트는 자신이 썩어지는 한 알의 밀알과 같다고 생각한 것이다.

; 밀밭 사이로 사라지는 길

빈센트가 그린 바로 그 장소인 까마귀 나는 밀밭 맞은편에 빈센트의 시신이 동생 떼오의 시신과 함께 공동묘지에 뉘어 있다. 그는 자신의 가슴에 두 발의 총알을 박아 넣으므로 화가로서 10년의 삶과 37년의 인생의 삶에 종지부를 찍는다. 새파랗게 솟아나 바람에 흔들거리는 밀밭 사이를 이리저리 걸어 다니면서 빈센트의 마지막 가는 걸음을 생각해 보았다. 좁다란 길을 사이에 두고 빈센트가 그린 까마귀 나는 밀밭과 공동묘지가 마주 보고 있다. 빈센트는 죽어서도 까마귀 나는 밀밭을 보고 있는 것이다.

까마귀 나는 밀밭 그림에는 세 갈래 길이 있다. 양쪽으로 길이 나 있고 그 길이 가운데로 합쳐진다. 가운데서 합쳐진 길은 밀밭 사이로 뻗어 있는데, 밀밭에 의해 그 길이 사라진다. 길이 밀밭에 파묻히는 형국이다. 밀밭 사이로 사라지는 길은 자신이 삶이 곧 죽음으로 사라지게 될 것을 상징하는 것일까? 빈센트는 이래저래 태어났을 때부터 죽음이 자기 바로 옆에 있다는 것을 느낄 수밖에 없었다.

빈센트는 마지막 순간에 자신이 걸어온 화가로서의 삶을 후회했을까? 빈센트는 죽는 순간까지 동생 떼오가 자기와 더불어 화가가 되어 주지 않은 것에 대한 미련을 떨치지 못했다. 빈센트는 자신이 외롭게 화가 생활을 한 것에 대한 안타까움이 있었을지언정 화가가 된 것을 후회하지는 않았다. 빈센트는 가난한 자들을 위한 화가로서의, 가난한 자들을 위한 복음전도자로서의 소명을 결코 저버리지 않았다. 하지만 빈센트는 시시각각 다가오는 발작으로 인해 이제는 더이상 자신의 정신조차 스스로 통제할 수 없다는 압박감, 더 나아가 떼오와 더불어 같이 화가의 길을 걷지 못한 깊은 외로움으로 인해 자신의 생을 앞당겼다. 장례식 후 떼오는 형의 호주머니에서 자신에게 쓴 미완성의 편지를 발견한다. 유서와 같은 그 편지 말미에는 다음과 같이 쓰여 있었다.

"어쨌든 나는 내 작업에 내 삶을 내걸었고, 그것으로 인해 내 이성은 절반이나 파괴되었지. 그것까지는 괜찮아. 하지만 내가 아는 한 너는 화상에 어울릴 부류가 아니야. 너는 여전히 네 편을 선택할 수 있어. 인간처럼 행동할 수 있단 말이야."(편지 652)

빈센트는 천재도, 영웅도, 믿음의 위인도 아니었다. 빈센트는 마지막까지 가장 인간다운 길을 찾아 나섰다.

인도에서 평생 가난한 사람들을 위해 헌신하며 하나님의 사랑을 전한 마더 테레사Mother Teresa, 1910-1997 수녀가 썼다는 일기가 공개되어 온 세상에 충격을 주었다. 그가 하나님이 존재하시는지 의혹을 품은 적이 한두 번이 아니었다는 기록 때문이다. 다른 이들에게는 하나님의 사랑으로 위로하면서 정작 자신은 하나님의 존재에 의문을 품는 모습이 참으로 인간적으로 보일지 모르겠다. 정직한 신앙인은 자녀가 부모와 대화하듯이 하나님께서 자신을 왜 그렇게 친근하게 대하지 않으시는지 의문을 품을 수밖에 없다. 의문과 의혹을 거치지 않은 신앙을 참된 신앙이라고 부를 수는 없을 것이다.

자신이 하고 있는 일이 자신의 소명인지를 알지 못해서 방황하는 이들이 늘고 있다. 소명이라는 말은 너무나 사치스러운 말이 되어 버렸다. 돈만 쥐어주면 어디든 가야 하는 시대가 아닌가? 돈만 쥐어주면 죽는 길도 가려고 한다. 돈 없이는 못 사는 시대이니 말이다. 내가 가고 있는 길은 어떤 길인가? "내가 가고 있는 길은 바른 길인가?"라는 질문만큼 정당한 것이 없다. 삶의 무상함을 절감하면서도 그 삶의 끈을 놓지 않고 자기에게 주어진 길을 묵묵하게 가는 이들이야말로 이 시대의 참 소망이다.

길은 어디에 있는 것일까? 어떤 길로 가는 것이 좋을까? 원치 않는 길로 가야 할 때가 있다. 아니, 하나님은 우리가 결코 가고 싶어하지 않지만 꼭 가야 하는 길이기에 그 길로 우리를 인도하신다. 고생스러운 길이 저절로 구원의 길이 되는 것이 아니다. 하는 일마다 척척 잘 풀려나가는 것을 하나님의 인도라고 착각할 것도 아니다. 아무리 부족한 모습이지만 빈센트는 고난의 사람 그리스도와 함께 길을 가고자 했다. 밀밭 사이로 총총히 걸어가는 빈센트의 환영이 보일 듯 말 듯하다.

누님! 이번 편지로 고난에 대한 대화를 마무리 지어야겠네요. 누님 뵈러 갈 때 〈까마귀 나는 밀밭〉 그림을 들고 가겠습니다. 언제 그랬냐는 듯이 곧 사라질 한여름의 폭풍, 끼룩 끼룩 을씨년스럽게 울어대지만 하늘 저편으로 금방 사라질 듯한 까마귀, 황금물결로 뒤척이고 있지만 곧 베어질 밀밭 등 이 모든 것이 빈센트로 하여금 삶의 무상함을 느끼게 했지요. 빈센트는 그 무상함을 결코 허무주의적인 시각으로 바라보지 않았습니다. 삶의 무상함은 영원에 잇대어 있기 때문입니다. 순간은 영원과 이어져 있기 때문입니다. 영원을 사모하는 마음은 삶의 무상함을 절감하는 것을 통해서만 가능합니다. 〈까마귀 나는 밀밭〉을 통해 빈센트는 존재하는 모든 것을 슬프게 껴안고 있습니다. 병든 자신마저 말입니다. 〈까마귀 나는 밀밭〉이야말로 삶과 죽음, 기쁨과 슬픔, 아름다움과 추함을 주관하시는 하나님을 향한 빈센트의 신학적 미학이 가장 아름답게 표현되어 있는 그림인 셈입니다.

누님, 우리 인생은 누구나 길 가는 사람들입니다. 길 가는 나그네입니다. 누구든 자기가 가는 길이 옳은 길이기를 바라겠지요. 아니, 그보다는 빠른 길이었으면 하는 바람이 더 크겠지요. 주위를 돌아볼 겨를이 없습니다. 왜들 그렇게 급하게 달려가는 것일까요? 길가는 우리 인생은 매일 도를 물어야 하는데도 그 어디서도 도를 묻는 사람들이 없습니다. 신앙생활하는 성도들도 예외라 할 수 없을 것입니다. 인류의 스승이라고 하는 도사들이 혹 있기는 하지만 그들은 뜬구름 잡는 말들만 하고 있습니다. 그들은 구름 위에서 거니는 신령들일 뿐이지요. 누님, 누님은 사람들이 앞다투어 가는 길을 측은한 마음으로 들여다 보고 계시지요? 그 길이 얼마나 허무한 길인지를 이미 경험하셨으니까요. 가장 평범한 삶, 가장 평범한 길이 얼마나 부러운 길입니까?

앞으로는 더 이상 나빠지지 않을 것이라는 생각이 아무런 위로가 되지 않지요. 바닥을 쳤으니 이제부터는 회복되는 것만 남았다는 말로도 지나온 과거가 싹 잊히는 것은 아니지요. 지나온 날들을 너무 골똘히 생각하지 마세요. 지나간 과거를 되돌릴 수는 없으니까요. 그래도 되돌리고 싶다면 과거는 현재에 의해 새롭게 쓰여진다는 말밖에 할 수 없네요. 과거가 아니라 이제는 미래가 더 문제겠지요. 그런 끔찍한 과거가 미래마저 장악하고 있다는 느낌입니다. 하나님께서 누님을 위해 어떤 길을 준비하셨을지 걱정됩니까? 모든 고난이 의미가 없는 것이 아닐진대, 하나님께서 누님을 위해 위대한 계획을 갖고 계시기 때문에 그런 일을 허락하셨다는 말을 수없이 들으셨겠지요? 그게 무엇인지 아무도 모르면서 말입니다. 모르는데 아는 체할 수는 없지요. 저는 하나님께서 누님을 위해 다른 사람들과는 다른 특정한 길을 준비해 놓으셨다고 믿고 싶지는 않습니다. 누님은 특정한 일을 겪으셨지만 특별한 길을 가고 있지는 않습니다. 앞으로 누님이 가야 할 길은 특별한 길이 아닙니다. 우리 모두는 예외 없이 가야 하는 길을 가고 있을 뿐입니다. 고난을 위해 태어난 우리 모두에게 주님의 위로가 있길 기도합니다.